LE MONDE SECRET DE

JOHNNY DEPP

Une marque des Éditions Music & Entertainment Books
16, rue Albert-Einstein – Marne-la-Vallée
77420 Champs-sur-Marne, France

Troisième édition pour la traduction française

Titre original : *The Secret World of Johnny Depp*

ISBN 978-2-36164-091-0
ISSN 2116-5572

Direction de la publication : Eddy Agnassia
Collection coordonnée par Flore Law de Lauriston
Mise en page et couverture : Mathieu Tougne

LE MONDE SECRET DE
JOHNNY DEPP

Nigel Goodall

Original BoOks

À PROPOS DE L'AUTEUR

Nigel Goodall est un auteur anglais. Il compte plus d'une quinzaine d'ouvrages à son actif, dont un certain nombre de biographies, devenues des best-sellers, telles celles de Winona Ryder, Demi Moore ou Christian Slater. Il fait autorité en matière de célébrités hollywoodiennes. Il s'est penché pour la première fois sur la vie et la carrière de Johnny Depp en 1997. Il a depuis suivi de près son stupéfiant parcours. *Le Monde secret de Johnny Depp* est son seizième ouvrage.

Biographe respecté, Nigel à également contribué à divers albums musicaux, à des projets de vidéos et à des biographies de stars de la télévision américaines.

Il vit dans le Sussex, en Angleterre, et se rend de temps à autre à New York et à Los Angeles.

À la mémoire d'Edy Wynhamer Samson,
une femme irremplaçable, vive, joyeuse et aimante.

TABLE DES MATIÈRES

INTRODUCTION

« Je ne veux pas savoir qui est à la mode,
qui ne l'est pas, qui est riche, qui est pauvre,
qui a du succès, qui est juste, vous savez,
tout ce bordel. Je n'y fais pas attention.
Je ne veux rien savoir de tout ça. »

Pour l'auteur anglais Richard Holmes une biographie est « une sorte de poursuite, une traque sur la piste physique de quelqu'un depuis son plus lointain passé, une chasse pas à pas d'un être que vous n'attraperez jamais. Mais peut-être qu'avec un peu de chance, vous pourrez écrire le récit de la traque de cette figure insaisissable de telle façon que vous la rapporterez vivante dans le présent. »

Rétrospectivement, cette analogie semble décrire au mieux mes objectifs depuis mes premiers écrits sur Johnny Depp, en 1997, et ma biographie de Winona Ryder, la plus médiatisée des petites amies de Johnny avant Kate Moss. Les trois ans de fiançailles de Johnny et Winona étaient tout aussi importants dans la rédaction de son histoire à elle que pour ce présent ouvrage. J'espère avoir atteint mon but et avoir donné au lecteur les meilleurs éléments pour qu'il se fasse sa propre idée, à propos de l'un des acteurs les plus respectés d'Hollywood.

Il fut un temps où, si vous aviez lancé un caillou dans la mare hollywoodienne, vous auriez eu de fortes chances d'atteindre un beau garçon hanté par une adolescence passée à jouer les idoles, et qui gémissait haut et fort afin d'obtenir le respect dû à un acteur sérieux. Précisément le genre de beau mec dont Johnny Depp avait l'aspect.

Mais depuis l'époque où il squattait les têtes de gondole et tous les kiosques à journaux, sur la couverture de magazines pour adolescentes, le héros de *21 Jump Street* a fait de sérieux efforts pour laisser loin derrière lui ces années-là et atteindre à la crédibilité artistique. Il a construit une carrière intègre dont il peut être fier.

Il a refusé le rôle de *Speed*, qui a catapulté Keanu Reeves au sommet de la célébrité, décliné l'offre de jouer Lestat dans *Entretien avec un vampire* et refusé le *Dracula* de Bram Stoker, rôles raflés avec empressement par Tom Cruise et Gary Oldman. Il a rejeté le mythique *Légendes d'automne* et le rôle du gigolo de *Thelma et Louise*, qui fut pris par Brad Pitt, et il a légué les rôles de Robin des Bois et de Charlie Chaplin à Kevin Costner et Robert Downey Jr.

Au lieu de cela, Johnny a assis sa réputation à Hollywood en interprétant brillamment des personnages excentriques comme celui du solitaire et capricieux Edward aux Mains d'Argent ou encore l'indépendant Ed Wood, travesti occasionnel et réalisateur de *Plan 9 From Outer Space*.

Comme Johnny l'avait expliqué une fois, être « un type pour les superproductions » n'était pas à son ordre du jour. Cela ne manque pas d'ironie, aujourd'hui qu'il est numéro un au box-office, et cela simplement en faisant ce qu'il fait d'habitude, jouer un rôle qui l'intéresse. Excepté qu'en cette occasion, son interprétation d'un pirate espiègle dans le film d'action et d'aventures de Jerry Bruckheimer, *Pirates des Caraïbes*, lui a apporté sa première nomination pour l'Oscar du meilleur acteur.

Comme l'a dit Johnny à Chris Connelly, alors qu'ils se tenaient sur le tapis rouge à l'extérieur du Kodak Theater sur Hollywood Boulevard, lors de leur arrivée à la 76e cérémonie des Oscar : « C'est une autre paire de manches. »

Produit d'une petite ville, élevé dans la classe ouvrière, Johnny est né à Owensboro, dans le Kentucky, d'un père ingénieur et d'une mère serveuse, puis femme au foyer.

Enfant, il passait le plus de temps possible avec son grand-père. Ce dernier mourut peu après son septième anniversaire. La même année, la famille déménagea en Floride et s'installa dans la ville côtière de Miramar. Le père de Johnny décrocha un emploi de directeur des travaux publics.

Désemparé par la mort de son grand-père et le sentiment de ne plus se trouver à sa place depuis la perte de la seule maison où il ait vécu de façon permanente (sa famille habitera une douzaine de maisons en Floride), c'est en étudiant maussade et peu intéressé qu'il entra au collège.

L'adolescent querelleur expérimenta toutes sortes de drogues avant de finalement laisser tomber ses études. Aussi improbable que cela semble, il avait découvert sa voie après avoir entendu ses cousins donner nombre de spectacles de gospel dans l'église d'un oncle pasteur fondamentaliste. Johnny était tombé amoureux de la guitare électrique. Sa mère lui acheta une guitare d'occasion pour vingt-cinq dollars et, bientôt, Johnny l'autodidacte devint un guitariste accompli.

Son arme à la main, pourrait-on dire, Johnny était prêt à faire fortune en jouant du rock.

Il se joignit à un groupe baptisé The Flame. Bien qu'il fût toujours mineur et néophyte, il commença à gagner ses vingt-cinq dollars par soirée en faisant des concerts dans les boîtes de Floride. N'ayant pas l'âge légal, il devait entrer par la porte de derrière et n'était autorisé à rester à l'intérieur que pendant la première partie.

Peu de temps après avoir changé son nom en celui de The Kids, le groupe partit en tournée pour assurer la première partie du rocker punk Iggy Pop. Deux ans plus tard, Johnny et toute la bande avaient déménagé à Los Angeles. Ils y découvrirent une scène si saturée d'espoirs de la musique qu'ils durent trouver des emplois alimentaires pour pouvoir rester à flot. Mais cela ne suffisait pas. Pas plus que la vente par téléphone d'espaces publicitaires, un boulot que Johnny considère encore comme son premier entraînement au métier d'acteur. Même si cela fut amusant, comme il le raconte, les Kids se séparèrent faute de concerts et d'argent.

Durant cette période, Johnny avait rencontré et épousé Lori Allison, maquilleuse de son état. Le mariage fut de courte durée. Lori le présenta à Nicolas Cage, qui fut tellement emballé par le look de rocker crasseux de Johnny qu'il lui arrangea un entretien avec son agent.

Cette rencontre déboucha sur les débuts de Johnny dans *Les Griffes de la nuit*, de Wes Craven, où il tient le rôle d'un jeune garçon à la coiffure en épis qui devient à minuit le casse-croûte d'un lit vorace. « C'était vraiment excitant, s'exclame Johnny aujourd'hui. J'ai été stupéfait de voir Wes Craven et Annette Benson, la directrice de casting, prendre de risque d'engager un novice comme moi. Je n'avais aucune idée. Je ne connaissais rien aux lumières, aux marques, aux caméras, aux positions. J'étais nul. »

Le rôle suivant de Johnny dans *Private Resort*, film qui relate les ébats sexuels de deux adolescents, fait a posteriori de son rôle dans *Les Griffes de la nuit* une prestation honorable.

N'ayant pas grand-chose en vue, l'aspirant acteur, considérant avoir grand besoin de quelques cours d'art dramatique, s'inscrit au Loft Studio, à Los Angeles. Peut-être qu'à la suite de ses premières apparitions à l'écran, Johnny croyait, à tort, qu'il était un mauvais acteur.

Après cela, sa carrière commença à progresser considérablement, à travers de petits rôles à la télévision. Il passait son temps libre à jouer dans son nouveau groupe, The Rocks City Angels. Peu après la fin du tournage de *Platoon*, Johnny se vit offrir pour la première fois un rôle dans *21 Jump Street*, celui de Tommy Hanson. Mais, à cette époque, il ne voulait pas s'abaisser à travailler pour le petit écran et refusa même de lire le scénario.

Les producteurs engagèrent un autre acteur pour tenir le rôle mais des complications firent qu'ils revinrent solliciter Johnny.

L'agent de Johnny finit par convaincre son poulain, réticent, d'accepter le rôle, le persuadant que la série avait toutes les chances de s'arrêter à la fin de la première saison et qu'il serait alors libre de se lancer à la poursuite de rôles plus intéressants.

Pour la plus grande frustration de Johnny, *21 Jump Street* connut un succès immédiat et il devint, dans le rôle d'Hanson, l'un des acteurs les plus populaires de la série durant les trois saisons. Malgré son aversion pour la série, il s'était rendu rapidement compte que « si vous avez envie de prendre ce chemin, pour une carrière rapide et beaucoup d'argent, pour travailler à la chaîne et enquiller cette sorte de saloperie de trucs vite faits qu'ils tournent, vous pouvez le faire. C'est facile. Et puis il y a les autres choses que vous essayez de faire, les trucs que vous avez envie de faire et qui possèdent un semblant d'intégrité. J'ai juré, quand j'ai arrêté la série, que je ferai seulement les choses que je voulais faire, des choses intéressantes, stimulantes. »

Résolu à briser son image d'adolescent et ces « trucs vite faits », Johnny va parodier sa propre représentation d'un beau gosse en acceptant son premier rôle post-*Jump Street*, dans le satirique *Cry-Baby* du réalisateur non conformiste John Waters.

Bien qu'il ait désormais systématiquement de nobles ambitions lors du choix de ses rôles, sa quête d'une respectabilité professionnelle prendra des détours très médiatisés.

En 1993, l'acteur River Phoenix mourut, apparemment d'une overdose, devant le club de Johnny, le Viper Room. Suite à cet accident, Johnny et ses partenaires furent examinés sous toutes les coutures par la presse à sensation.

En 1994, Johnny fit les gros titres quand il fut arrêté pour avoir saccagé la suite présidentielle du Mark, un hôtel de Manhattan, bien qu'aucune charge n'ait été retenue contre lui et qu'il fût d'accord pour régler une facture de plus de deux mille dollars pour régler les dommages.

Une autre folie fut sans doute la rupture de ses fiançailles avec Winona Ryder en 1993, après trois années de vie commune avec celle qui fut sa partenaire dans *Edward aux mains d'argent*. À la suite de cette séparation, Johnny dut faire effacer son tatouage « Winona forever ».

Mais le plus fou arriva en 1999, alors que j'étais en train de rédiger le manuscrit de la première édition de ce livre. Johnny fut arrêté pour avoir poursuivi des paparazzi dans les rues du quartier de Mayfair à Londres, armé d'un bout de bois. Ceci sembla l'inciter à être moins coopératif pour sa propre biographie.

Depuis il y a eu d'autres différends. Le plus sérieux fit suite à ses remarques mal comprises à l'occasion d'une interview pour un magazine allemand, dans lequel il traitait l'Amérique, alors au plus fort de la guerre en Irak, de « chiot stupide ».

Malgré les bouleversements continuels qui ponctuent sa vie privée, le travail de Johnny au cinéma est rarement en dessous des standards d'une star et ses prestations sont particulièrement excellentes dans *Gilbert Grape* et *Benny & Joon*.

Son numéro étourdissant dans le rôle de l'agent du FBI travaillant sous couverture dans *Donnie Brasco*, aux côtés d'Al Pacino en mafieux, son rôle dans la peau de son copain Hunter S. Thompson dans *Las Vegas Parano*, film tiré de pseudo-mémoires inspirés par la drogue, ou celui du policier scientifique Crane de *Sleepy Hollow* ont tout simplement confirmé sa réputation d'être l'un des jeunes acteurs les plus doués de sa génération.

Le royaume des romances célèbres ne lui est pas étranger. Il a rompu des fiançailles avec les actrices Sherilyn Fenn et Jennifer Grey. En plus de son rendez-vous galant raté avec Winona, Johnny a été sporadiquement attaché à l'ultra svelte top-model Kate Moss durant quelques années, après leur première rencontre en 1994 au Cafe Tabac, un bar new-yorkais à la mode. Il vit désormais une relation durable avec la chanteuse et actrice française Vanessa Paradis, qui lui a donné deux enfants. Ils possèdent une spectaculaire maison de campagne dans le sud de la France. Peut-être qu'à la suite de son fiasco avec Winona, il lui reste encore à ajouter un tatouage pour l'amour de Vanessa. Sur son biceps gauche « Betty Sue » est un hommage à sa mère et une tête de chef indien, un hommage à ses origines Cherokee.

En 1996, il a acheté dans les collines d'Hollywood la vaste maison dans laquelle habitait Bela Lugosi, le célèbre interprète de Dracula.

C'est là que Johnny loge lorsqu'il est à Los Angeles, avec ses collections d'insectes, ses livres rares et ses armes.

Devançant toujours le spectre du stéréotype, les films les plus récents de Johnny à être acclamés ont été *Blow*, qui tire son inspiration de la vie réelle du baron de la cocaïne George Jung, *From Hell* où il tient le rôle d'un inspecteur clairvoyant et perturbé lancé sur les traces de Jack l'Éventreur, *Chocolat* dans lequel il interprète brièvement un personnage romantique face à Juliette Binoche (dix-sept minutes à l'écran), et *Il était une fois au Mexique*, la suite de l'histoire d'El Mariachi où il entre dans la peau d'un agent de la CIA corrompu.

Il a ensuite semblé piégé au XVIIe siècle en Angleterre dans le personnage du comte de Rochester pour *Le Dernier des libertins* avant de retrouver Tim Burton pour une quatrième puis une cinquième collaboration. Tout d'abord pour *Charlie et la Chocolaterie*, adapté du classique de Roald Dahl, puis pour le chef-d'œuvre de Burton, le film d'animation *Les Noces funèbres*.

Il a déjà repris deux fois le rôle, qui l'a rendu si célèbre, du capitaine Jack Sparrow dans *Pirates des Caraïbes*, dans les suites *Le Secret du coffre maudit* et *Jusqu'au bout du monde*. Il a ensuite retrouvé Tim Burton pour prendre le rôle titre dans *Sweeney Todd* et apparaîtra bientôt dans *Shantaram*, le film du réalisateur indien Mira Nair à qui il semble être attaché depuis une éternité.

On le verra prochainement aussi dans *The Rum Diary*, de Bruce Robinson, dans lequel il jouera pour la seconde fois le rôle de son copain Hunter S. Thompson, le journaliste gonzo. Adapté du premier roman éponyme de Thompson, il reflète sa vision du journalisme à l'époque où il buvait et faisait la noce dans le Porto Rico des années cinquante.

Il y a peu, la journaliste américaine Johanna Schneller écrivait : « Hollywood souhaite probablement que Johnny fasse plus de films populaires et mette à profit son physique pour interpréter plus de héros conventionnels. Mais il ne deviendra jamais un gars comme ça. »

Elle a probablement raison.

Comme le conclut Schneller : « Vous avez un tas de gens à Hollywood qui prétendent que Johnny Depp est désormais tourné vers les films qui cartonnent au box-office, mais c'est ridicule parce que Johnny pourrait avoir choisi depuis longtemps des films avec « box-office » marqué dessus. Or, il a intentionnellement et délibérément fait d'autres choix. »

C'est une attitude remarquable pour quelqu'un qui travaille dans un milieu aussi hostile à toute individualité. Avec ou sans son étoile sur la Promenade de la Gloire à Hollywood (il est intéressant de préciser que cette étoile est située deux places au-dessus de celle de Winona), Johnny Depp a prouvé qu'il sait se passer des considérations mercantiles et, en agissant ainsi, il s'est élevé plus haut que les piles d'argent entassées dans le coffre du box-office… et plus haut que les étoiles.

CHAPITRE - I
UN HÉROS DE CAPE ET D'ÉPÉE

« La plupart des films auxquels j'ai participé ont été réalisés en dehors des structures hollywoodiennes. Je ne fais pas de films d'action, avec des explosions ou des gens en danger. Je fais les films qui me plaisent et dont j'espère qu'ils vont intéresser le public. »

Vanessa Paradis s'est réjouie de participer à la nuit des Oscars en compagnie de Johnny Depp. L'homme avec lequel elle confesse vouloir passer le restant de ses jours était nominé aux Oscars. Il venait de réaliser une de ces performances d'acteur que le tout Hollywood applaudit.

Si Johnny Depp n'avait pas incarné ce personnage si populaire, s'il n'avait été tenu d'assister à la cérémonie en tant que nominé, le couple serait sans nul doute resté tranquillement à la maison lors de cette soirée particulière de février 2004, en dédaignant la compagnie des nombreux artistes dont Johnny partage la célébrité. Pourtant, ils étaient présents à cette cérémonie… qu'on n'avait plus programmée si tôt dans l'année depuis 1942.

« Je tiens à dire, précise Johnny, que je ne suis pas au courant de ce qui est branché ou non, ni de tout ce qui se passe à Hollywood. Je ne regarde pas les films qui sortent, je ne lis pas

Bien qu'en définitive Sean Penn l'ait devancé dans la course à l'Oscar, Johnny était enchanté que son travail sur *Pirates des Caraïbes* lui ait valu autant de récompenses, notamment sa première nomination aux Oscars au titre de meilleur acteur. On le voit ici se rendant à la cérémonie avec sa mère et Vanessa, en février 2004.

les magazines et j'ignore qui fait quoi, quels sont les échecs et quels sont les succès. »

Johnny Depp a d'ailleurs été stupéfait d'apprendre qu'un film auquel il avait participé gagnait autant d'argent et séduisait des milliers d'enfants.

« Quand un gosse vient vers moi dans la rue et crie : 'Hé, vous êtes le capitaine Jack Sparrow ?', je suis toujours profondément touché. »

Le capitaine Jack Sparrow est le personnage principal du film dont le succès fut la surprise de l'été 2003 : *Pirates des Caraïbes, la Malédiction du Black Pearl*, produit par Jerry Bruckheimer. Cette histoire s'inspire de l'une des plus célèbres attractions de Disneyland. Roger Eber, dans une critique parue dans le *Chicago Sun-Times*, ne semble pas comprendre les visées du film et écrit que « dans un premier temps, il charme le public, mais ensuite il s'éternise ».

Avec des bénéfices bruts de 305 millions de dollars aux États-Unis et de 27 millions de livres en Grande-Bretagne, classé deuxième au box-office derrière *Matrix Re-Loaded*, ce fut l'une des plus grosses recettes de l'année 2003, et si certains estimaient qu'il s'éternisait... c'était dans le succès. De plus, Eber est peut-être passé à côté d'un fait évident : succès ou non, ce film bénéficiait d'une distribution et d'un scénario brillants.

Le film raconte l'histoire du capitaine Jack Sparrow, une canaille pleine de charme, pour qui les eaux cristallines de la mer des Caraïbes et celles de toutes les mers du monde ne sont qu'un terrain de jeu fertile en mystères et propice aux aventures. L'idyllique existence de pirate que mène Jack prend fin lorsque son second, le fourbe Barbossa, lui vole son navire, le Black Pearl, et attaque la ville de Port-Royal pour enlever la fille du gouverneur, la belle Elisabeth Swann. L'ami d'enfance d'Elisabeth, Will Turner, s'associe alors à Jack pour s'emparer du vaisseau le plus rapide de la marine britannique, l'Interceptor, avec la louable intention de sauver la belle et de récupérer le Black Pearl.

Les deux hommes et leur équipage de forbans sont poursuivis par le fiancé d'Elisabeth, l'élégant et ambitieux commodore Norrington, qui commande un vaisseau de Sa Majesté, le Dauntless. Mais Will ignore qu'une malédiction, liée au vol d'un trésor, condamne éternellement Barbossa et son équipage à se transformer en morts vivants, lorsque la lune brille. Cette damnation ne prendra fin que lorsque le trésor sera restitué et la dette de sang payée.

L'Interceptor et le Dauntless vont faire la course jusqu'à la mystérieuse île de la Muerta, sur laquelle ils vont se confronter dans un final palpitant avec les pirates de Barbossa. Les enjeux en sont la vengeance de Jack Sparrow, la récupération du Black Pearl, la fortune que représente le trésor, la levée de la malédiction qui pèse sur Barbossa et son équipage, le destin de la marine britannique et les vies de nos vaillants héros qui devront férocement batailler contre les redoutables pirates des Caraïbes.

Ce sont peut-être ces combats que Roger Eber trouve absurdes : « Les personnages conservent leur intérêt même pendant les scènes injustifiées. Car les pirates ne peuvent pas être tués, ils sont déjà morts. Cela ne signifie-t-il pas qu'il n'y a aucun moyen de les battre ? »

Mais sans ces affrontements, ne manquerait-il pas ce qui fait tout le sel des films de pirates, les duels au sabre et à l'épée ? Et bien que ces scènes ne trouvent pas grâce à ses yeux, Eber est obligé d'admettre que la performance de Johnny Depp est pratiquement irréprochable.

Avec son eyeliner, sa démarche maniérée et ses répliques balancées avec insouciance, il a tout d'une drag queen un tantinet éméchée. Pour autant, le moindre détail de cette interprétation est original. Aucun être humain et a fortiori aucun pirate ne s'est jamais comporté comme ça dans un film. Certains ont avancé que Johnny avait dû prendre un coup de soleil, sur l'île de la Muerta, mais son jeu est plutôt le fruit d'un long travail. C'est un paon qui fait la roue. Lorsqu'il arrive avec sa mauvaise barque et qu'il s'entend dire : « Vous êtes sans doute le plus mauvais pirate dont j'aie jamais entendu parler ! » Il répond : « Oui... Mais vous avez entendu parler de moi. »

Comme cela aurait été ennuyeux, poursuit Eber, si Depp avait abordé sa prestation avec sérieux, tel un Errol Flynn ou un des Douglas Fairbanks. Ce rôle, interprété de façon stéréotypée, aurait été insupportable. Le comportement du capitaine Sparrow est tellement rococo. Pourtant, l'ensemble est cohérent et jamais Johnny Depp ne se moque de son personnage. Il y insuffle une formidable sincérité. N'est-ce pas pour cela qu'il a été pressenti pour un Oscar ? Parce que son interprétation est tout simplement excellente ?

Il y a probablement une chose à laquelle Gore Verbinski, le réalisateur, avait pensé bien avant de solliciter Johnny pour incarner Sparrow.

– C'est un artiste qui a la réputation de s'engager dans des projets bizarres, dit-il. C'est un acteur brillant. Sa priorité n'est pas de séduire une armée de fans ou de choisir les rôles en fonction du cachet qu'on lui propose. Il est clair qu'il a besoin de se renouveler, artistiquement parlant. Je pense qu'il veut aussi faire des films accessibles à ses enfants.

Ironiquement, le personnage que joue Johnny n'est pas le genre de modèle que vous souhaiteriez que vos gamins adoptent.

– Jack Sparrow, affirme Verbinski, est fondamentalement un arnaqueur. C'est un grand pirate, mais il est paresseux et ne se battra pas s'il peut l'éviter. Il prendra toujours un chemin de traverse. Son grand truc, c'est son image, le mythe auquel il appartient. Il est son meilleur agent, il sait parfaitement se vendre.

Verbinski n'était pas le seul à le penser. Jerry Bruckheimer décréta que Johnny aurait toute liberté pour créer son personnage. Il raconte comment Johnny en profita pleinement.

– Il avait une vision précise, absolument unique, de Jack Sparrow. Nous l'avons laissé faire et il a créé un pirate décalé, mais perspicace. Jack a du mal à marcher droit et son discours est quelque peu embarrassé, ce qui pourrait vous laisser croire qu'il est ivre, atteint du mal de mer ou qu'il a séjourné longtemps sur un bateau. Mais cette attitude est un leurre. C'est un effet. Aussi étrange que cela puisse paraître, ça contribue au charme du capitaine Jack Sparrow.

Pour Johnny, ce n'était pas seulement l'occasion de créer un personnage en partant de zéro, mais aussi celle de jouer un rôle que peut-être personne auparavant n'aurait cru pouvoir lui convenir. Et il a apprécié la nature espiègle et obstinée de Jack Sparrow :

– C'était une aubaine d'avoir à créer ce pirate de toutes pièces, d'inventer un pirate différent de tous ceux qu'on a pu voir jusque-là. Tel que je le vois, Jack est un type capable de passer entre les gouttes. Il peut traverser les lignes ennemies, distraire la troupe, puis se glisser en crabe dans l'autre camp et raconter une autre histoire. Il tente de rester en bons termes avec tout le monde car il est assez sage pour savoir qu'il peut avoir besoin d'eux plus tard. Et peu importe que les choses aillent mal pour lui, il reste toujours bizarrement optimiste sur son avenir. Il y a quelque chose de beau et de poignant dans sa quête. Tout ce qu'il désire, c'est récupérer son navire, qui pour lui représente la liberté, tout simplement. Bien entendu, si l'occasion se présente, il volera et ramassera ce qu'il peut au passage, mais son but principal est de retrouver le Black Pearl, à tout prix.

– Oui, confirme Verbinski, ça fait partie de la simplicité du personnage. Son bateau, c'est son grand amour, sa liberté. Ce n'est pas un brigand et il ne porte guère d'intérêt à l'amour, même s'il pense qu'Elisabeth n'est pas insensible à ses charmes. Quoi qu'il en soit, Jack Sparrow est passablement excentrique.

Selon Verbinski, l'interprétation de Johnny n'est pas éloignée de celle de Lee Marvin dans le rôle de Kid Shellen, le tueur alcoolique de *Cat Ballou* (1965), le western humoristique d'Elliot Silverstein.

Comme le personnage de Marvin, le Sparrow de Johnny flotte à travers l'histoire, et bouscule tout sur son passage sans quitter des yeux son objectif.

Johnny précise qu'il ne s'est pas inspiré de Marvin pour interpréter Jack Sparrow, mais plutôt de Keith Richards, le guitariste des Rolling Stones :

– Si les pirates ont été les rock stars du XVIIIe siècle, qui, de nos jours, a été le plus cool dans l'histoire du rock and roll ? Pour moi, c'est sans aucun doute Keith Richards. J'ai la chance de le connaître. Je n'ai pas tenté de l'imiter, mais j'ai façonné mon personnage à partir de ce que je connais de lui... Une certaine grâce, une élégance, et une agilité d'esprit dont je pensais qu'elle pouvait être utile.

Rien de cela ne transparaissait dans le scénario initial, qui ne mentionnait pas non plus des traits de caractère semblables à ceux de Pépé le Putois, le personnage du dessin animé, ni les dreadlocks.

– Jack porte quelques colifichets dans les cheveux, mais cette idée provient d'une autre source d'inspiration, explique Johnny. J'aime à penser que chacune de ces babioles est un souvenir vivant et extrêmement important pour lui.

L'autre détail bienvenu, ce sont les couronnes qui ornent ses dents. Fabriquées dans trois sortes d'or et d'argent, elles reflètent différemment la lumière. Le studio n'était pas très emballé par le fait que l'acteur souhaitait les porter sur les dents de devant. Finalement, il accepta qu'elles fussent posées sur les côtés. Les maquilleurs n'eurent pas grand-chose à modifier pour lui conserver son aspect de beau brun ténébreux... Un peu de noir autour des yeux, des tresses dans sa barbiche et une perruque.

Quand on connaît les choix provocants et subversifs dont est ponctuée la carrière de Johnny jusque-là, une question se pose : pourquoi a-t-il accepté le premier rôle dans une superproduction de Jerry Bruckheimer, dont le scénario est inspiré, de surcroît, d'une attraction de Disneyland ?

Même si Bruckheimer ne partageait pas ces doutes, il a clairement dit que le premier scénario qui avait atterri sur son bureau ne l'avait guère emballé. Ce ne fut que lorsque les auteurs de *Shrek*, Ted Elliott et Terry Rossio, amenèrent l'idée d'un film avec des pirates maudits et des squelettes au clair de lune qu'il fut accroché. Personne n'avait encore jamais introduit du surnaturel dans un film de pirates.

Son nouveau scénario sous le bras, Bruckheimer s'envola vers la France pour accomplir l'impossible : convaincre Johnny Depp de s'investir dans un film d'action franchisé.

D'aucuns auraient cru que la tentative était vouée à l'échec. Mais Bruckheimer avait sa vision des choses. Il savait que l'on change lorsqu'on a des enfants et que Johnny était désormais père de famille.

– Mes enfants, confirme Johnny, ont assurément été l'une des raisons qui m'ont fait accepter le rôle. Je voulais faire un film plus accessible pour eux que les précédents. En effet, je me disais qu'ils allaient devoir attendre quinze ou vingt ans avant de pouvoir regarder *Las Vegas Parano.*

Dès que Johnny eut signé, une ruée de jeunes acteurs et d'acteurs reconnus manifestèrent leur désir d'auditionner pour les rôles qui restaient à prendre.

Geoffrey Rush sauta littéralement sur l'opportunité d'incarner le capitaine Barbossa, la bête noire de Jack Sparrow et le voleur de son bateau. Cet Australien, qui affiche à son actif des films aussi différents que *Shakespeare in Love*, *Quills* et *Ned Kelly*, a prouvé qu'il était un choix parfait pour Barbossa.

On ne sait pas si Johnny a fait des essais aux côtés de Rush, mais d'emblée, le duo fonctionna bien. Leur admiration était réciproque et ils étaient excités à l'idée de travailler ensemble.

Un sentiment similaire régna lorsque le reste de la distribution fut réuni. Orlando Bloom, connu pour son rôle de Legolas dans la trilogie du *Seigneur des Anneaux*, fut engagé pour incarner le romantique Will Turner ; Keira Knightley, la vedette de *Joue-la comme Beckham* et du roi Arthur, fut choisie pour interpréter Elisabeth Swann, le grand amour de Will. Jonathan Pryce, vétéran de la scène et de l'écran, endossa le rôle de son père, le gouverneur Weatherby Swann. Jack Davenport, de *This Life*, la célèbre série britannique, accepta le rôle du commodore Norrington, nouvellement nommé à la tête de la flotte britannique basée à Port-Royal et à qui le père d'Elisabeth espère marier sa fille, si jolie et si peu conventionnelle.

Cette minutie dans le choix des acteurs s'est prolongée pendant le tournage. La grotte où le pirate Barbossa cache les nombreuses richesses pillées par son équipage en est un exemple. Ce décor onéreux aux détails soignés fut l'un de ceux, nombreux, construits dans les studios Walt Disney à Burbank, dans le plus grand plateau de Disney. C'était la pièce maîtresse et elle fut exécutée sous l'œil vigilant de Brian Moris, le chef décorateur. Il s'agissait d'une caverne luxueusement décorée, possédant des voies navigables sinueuses, des douves, de petites grottes et un terrain rocheux accidenté. Il fallut cinq mois à cent artisans pour achever ce décor qui devait servir trois semaines, et 1 136 m3 d'eau pour le remplir.

– Chaque objet a été sélectionné pour son authenticité, révèle le décorateur ensemblier Larry Dias. Cela exigea un gros travail, de simplement rester dans le style de l'époque et dans celui du film. Il fallait que le décor parût authentique, pour préserver le côté dramatique de l'intrigue, sans pour autant oublier que le film est une comédie. Aussi avons-nous essayé de créer une atmosphère qui soit à la fois réaliste et théâtrale.

Non moins complexe fut le problème posé par les bateaux. Il n'existe que peu de navires qui puissent passer pour un vaisseau du XVIIIe siècle. Le studio et les producteurs pensaient qu'il faudrait construire tous ceux qui apparaissent dans le film. Ils n'imaginaient pas qu'ils allaient tomber sur une mine d'informations et de contacts en la personne de Matt O'Connor, navigateur passionné, spécialiste en cascades navales, et travaillant pour l'industrie cinématographique depuis plus de quinze ans. Ils l'embauchèrent aussitôt et celui-ci dénicha des substituts valables.

Il contacta un confrère à Seattle et le persuada de convaincre ses patrons, propriétaires d'un grand navire, de permettre à la production d'utiliser leur précieux bâtiment et son équipage au complet pour une durée sans précédent, et ce à l'autre bout du monde. Cependant, d'importantes modifications dans l'aspect du vaisseau allaient être nécessaires.

L'offre était trop tentante pour être ignorée et les propriétaires du bateau relevèrent le défi. C'est ainsi que le Lady Washington, modifié, devint un acteur méritoire, jouant le « rôle » de l'Interceptor.

Aucun film de pirates ne serait abouti sans des scènes d'action et *Pirates des Caraïbes* ne fait pas exception à la règle. Quatre heures par jour étaient nécessaires pour régler et parfaire les incroyables assauts à l'épée. Les scènes furent chorégraphiées par Bob Anderson, le légendaire maître d'armes octogénaire et ancienne doublure d'Errol Flynn.

Un autre moment inoubliable pour Johnny et Keira Knightley a été la scène qu'ils ont baptisée « la promenade sur la planche ». Pendant presque trois jours de tournage, ils sont restés plantés au bout d'une planche de deux pieds sur quatre qui s'élançait du bastingage du Black Pearl, surplombant d'environ quatre mètres cinquante le roulement des vagues.

C'est bien Johnny et Keira qui se tiennent en équilibre au bout du tremplin et non des doublures. Malgré sa peur, Keira s'en sortira indemne et souriante :

– Je suis restée debout sur cette planche durant deux jours avec rien d'autre que l'air tout autour et de l'eau en dessous. J'étais absolument morte de peur, se souvient-elle. La planche était aussi étroite qu'un plongeoir et elle rebondissait dès que vous bougiez… et même quand vous ne bougiez pas. Quand vint le moment de sauter, Gore m'a dit que je n'étais pas obligée le faire, car Sonia, ma doublure cascade, pouvait s'en charger. Je lui ai répondu : « Je suis restée debout sur cette planche pendant deux jours ! Tu crois vraiment que je ne vais pas sauter de ce truc ? » J'ai sauté avec ma robe longue. J'étais terrifiée. J'ai demandé à Gore s'il voulait que je crie, il m'a juste indiqué : « Tu fais comme tu le sens. » J'ai hurlé. Le truc marrant, c'était lorsque j'ai atteint l'eau et que ma robe s'est retroussée au-dessus de ma tête, on a vu ma culotte. C'était très coquin, mais j'étais fière de moi. Je ne savais pas de quoi j'avais eu l'air, ajoute-t-elle en riant.

Dans l'ensemble, c'était un film intense avec un planning de tournage tout aussi intense.

Les scénaristes Ted Elliott et Terry Rossio étaient partis de l'idée que si des parents considéraient que leurs enfants étaient assez grands pour faire un tour sur l'attraction Pirates des Caraïbes de Disneyland, ils les trouveraient également assez grands pour voir le film. Elliott se souvenait du tour qu'il avait fait sur cette attraction quand il avait six ans comme d'un moment d'euphorie absolue mêlée à une pointe de terreur grisante.

– On pourrait qualifier cela de joie exubérante. C'est ce que nous avons voulu que ressentent tous ceux qui verraient le film. Qu'ils retrouvent les sensations qu'ils ont connues la première fois qu'ils sont montés sur l'attraction.

Cette excitation était palpable chez les privilégiés conviés à la première mondiale du film à Disneyland, le samedi 23 juin 2003. Jamais auparavant Disneyland n'avait organisé de projection pour l'une de ses productions en présence des acteurs, de l'équipe et d'invités exceptionnels. Tout ce beau monde investit le parc d'attraction à dix-huit heures trente pour assister à l'événement, le film ne devant sortir en salle qu'une semaine plus tard.

Selon un compte rendu publié sur Internet peu de temps après, cette première fut pour le moins extraordinaire. Disneyland avait ouvert ses portes à six heures du matin pour permettre au public de profiter du parc aussi longtemps que d'habitude. Douze heures plus tard, les gens furent priés de s'en aller pour permettre au tout Hollywood d'entrer.

L'ouest du parc se mit à grouiller de pirates, de prostituées, de groupes de musiciens et d'agents de sécurité. Quelques attractions furent ouvertes pour la plus grande joie des invités, et pour une fois sans queue à faire.

Un ensemble de gradins fantaisistes avait été érigé autour de la Rivers of America et un écran géant dressé sur Tom Sawyer Island (L'île de Tom Sawyer) devant laquelle mouillait le voilier Columbia, un orchestre à son bord. Il y avait des enceintes partout, fonctionnant à plein volume. Un feu d'artifice fut tiré, en parfaite synchro avec la fin du film. Dans l'ensemble ce fut une nuit hors du commun. En plus du dîner offert, tous les invités reçurent des cadeaux : des chapeaux, des affiches, de faux tatouages, des épées, des couvertures, des tirelires, des photos, des images et des jeux.

Ce fut un moment un peu fou pour Johnny, que les louanges sans fin qu'il recevait pour sa prestation ne laissaient pas de surprendre. Il n'avait jamais espéré susciter autant d'attention.

– Je suis très reconnaissant. Je le suis pour l'année qui vient de passer et pour tout ce qui est arrivé, dira-t-il. Je ne m'y attendais pas. Et surtout pas à une nomination, quelle qu'elle soit. Je suis vraiment très touché, très ému.

Il savait cependant que depuis la fin du tournage, il était entré dans ce qu'il appelait une « phase de décompression ».

– Si vous êtes vraiment en harmonie avec un personnage, cela reste toujours en vous, d'une manière ou d'une autre. Le gars vous manque. Être cette personne vous manque. J'avais cependant derrière la tête l'espoir qu'un jour le film aurait une suite et que je pourrais de nouveau croiser ce bon vieux Jack Sparrow.

CHAPITRE - II
LA FUREUR DE VIVRE

« Dans mon collège, il y avait toutes sortes de gens,
des sportifs, des gosses chics et des ploucs.
Et puis il y avait les bûcheurs.
Aucune fille ne voulait traîner avec moi,
j'étais juste, vous savez, une sorte de drogué
accro à la marijuana, un gosse bizarre. »

L'été 1963 ? John Depp et sa femme Betty Sue vivaient à Owensboro, la troisième plus grande ville du Kentucky, bâtie vers 1780 par les pionniers Joseph Blakford et Williams Smeaters. Ce ne fut pourtant pas avant 1817, et en l'honneur du colonel Abraham Owens, un dignitaire local, qu'elle devint telle que nous la voyons de nos jours. La ville est connue parce qu'elle accueille le Bar-B-Q Festival, la fameuse manifestation qui réunit des amateurs de barbecue du monde entier.

Les Depp avaient déjà trois enfants, Debbie et Christie, deux filles issues du premier mariage de Betty Sue, et un fils, Dan, dit « DP ». Betty Sue attendait visiblement un second enfant de John. La naissance de John Christopher Depp II, Johnny Depp, était prévue pour le 9 juin, et selon le journal local dans lequel elle fut annoncée, il fut ponctuel.

John senior et Betty Sue étaient des parents absolument conventionnels et le monde dans lequel ils évoluaient l'était tout autant. John était ingénieur et fonctionnaire, Betty Sue serveuse dans un café du coin.

– Elle jurait comme un matelot, racontera Johnny des années plus tard. Elle fumait et jouait aux cartes. Quelquefois, elle rentrait à la maison après dix heures de travail avec trente dollars de pourboire. Alors en grandissant, j'ai pris l'habitude d'en laisser moi aussi.

Les Depp étaient une famille de la classe moyenne américaine. Ils ont bénéficié de l'explosion des maisons bon marché qui eut lieu, pour la première fois, dans les années 50. Ils habitaient dans une banlieue, avaient une vie de banlieusards et des rêves de banlieusards. Après tout, c'étaient les années soixante, une décennie durant laquelle les promesses de l'après-guerre avaient mûri : le rêve américain était encore possible. Si vous aviez un travail, vous pouviez avoir la maison, la voiture et la famille qui allaient avec, à l'image de celles que l'on voyait sur les cartes postales et dans les magazines. Par le cœur et par l'esprit, John et Betty étaient des purs produits de ces années-là.

Huit ans après la naissance de Johnny, la guerre du Vietnam continuait de tout broyer sur son passage et Nixon était toujours à la Maison-Blanche. À peine trois mois après son huitième anniversaire, une cour martiale américaine acheva d'examiner le cas des vingt-cinq officiers et soldats impliqués dans le massacre de civils à My Lai, en 1968. Vingt-quatre des prévenus furent acquittés. Trois mois plus tard, l'aviation américaine commençait la campagne de bombardement la plus intensive qu'elle eût jamais menée.

Sur le sol américain, l'insurrection était réprimée tout aussi impitoyablement. Le sentiment d'horreur consécutif à l'affaire de Kent State, au cours de laquelle la Garde nationale fit feu sur des étudiants contestataires désarmés, était encore frais dans les esprits quand, en septembre 1971, une rébellion éclata à la prison d'état d'Attica, dans le nord de l'état de New York. Une nouvelle fois, l'intervention des troupes de choc envoyées pour répondre aux demandes des prisonniers fut d'une violence excessive. Le premier rouage de la machine qui allait finalement accoucher de l'humiliation nationale ressentie lors du scandale du Watergate commençait à se mettre en branle. Le rêve, tel que les Depp l'avaient perçu et espéré, se terminait.

En dépit des convictions de ses parents, Johnny était loin d'être séduit par le style de vie des banlieues. Il ne voulait pas se laisser endoctriner par les principes libéraux auxquels il était maintenant exposé, et sa vie presque solitaire en compagnie de son grand-père en était la preuve. Enfant, Johnny passait le plus de temps possible avec lui.

– Je me rappelle lorsque nous cueillions le tabac dans le Kentucky, raconte-t-il, nous étions inséparables, Pawpaw et moi. Il est mort quand j'avais sept ans et cela a été terrible pour moi. Mais quelque part, je crois qu'il est toujours à mes côtés. Je crois aux fantômes. J'espère que j'en serai un, un jour. Je pense que j'aurai plus d'énergie… Je suis certain que mon Pawpaw est tout près, qu'il me guide, qu'il me regarde. Je ressens des appels, très proches parfois. Je pense : Mon Dieu ! Comment est-ce que je me suis tiré de ça ? J'ai juste le sentiment que c'est Pawpaw qui m'a aidé.

Le grand-père de Johnny était un pur indien Cherokee. Il avait la même obsédante beauté, le même profil sculpté aux pommettes altières qu'aurait Johnny plus tard, un visage qui s'étalerait sur les couvertures des magazines du monde entier et dont les jeunes américaines tomberaient amoureuses.

La famille Depp, bien que comptant des Allemands et des Irlandais parmi ses ancêtres, possédait un fort héritage Cherokee. La version de Johnny du jeu des cow-boys et des Indiens restait loyale envers son ascendance indienne. Jamais il n'acceptait que son Indien se fasse tirer dessus, qu'il soit blessé ou mort, ni même qu'il tombe par terre, peu importe le nombre de fois que son ami d'enfance Sal Jenco le visait et le canardait avec son pistolet à amorces.

Il avait déjà un esprit violemment indépendant où éclatait la détermination qui régirait son avenir. Johnny ne voulait tout simplement pas se plier aux règles et aux règlements.

Il avait d'abord besoin de désirer et de sentir. Il n'est guère surprenant que le premier conflit de Johnny avec l'autorité ait été son renvoi de l'école pour avoir montré ses fesses à un professeur.

Qu'on lui imposât chaque jour d'effectuer la même tâche banale fut aux yeux de Johnny la goutte d'eau qui fit déborder le vase.

– J'étais un gosse bizarre, reconnaît-il volontiers aujourd'hui, une sorte de mauvaise herbe. Je voulais être Bruce Lee. Je voulais faire partie du SWAT, la brigade de policiers anti-émeute. Et quand j'avais cinq ans, je pense, je voulais être Daniel Boone.

Tout le monde n'entrait pas comme ça dans sa galerie privée de héros. Pour John Wayne, par exemple, c'était hors de question.

– Je sais que cela sonne un peu anti-américain, mais je ne pouvais pas le sentir. Il avait l'air d'être tellement de droite, tellement radical.

Peut-être était-ce vrai. Mais son aversion pour le célèbre cow-boy de l'écran n'était-elle pas plutôt à chercher du côté de ses origines Cherokee ? N'était-ce pas Wayne qui avait pour habitude de massacrer des centaines d'Indiens dans ses films ? Ce sont des choses comme celles-là qui, encore aujourd'hui, scandalisent Johnny. Il a toujours le cœur lourd lorsqu'il repense à ses ancêtres qui ont péri dans ce qu'il appelle le génocide de millions d'Indiens d'Amérique.

Ce fut la mort de son grand-père, quand Johnny avait sept ans, qui convainquit sa famille que le temps était venu de déménager. Ils s'installèrent au sud de Miramar, non loin de Miami.

Dans cette ville côtière, la carrière du père de Johnny progressa. Il trouva un poste de fonctionnaire dans les travaux publics. Et tout comme Johnny, qui louerait plus tard une succession de chambres d'hôtel et d'appartements, ses parents vont s'installer dans un motel de la ville et n'en bougeront pas pendant douze mois.

– Nous avons déménagé au moins trente fois, se souviendra Johnny. Nous allions de quartier en quartier, parfois nous passions d'une maison à la maison voisine. Je ne sais pas pourquoi. Quelque part, ma mère devait avoir la bougeotte. Une énorme partie de l'histoire de ma famille est restée là-bas. Des meubles, mes jouets, mon travail scolaire, tout, tout, tout a été abandonné, laissé dans des greniers ou des garages. Tout est parti. Nous étions des bohémiens, nous avons vécu un peu partout, toujours en transit. Au bout d'un moment j'ai pensé que cela ne valait même pas la peine que je me présente aux autres gosses.

Johnny avait fort peu de points communs avec les autres mômes du quartier, pas plus qu'avec ses camarades de classe. Il ne s'en souciait pas. Pourquoi l'aurait-il dû ? Après tout, comment diable une brochette de gamins conformistes pourrait-elle offrir à Johnny de quoi rivaliser avec le frisson qu'éveillaient en lui les projets d'avenir qu'il avait en tête ?

– C'était comme à Endora, la ville du film *Gilbert Grape* : « Il ne s'y passe jamais rien et il ne s'y passera jamais rien », comme une sorte d'impasse, racontera Johnny. Il n'y avait que deux épiceries, face à face dans la même rue ; un supermarché Winn-Dixie, suivi d'un drugstore, puis une boutique de papeterie et de cadeaux. Sur l'autre trottoir, vous aviez un Pixie avec son drugstore et sa boutique de cadeaux et de papeterie. Les mêmes magasins avec des noms différents. Quel que fût le chemin que vous preniez, vous vous retrouviez toujours là.

Et c'était justement là où il ne voulait pas être. Cela compliquera son enfance et explique sa difficulté à s'adapter à l'école, par exemple.

– Je n'étais pas populaire, murmure-t-il. J'avais l'impression d'être un vrai monstre. Je voulais être accepté… sans savoir comment me faire accepter tel que j'étais. J'aurais voulu avoir une copine, mais j'étais convaincu que je gâcherais tout.

Quelques années plus tard, il prendra sa revanche sur eux en gagnant leur affection grâce à *Edward aux mains d'argent*.

Mais, pour l'instant, tout ce qu'il pouvait espérer, c'était de ne pas rester là éternellement.

En raison de son manque d'intérêt pour les études, il s'arrangea pour intégrer l'équipe de football de la ville, principalement parce qu'il pensait que cela plairait à son père. Mais ce fut un échec. Il renonça au bout d'un mois et se demanda pourquoi il avait rejoint cette équipe et deux fois plus encore pourquoi il avait renoncé.

Rapidement, il apprit à trouver d'autres centres d'intérêts. Tout au long de son enfance, il se documenta. La musique restait une passion constante et l'une de ses premières vraies histoires d'amour fut le groupe Kiss, dont le comportement était aussi scandaleux que leur musique. Il avait essayé d'imiter leur chanteur, Gene Simmons, en essayant, comme lui, d'avaler des flammes. Mais son visage avait pris feu.

– J'avais douze ans, peut-être, se souvient Johnny, nous avons enroulé un tee-shirt au bout d'un manche à balai, nous l'avons imbibé d'essence avant de l'allumer. Puis j'ai pris de l'essence dans ma bouche et j'ai aspiré les flammes, comme Simmons. Mon visage a pris feu. J'ai couru dans la rue avec mon visage qui brûlait. Je ne pouvais pas y couper, il était certain que ma mère verrait que mon visage était brûlé. J'ai dû mentir. J'ai raconté que nous faisions sauter des pétards et que l'un d'eux m'était revenu dans la figure. Elle s'y est laissée prendre. Elle ne s'attendait sûrement pas à ce que je dise : « Ben, j'ai mis de l'essence dans ma bouche et je l'ai crachée sur un gros bâton en feu, m'man. » L'histoire du pétard était plus simple, pour elle comme pour moi. Elle a accepté l'explication, bénie soit-elle. C'est l'un des trucs les plus stupides que j'aie jamais faits – peut-être pas le plus stupide, mais dans le haut du classement quand même – et pourtant, j'ai fait des tas de trucs stupides.

Outre ses goûts musicaux, Johnny admirait, comme beaucoup, le cascadeur à moto Evel Knievel qui, à la fin des années 70, fascinait les spectateurs avec ses sauts de la mort. Sur son Chopper spécialement conçu, décoré aux couleurs de la bannière étoilée, il sautait par-dessus plusieurs rangs de voitures empilées deux par deux.

Vers la même époque, Johnny se plongea dans l'histoire de Vincent Van Gogh, autant par intérêt pour la vie de l'artiste qu'à cause de l'acharnement à défendre son art dont ce dernier faisait preuve.

Une autre de ses obsessions était la Seconde Guerre mondiale. Au bout d'un certain temps, ses parents durent trouver bizarre de constater qu'il ne cessait de lire des ouvrages sur l'Allemagne nazie.

Johnny ne se lassait pas non plus de recréer des épisodes imaginaires de *Papa Schultz*. Il avait creusé un tunnel dans le jardin. Il s'y glissait et restait assis, attendant que tout s'écroule autour de lui. Quand John et Betty Sue le comparaient aux autres enfants, leur fils devait leur sembler bien étrange… Et lorsqu'il n'était pas en train de creuser un tunnel, il rêvait de devenir le premier membre blanc des Harlem Globetrotters.

Pour des raisons différentes, son oncle eut de l'influence sur l'éducation de Johnny.

– C'était un pasteur et il avait une chorale de gospel. Il faisait tout un bazar, il se levait sur l'estrade, tendait les bras en pleurant et disait : Venez, accourez, et soyez sauvés. Et les gens venaient à ses pieds. C'était une forme d'idolâtrie, totale, mystérieuse.

Johnny, comme les autres fidèles, ne pouvait pas s'imaginer à quel point l'art performance peut être fascinant.

Mais en tant que témoin des ficelles et des techniques que son oncle employait pour convaincre sa congrégation de la véracité de ce qu'il disait, ou de la puissance de ce qu'il révélait, et tout à fait à même de constater l'efficacité des artifices dont le pasteur se servait, Johnny allait bénéficier, en fin de compte, de l'enseignement d'un maître sur les mille et une façons de capturer et de retenir l'attention d'un auditoire.

Son oncle l'encourageait d'ailleurs souvent à s'exprimer de la même manière, dans sa musique, ou dans d'autres domaines. De fait, la façon dont le pasteur abordait ses représentations avait déjà influencé Johnny. Il était impatient de monter sur scène et d'essayer ça par lui-même. Dans un tel environnement, être une rock star devint une seconde nature. C'était certain, il allait échapper au boulot d'employé de station-service qu'il voyait, non sans une certaine crainte, se profiler à la fin de ses études.

– Mon cousin avait un groupe de gospel et ils sont venus jouer des negro spirituals. C'est la première fois que je voyais une guitare électrique, racontera Johnny. Ensuite, c'était comme si j'étais hanté par cet instrument. Alors, ma mère m'en a acheté une pour vingt-cinq dollars. J'avais environ douze ans. Je me suis enfermé dans ma chambre pendant un an et j'ai appris à jouer tout seul en repiquant les accords sur les disques. C'est comme ça que j'ai passé mon adolescence, assis dans ma chambre à jouer de la guitare, et j'en ai bavé. Je me rappelle que je ne voyais pas souvent ma famille. Ensuite j'ai commencé à jouer dans des petits groupes de rock garage. Le premier groupe dans lequel j'ai joué s'appelait Flame. Au début nous portions des tee-shirts marqués « Flame ». Ensuite, à treize ans, j'ai porté de simples chemises. Puis, j'ai pris l'habitude de voler les vêtements de ma mère. Elle avait des chemisiers en velours frappé avec des manches à la française et elle aimait les pantalons en crépon à pattes d'éléphant. Je rêvais d'avoir des chaussures compensées mais je n'en trouvais pas.

Bien que toujours aussi compréhensifs, John et Betty Sue se faisaient du souci pour les études de Johnny. Cela ne se passait pas vraiment comme prévu.

– J'étais dans un collège depuis trois ans et c'était comme si j'étais arrivé la veille. J'avais quelque chose comme huit unités de valeur, j'étais dans ma troisième année. Je n'avais pas envie d'être là. Je m'ennuyais à mourir et j'ai détesté ça. J'ai commencé à avoir de mauvaises fréquentations. On entrait régulièrement dans des tas d'endroits et on cassait tout. On est entrés dans l'école et on a saccagé une pièce ou je ne sais quoi. Je volais dans les magasins.

Bien des années plus tard, quand l'un de ses anciens professeurs a demandé à Johnny un autographe, ce dernier a été outré.

– J'étais supposé répondre quoi ? Il m'avait laissé tomber. Je me rappelais la fois où il m'avait littéralement hurlé dessus devant toute la classe. À l'époque, il n'avait pas un instant à me consacrer et maintenant, tout à coup, il voulait mon autographe ! Ils disaient tous que j'allais finir drogué et en prison. Et peut-être qu'ils avaient raison, conviendra Johnny.

Cela n'avait aucun sens pour ses parents de l'obliger à continuer à aller en classe alors qu'il n'était pas précisément un élève exemplaire.

– J'ai commencé à fumer à douze ans, j'ai perdu ma virginité à treize ans et j'avais essayé toutes les drogues qui passaient par là à quatorze… Je les ai pratiquement toutes essayées. Je ne dirais pas que j'étais mauvais ou malintentionné, j'étais juste curieux. Je faisais mes petites expériences avec les drogues. Finalement, vous voyez où ça vous mène et vous arrêtez.

Mais ce ne fut pas ça le plus dur, pour Johnny. Il avait quinze ans en 1978 quand John et Betty Sue divorcèrent. C'était un second échec pour Betty Sue et à partir de ce moment-là, les choses semblèrent se détériorer rapidement. Certainement déstabilisée par l'agitation émotionnelle due au divorce, ne se soignant pas suffisamment, elle attendait, le cœur brisé, qu'il se passât quelque chose. Toute la famille, se souvient Johnny, a fait bloc et a fait du mieux qu'elle pouvait pour la soutenir.

– La famille est la chose la plus importante au monde. Sans cela, tu n'es rien. C'est le lien le plus étroit que tu n'auras jamais. Quand t'es un ado, la famille c'est la famille. Tu penses qu'elle sera toujours là. Tu te dis : je veux des amis, je veux des voitures, je veux faire des choses différentes. Mais il y a un âge où tu prends conscience de la réalité. Quand tu te demandes : qu'est-ce que je vais faire ? C'est ma famille. Quand mes parents se sont séparés, j'ai réalisé qu'ils étaient les personnes les plus importantes dans ma vie. Vous savez, je pourrais mourir pour eux. J'avais quinze ans et cela est arrivé. Tu fais avec, mais tu ne peux pas éviter la douleur. Je me souviens de l'agressivité entre mes parents. Et de nous, les gosses, nous demandant qui allait aller avec qui, s'ils divorçaient. Quand ils l'ont fait, mon père est parti et ma mère a été profondément blessée, elle a souffert physiquement et psychologiquement.

Johnny choisira de rester avec sa mère, sa sœur Christie – aujourd'hui son manager et sa conseillère – et son frère Dan, maintenant associé pour moitié dans sa maison de production. Debbie, l'autre sœur, s'en alla avec son père à Hallendale, où il vit et travaille encore.

Pour Betty Sue, Johnny procédera par étapes et s'inquiétera d'abord de lui trouver un endroit à elle. Il lui dénichera une maison au nord de Los Angeles, où elle vit toujours aujourd'hui avec son troisième mari, Robert Palmer.

– Généralement, je dors peu et je ne mange pas beaucoup, confiera Johnny, mais chez elle, je suis si détendu que j'ai tout le temps faim, et je dors comme un bébé. Elle est la plus grande dame du monde, la meilleure amie, la chose la plus douce. C'est tout simplement incroyable. Toute sa vie elle a été serveuse, mais je ne la laisserai plus jamais faire ce métier.

Et nul amour ne s'exprima avec autant de force que celui de Johnny, le jour où il se rendit dans un petit salon de tatouage de son quartier et demanda que le prénom de sa mère fût inscrit dans sa chair à l'intérieur d'un cœur rouge et brillant. Il a même noté quand il l'a fait faire, pour pouvoir le dire à ses petits-enfants.

– Quand j'aurai quatre-vingt-dix ans, que je serai assis à ne rien faire et qu'ils me demanderont « Papi, quand as-tu fait ça ? Je veux être capable de dire : le 31 mai 1988.

Et le tatouage Betty Sue suscitera autant de commentaires que celui représentant une tête de chef indien, tatoué quelques années plus tôt, cette fois du côté droit, en mémoire de ses origines Cherokee.

Bien que Johnny n'ait pas vraiment parlé de son grand intérêt pour les tatouages et l'auto-scarification, il se doutait que des gens lui poseraient bientôt la question.

- Je me souviens d'avoir gravé mes initiales sur mon bras, dira-t-il, et je me suis marqué de temps en temps, depuis. Dans un certain sens, votre corps est un journal et les cicatrices en sont les paragraphes.

Il développera des plans compliqués avec son ami Sal Jenco pour échapper à toute l'agitation environnante. Tous deux étaient déjà des vétérans dans l'invention des situations les plus improbables. Ils projetèrent même de vivre à l'arrière d'une vieille Impala de 1967, simplement parce que Jenco n'avait pas d'autre endroit qu'il puisse appeler son foyer. Johnny se souvient encore que « à part les boîtes de bière, il n'y avait pas grand-chose sur les sièges arrière ».

Cela n'avait qu'un lointain rapport avec ce que la civilisation considérait être essentiel, comme l'électricité, l'eau courante et tous ces autres luxes modernes dont Johnny voulait désormais se passer.

À la différence de beaucoup de journalistes qui ont fouillé dans sa jeunesse à Miramar, Johnny rechigne à qualifier son éducation de sauvage et d'imprudente. Ce n'est que lorsqu'il devint célèbre, affirme-t-il, qu'il fut ainsi étiqueté.

– La seule raison pour laquelle mon passé a été connu, c'est parce que j'en ai parlé. Et la raison pour laquelle j'en ai parlé, c'est que les gens peuvent en tirer des leçons. Des gosses peuvent se dire : « Mon Dieu ! Il est passé par les mêmes trucs que ceux que je traverse en ce moment. Peut-être que je ne suis pas si mauvais que ça, contrairement à ce que tout le monde pense. »

Ils m'ont tous traité de voyou, de délinquant ou de rebelle, ou de ce genre de choses horribles, par facilité. Pour moi, il s'agissait plutôt de curiosité. Vous savez, je n'étais pas un gosse méchant, du genre à donner un coup de pied dans le tibia d'une vieille dame et à partir en courant. Je voulais juste découvrir ce qu'il y avait ailleurs. Mon enfance était assez normale. Quand tu as treize ou quatorze ans, que tu traînes avec tout un tas de types et que le bal de fin d'année du lycée n'est pas vraiment ton truc, tu sors, tu fais d'autres choses. Des expériences. T'es un gosse à Miami et la drogue est partout. Tu essayes pour les raisons habituelles : la pression des copains, la curiosité, l'ennui.

CHAPITRE - III
ROCK STAR

« Je dirais que je me suis senti vraiment différent
entre douze et dix-sept ans.
Mais là encore, durant l'adolescence,
on a l'impression d'être en sécurité,
que rien ne peut mal tourner.
Un sentiment que tu perds plus tard. »

À seize ans, Johnny abandonna l'école. Il en avait assez de lutter avec la réussite scolaire. Il était fatigué d'être celui qui redoute tous les matins d'arriver à l'école et de constater qu'il n'a pas grand-chose en commun avec ses camarades de classe. Alors que ceux-ci parlaient de *La Guerre des étoiles* et de la dernière sitcom en vogue, Johnny s'enthousiasmait pour les cascades d'Evel Knievel ou citait les héros de *Papa Schultz*, le vieux succès ringard qui le fascinait tant.

Les goûts musicaux de Johnny étaient tout aussi impopulaires. À la fin des années 70, le punk rock n'était pas spécialement le courant musical dominant. C'était une musique de sauvages, bizarre et antisociale. On jugeait donc que ceux qui aimaient ça ne valaient guère mieux. Quand ses camarades de classe apprirent que Johnny aimait les groupes New Wave, il fut immédiatement considéré comme un paria. Lorsqu'ils

Pour son tout premier rôle, celui de Glenn, dans *Les Griffes de la nuit,* le premier film gore de Wes Craven, Johnny est littéralement avalé par un lit.

découvrirent qu'il était déterminé à faire carrière en jouant la même musique, l'ostracisme fut total.

Le groupe de Johnny, The Kids, commença à assurer les premières parties et à chauffer la salle pour des grands groupes comme B-52's et Talking Head. Le groupe tenta brièvement d'écrire sa propre musique (que Johnny décrit au mieux comme un croisement de U2 avec les Sex Pistols). The Kids jouèrent ensuite dans quelques clubs de rock en Floride.

– Je suis certain que mon cerveau s'est arrêté de grandir à dix-sept ans. J'étais vraiment heureux alors. Je jouais dans un groupe, je lisais des livres parce que je n'avais rien lu à l'école, et il y avait des filles. Dans un sens, j'étais une sorte de snob. Le seul problème, raconte Johnny en parlant des clubs dans lesquels il joua, c'était que je n'avais pas l'âge requis. Alors ils me laissaient entrer par la porte de derrière pour que je puisse jouer et je devais m'en aller après la première partie. C'est comme ça que j'ai gagné ma vie, en me faisant environ vingt-cinq dollars par soirée.

Il y avait toutefois d'autres occasions où ils parvenaient à donner un concert pour beaucoup plus, parfois pour plus de deux mille dollars. « C'était pour tout le groupe et les gens de l'équipe, c'était une somme importante en ce temps-là. »

Environ deux ans plus tard, Johnny avait alors dix-huit ans.

– Nous avons fait deux concerts avec Iggy Pop et à la fin j'étais vraiment bourré. J'étais au bar, après la fermeture du club, se souvient encore Johnny, je m'apprêtais à vomir ou quelque chose comme ça. J'ai vu Iggy avec son pantalon étriqué, errant dans la salle avec un chien. Et je ne sais pas ce qui m'a pris, j'ai commencé à hurler « Va te faire foutre ! » Je ne sais pas pourquoi, car je l'idolâtrais. Il s'est approché et il m'a juste regardé. J'ai cru qu'il allait me frapper. Je lui ai dit : « T'es qu'une petite merde. » Il est reparti.

Quelques années plus tard, les deux hommes se sont retrouvés sur le plateau de *Cry-Baby* et ont évoqué l'incident. Iggy Pop soupira philosophiquement : « J'étais sans doute dans le même état que toi, sinon pire. »

Six ans après, Johnny était devenu à son tour une vedette dans les clubs branchés de Floride. C'est alors qu'il rencontra Lori Anne Allison, une maquilleuse plus âgée que lui de cinq ans, fan des Kids. Il l'épousa. Elle avait tenté sa chance dans la musique en tant qu'ingénieur du son. Ce fut sa sœur Suzanne, petite amie de Bruce Witkin, un autre membre des Kids, qui les présenta. S'il y avait deux personnes qui pouvaient trouver un moyen pour que le groupe enregistre, c'étaient bien Johnny et Lori. Selon certains, leur échec à y parvenir aurait contribué à leur rupture, deux ans plus tard.

Les autres membres du groupe étaient bien conscients de ce qu'ils traversaient et Johnny se souvient de ses sentiments à l'époque :

– J'avais vingt ans et j'étais marié, c'est un lien fort avec quelqu'un mais cela ne veut pas nécessairement dire que c'était de l'amour. L'amour c'est une chose qui n'arrive qu'une fois, peut-être deux si vous avez de la chance. Je ne sais pas si j'ai éprouvé de l'amour, disons, avant l'âge de trente ans.

Son ami d'enfance, Yves Bouhadana, se souvient :

– Il était très excité de se marier avec Lori (le 20 décembre 1983). C'était sa première relation sérieuse, il était fou amoureux d'elle et prêt à l'épouser.

Quoi qu'il en fût, cela montrait à quel point les choses pouvaient changer rapidement.

– Je me souviens, quand j'étais en cinquième, j'avais un gros béguin pour une fille très populaire, dit Johnny. Je me languissais pour cette fille, c'était pire que dans *Roméo et Juliette*. Horrible ! Je n'en pouvais plus. La quatrième arrive, on traînait alors dans ces boums où vous finissiez par emballer. C'est ce qui s'est produit et j'étais on ne peut plus heureux. Puis elle a jeté son dévolu sur un joueur de foot et m'a laissé tomber. Des années après avoir abandonné le lycée, je jouais dans un club. J'étais sur la scène, je regardais dans la salle et... Putain, c'était elle ! J'ai terminé et je suis allé directement au bar, où elle était assise. Je me suis approché et c'était bien son visage, mec, incroyable ! J'ai fait : « C'est sympa de te revoir. » Je l'ai regardée, elle était obèse ! C'était un mammouth, mais son visage était toujours le même. J'ai rajouté : « Ça alors, vraiment sympa de te revoir, combien t'as de gosses ? » Elle en avait quatre. C'était une juste vengeance pour m'avoir presque brisé le cœur quand j'étais gamin.

Même si Johnny pense que la vie commune avec Lori l'a fait mûrir, le déménagement à Hollywood ne sauvera pas leur couple.

– Je suppose que j'ai des idées très traditionnelles sur ce genre de trucs, admettra plus tard Johnny. Tu sais, un homme et une femme qui partagent la même vie, qui ont un bébé... J'ai pensé pendant un moment que je tentais de redresser les erreurs de mes parents parce qu'ils s'étaient séparés quand j'étais môme. Je m'imaginais que je pourrais agir différemment, faire en sorte que ça marche. J'avais de bonnes intentions, mais c'était le mauvais moment et la mauvaise personne. Je ne le regrette pas. Je me marrais bien et j'ai beaucoup appris. Mais cela ne faisait pas avancer notre carrière, alors nous avons réglé ça.

Avant la rupture de leur couple, Johnny, Lori et le groupe firent une ultime tentative pour percer dans le monde du rock.

– Don Ray, le gars qui recrutait tous les groupes au Palace à Hollywood, pensait que nous devions y aller, se souvient Johnny. Il voulait nous manager. Il m'a filé un peu d'argent, nous avons économisé et nous sommes partis là-bas.

Mais ils durent faire face à un autre problème. Un problème qui ne leur avait probablement jamais traversé l'esprit : trouver des contrats pour le groupe à Hollywood n'était pas aussi facile qu'ils l'avaient imaginé.

– C'était horrible, reconnaît Johnny, il y avait tellement de groupes que c'était impossible de se faire une thune. Nous avions tous pris un boulot alimentaire à côté. Nous faisions de la vente par téléphone, du télémarketing. Nous gagnions cent dollars par semaine pour arnaquer les gens. Nous leur annoncions qu'ils avaient été choisis par Untel dans leur région pour recevoir une horloge de parquet : qu'ils commandent pour cinq cents dollars de foutus trucs bon marché et nous leur enverrions une horloge de pacotille. C'était horrible.

Le pire ce fut quand j'ai vendu aux entreprises des stylos personnalisés, par téléphone. C'était mal payé, ajoute-t-il avec un sourire, mais ce fut mon premier travail d'acteur. Je me faisais peut-être dix dollars par semaine, alors j'ai pensé : qu'est-ce que j'ai à perdre ? Les deux dernières heures où j'ai fait ça, je disais juste : « Écoute, tu ne veux pas ce truc, mec ? »

Je considère ce job comme ma première formation d'acteur, affirme Johnny. Tu commences à jouer différents personnages au téléphone parce que tu t'ennuies. Tu inventes des noms différents et des voix différentes, des trucs de ce genre. Au final, c'était plutôt marrant. Les Kids ont quand même fait quelques bons spectacles à L.A. Nous avons joué avec les Bus Boys et Billy Idol.

Mais ils se retrouvaient plus ou moins dans la même situation que celle qu'ils avaient vécue en Floride. Si le groupe devait faire carrière, ce ne serait certes pas de cette façon-là.

Même si cet échec les blessait, Johnny et Lori abordèrent leur déception avec stoïcisme. Tous deux décidèrent de se détendre et de dresser le bilan. Ils avaient besoin de remettre les choses à plat. Ils voulaient vraiment démêler l'ambiguïté croissante de leurs sentiments l'un pour l'autre. À ce tournant de leur existence, ils prirent la décision de dissoudre leur partenariat avec les Kids. Ils divorcèrent presque deux ans jour pour jour après leur première rencontre. Johnny avait vingt-deux ans, Lori vingt-sept. Partie intégrante de tout divorce, la douleur fut terrible. La même douleur que Johnny et ses parents avaient connue sept ans auparavant.

La seule lueur d'espoir provenait de Nicolas Cage, un vieil ami de Lori, l'acteur prometteur de *Rusty James* (1983) et neveu du réalisateur Francis Ford Coppola, alors connu pour *Le Parrain*. Lori lui avait présenté Johnny et Cage lui avait suggéré de s'essayer comme acteur. Avec l'aide de son agent, il lui obtint une audition pour un film de Wes Craven sur le point d'entrer en production.

Le dernier projet de Craven, réalisateur de nombreux films d'horreur comme *La Dernière Maison sur la gauche* ou *La colline a des yeux*, s'intitulait *Les Griffes de la nuit*, un film gore monstrueusement sinistre et souvent très déplaisant. Le scénario écrit avec amour par Craven ne reculait pas devant les situations explicites, pour ne pas dire plus.

Craven avait été fasciné par les rêves et le subconscient bien avant qu'il n'apprenne qu'il pouvait leur donner vie sur la pellicule. Une fascination qui continuera de tarauder l'esprit du réalisateur pendant ses premières années de succès.

Quelques années avant le tournage des *Griffes de la nuit*, il était tombé par hasard, dans la presse, sur des reportages où l'on racontait que des réfugiés laotiens étaient si affectés par d'horribles cauchemars qu'ils étaient terrifiés à l'idée de s'endormir. Il fit de ce sujet la trame de son film et donna naissance à un nouveau personnage qui redéfinira l'horreur, comme l'avait fait *L'Exorciste* en 1970.

Les Griffes de la nuit a renouvelé le genre des films d'horreur pour la décennie suivante et a influencé tous ceux qui suivirent, comme *Scream*, *Souviens-toi l'été dernier* et, bien sûr, les quatre autres volets des *Griffes*. Non que Craven eût quelque chose à voir avec ces suites.

Quand le tournage des *Griffes de la nuit* commença en juillet 1984, pour sortir un an plus tard, Craven n'avait nullement l'intention d'en faire d'autres.

Pourquoi faire une suite, alors que ce film se suffit à lui-même ? Diable, combien de fois cette histoire devrait-elle être racontée avant qu'on en termine avec elle ?

Cependant, le producteur Robert Shave avait des idées bien différentes. Shave et la production, New Line Cinema, avaient senti le potentiel commercial du sujet et souhaitaient tourner de nouveaux épisodes. Ils avaient même demandé à Craven d'imaginer une autre fin en vue d'assurer la continuité de la saga. Il refusa et resta en conflit avec eux durant les dix années suivantes, jusqu'à son propre nouveau volet, *Freddy sort de la nuit*, en 1994.

Ce film raconte l'histoire de Freddy Krueger, le monstrueux croque-mitaine au visage de hamburger brûlé et aux griffes acérées. Cet assassin d'enfants a été défiguré par le feu lors de l'évasion qui suivit sa condamnation. Il est revenu sur son ancien territoire, Elm Street, pour hanter les habitants, surtout les adolescents. Ils partagent les cauchemars de Freddy (joué par Robert Englund de la série *V*) qui les pourchasse dans leurs rêves en utilisant ses griffes pour s'ouvrir un passage dans leurs maisons et leurs esprits. Sorte d'affreuse combinaison entre

Peter Pan et le Joueur de flûte, Freddy s'assure qu'ils ne grandiront jamais. Mais Nancy Thompson (jouée par Heather Langenkamp) survit au dénouement du film.

Craven cherchait un acteur pour le rôle du petit ami de Nancy, Glen Lantz, qui meurt violemment, aspiré par son lit qui le recrache sous la forme d'un flot sanglant.

Cependant, Johnny se demandait comment interpréter le rôle, car il ne ressemblait pas, même vaguement, au personnage qu'il devait incarner.

– Je n'étais absolument pas le personnage que Craven avait décrit. Il avait écrit un rôle pour un grand blond, un Apollon des plages, un gars jouant au foot. J'étais décharné, les cheveux hérissés fixés par de la vieille laque, je portais des boucles d'oreilles, j'étais plutôt un putain de troglodyte.

Craven n'avait pas été convaincu par les autres jeunes aspirants acteurs venus passer une audition, mais dès que Johnny arriva, il sut que sa quête était terminée.

– Johnny avait un charisme tranquille que n'avait aucun des autres acteurs. Il jouissait de ce pouvoir de séduction à la James Dean, d'une personnalité puissante et cependant très subtile.

Même la fille de Craven et ses amies se montrèrent dithyrambiques à son propos.

Elles ont absolument craqué, racontera alors Craven. Pour les femmes, il avait un réel sex-appeal.

Et il était parfait. Cinq heures plus tard, l'agent de Johnny l'appela pour lui offrir le rôle. Maintenant il était acteur.

Johnny allait désormais goûter à l'aisance financière que sa nouvelle carrière au cinéma ne manquerait pas de lui offrir.

– J'étais très étonné que quelqu'un veuille me payer aussi cher. Je n'avais jamais rien vu de pareil.

Il n'avait pas non plus imaginé ce pas en avant soudain vers la célébrité. Il avait vraiment aimé jouer le rôle de Glen Lantz, un gosse dont finalement tout le monde pouvait se passer.

– Il est avalé par son lit. Quel genre d'analyse pouvait-on tirer de ça ? remarquera Johnny. Que Johnny Depp était aussi gentil que le garçon qui était mort ?

Pour le critique du *Newhouse Newspapers* : « *Les Griffes de la nuit* est un authentique film d'horreur. Un exemple exceptionnel d'un genre que l'on croyait mort. » Pour le *Baltimore Sun* : « *Les Griffes* est si imaginatif, si habilement réalisé, si affreusement efficace qu'il a une fois encore enthousiasmé le public et les critiques, en montrant tout le potentiel offert par ce style de film. » Et on lira dans le *New York Times* : « *Les Griffes* donne une place importante à des effets spéciaux qui sont loin d'être mauvais. Le film est un exemple brillant d'un genre pourtant vu et revu. Grâce à l'habileté de Craven pour mettre en scène des images chocs très personnelles, mais aussi parce qu'il a obtenu une interprétation soignée de la part d'acteurs aussi jeunes. »

Bien que Johnny estimât probablement que *Les Griffes de la nuit* était loin de lui ouvrir la voie d'une carrière au cinéma, le film le hissa pourtant au rang de nouveau venu prometteur.

– J'ai continué à travailler, je faisais juste un peu plus de choses ici et là.

Johnny considéra qu'il avait besoin de suivre les cours de comédie du Loft Studio, la célèbre école d'art dramatique de Los Angeles. Même s'il n'était probablement pas nécessaire de développer de façon conventionnelle son aptitude à jouer la comédie.

Quand il n'était pas en cours, il jouait des petits rôles secondaires. On le verra dans *Hotel* et dans *Lady Blue*. Avant cela, il sera le petit ami de Sherilyn Fenn dans *Dummies*, un court-métrage d'étudiant de dix minutes réalisé pour l'American Film Institute (AFI). Le cursus des étudiants de l'AFI comportait une série de projets de trois courts. Il s'agissait essentiellement d'exercices, de films non destinés à être vus par le public. Il n'y avait ni date de sortie ni recette. Les équipes de tournage étaient constituées d'étudiants et de bénévoles. Dans le cadre du cycle de projet de cette année-là, la condition était, pour les acteurs, d'appartenir au Screen Actors Guild Conservatory (le conservatoire d'Hollywood), un cursus réservé aux acteurs débutants. Johnny et Fenn entraient dans cette catégorie.

Moins prévisible fut la façon dont ils tombèrent amoureux durant le tournage. Laurie Franck qui dirigeait les trois jours de tournage racontera :

– Leurs regards se sont rivés l'un à l'autre et tout fut dit. Dès que Sherilyn avait terminé de tourner un plan, ils allaient dans sa Corvette rouge, les fenêtres s'embuaient et nous voyions la Corvette tanguer. Ils ne ressortaient pas avant le plan suivant. Ils étaient vraiment tombés follement amoureux.

Johnny décrocha un rôle principal dans *Private Resort*. La bande annonce proposait de passer « un week-end de débauche dans le coin le plus chaud de Miami » et de participer « à la soirée la plus sauvage de votre vie ». Johnny l'a détesté, les critiques aussi.

C'est l'histoire de deux adolescents à l'esprit libre, Ben (Rob Morrow) et Jack (Johnny), qui s'installent dans un hôtel de luxe pour s'adonner à leur passe-temps favori : les femmes. L'objet du désir de Jack est la belle et riche Dana et il fera n'importe quoi, par exemple se faire passer pour un chirurgien, pour parvenir à ses fins. Pendant ce temps, Ben poursuit de ses assiduités Patty, une superbe serveuse. Seulement ses projets sont contrecarrés par le règlement de la maison qui interdit aux employés de frayer avec les clients. Les frasques des deux compères sont mises en péril par le détective de l'hôtel, un fouineur du nom de Reeves, et par un voleur obsessionnel surnommé « Le Maestro », venu pour mettre la main sur un diamant d'une valeur inestimable.

Le climax du film, qui d'après Johnny n'est pas meilleur que le reste d'ailleurs, commence quand les principaux protagonistes se mettent à courir comme des dératés après Jack et Ben. Même les rares tentatives pour copier les gags des Marx Brothers tombent à plat. À la réflexion, il y a bien peu de raisons de recommander ce film. Même les quinze minutes de scènes de nu de Johnny ne purent adoucir les premières critiques qu'il reçut à sa sortie.

Bien conscient des faiblesses de ce film, Johnny se rassura sûrement en se disant que personne ne le verrait jamais. Lui n'irait pas en tout cas. « C'était un film idiot. » Un autre opus du même calibre fut l'adaptation pour une chaîne câblée du célèbre roman d'Arthur Lyons, *Morts en eau trouble*, un thriller censé restituer l'atmosphère des œuvres hitchcockiennes.

– J'ai fait quelques films merdiques à mes débuts, avoue Johnny, mais cela ne me gênait pas, parce que je ne pensais pas poursuivre une carrière d'acteur. J'essayais seulement de gagner un peu d'argent. J'étais toujours un musicien. Tourner était juste une question d'opportunités et il n'y avait pas d'autres moyens de se faire de l'argent, à part le crime. Je ne parvenais pas à croire qu'on me payait autant pour ce que je faisais.

Avec sa coiffure en pétard, démodée, à peine différente de celle de ses rôles dans *Les Griffes de la nuit* et *Private Resort*, le personnage de Johnny n'était ni parfaitement défini ni spécialement provocant.

Donnie (Johnny) est un monsieur-je-sais-tout, fils du millionnaire Simon Fleischer, interprété par Dan Hedaya qui retrouvera Johnny sept ans plus tard pour *Benny & Joon*. Jacob Asch (Eric Roberts) incarne un détective privé bardé de gadgets, ancien journaliste, engagé par l'artiste Gerald McMurty (Raymond J. Barry) pour dénicher son ex-femme désormais mariée au père de Donnie.

Les investigations de Arch suivent la trame commune à tous les téléfilms de ce genre, avec en prime l'enlèvement de Donnie et l'horrible éventualité que les ravisseurs envoient quelques morceaux de l'enfant à ses parents. Tous les poncifs y sont réunis. L'histoire alambiquée se complique encore lorsque Emily (Pam Draper, une vieille connaissance qui date de *Private*

Resort), la petite amie de Donnie, se met à comploter de son côté.

Morts en eau trouble est, comme l'a écrit un critique, une faible tentative de ressusciter un genre cinématographique tombé en désuétude. Le rejet de Johnny aurait pu être tout aussi critique. Il aurait également été compréhensible.

CHAPITRE - IV
JEUNE POULET ET FLIC AU LYCÉE

« Je sais que cela peu paraître étrange,
mais je n'ai jamais eu tellement d'ambition.
Je n'ai jamais vraiment voulu être acteur ou réalisateur.
J'étais un musicien et je le suis encore.
Les autres trucs sont juste arrivés comme ça. »

Les Kids dissous et sa performance dans *Les Griffes de la nuit* bien accueillie, Johnny était pourtant loin de se considérer comme un grand comédien. Mais il espérait que *Private Resort* et *Morts en eau trouble* pourraient lui donner un petit coup de pouce.

– Je n'avais plus de groupe et j'avais eu quelques bonnes fortunes avec le cinéma, alors pourquoi ne pas voir où ce truc d'acteur me conduirait et lui donner une chance ? Mais les gens ne se bousculaient pas à ma porte pour m'apporter des scénarios.

Il était sur le point de renoncer à l'idée de faire une carrière au cinéma lorsque, contre toute attente, le facteur lui déposa un scénario accompagné d'une lettre lui suggérant de postuler pour le rôle de Lerner, l'infortuné traducteur de la future réalisation d'Oliver Stone, *Platoon*.

À l'aube des années 80, Stone était reconnu comme l'un des réalisateurs les plus influents d'Hollywood. Non seulement en raison de son approche intransigeante des questions sociales et politiques, mais aussi pour la manière controversée dont il les abordait. Francis Ford Coppola et Martin Scorsese étaient ses seuls rivaux sérieux. Stone avait fait irruption sur la scène cinématographique en tant que scénariste de *Midnight Express*, réalisé par Alan Parker, un film qui connut un succès inattendu. Cela se passait huit ans avant sa rencontre avec Johnny. Entre-temps, il avait écrit trois autres scénarios, avant de s'aventurer dans la réalisation avec le brillant Salvador. La même année, il laisserait sa marque avec *Platoon*, une odyssée surprenante sur le Vietnam, inspiré par son propre vécu d'une guerre sans espoir menée par les États-Unis, que rien ne dissuadait de continuer à se battre en dépit de la condamnation du monde entier.

Les studios et les producteurs indépendants ne se montrèrent guère enthousiastes pour financer ce projet. Stone traversa l'Océan pour trouver en Angleterre et dans d'autres pays d'Europe le financement pour réaliser ce film stupéfiant. *Platoon* dominera tous les autres films lors de la cérémonie des Oscars suivante. Il sera nominé dans quatre catégories : meilleur film, meilleur réalisateur, meilleur son et meilleur montage. Il repartira avec les quatre Oscars.

– Je suis allé faire un essai pour Oliver Stone, se souvient Johnny, et il m'a vraiment fait peur. Puis il m'a dit : « Ok, j'ai besoin de toi pendant dix semaines dans la jungle. » Cela a été une grande expérience.

À ce moment-là, il ignore encore les conditions difficiles dans lesquelles se déroulera le tournage. Treize jours d'enfer pour Johnny et les trente autres acteurs recrutés, dont les prometteurs Tom Berenger, Willem Dafoe et Charlie Sheen.

Pas un seul ne se doutait de l'entraînement impitoyable qui les attendait ni des six semaines d'un tournage éprouvant aux Philippines. Ils ignoraient aussi que Stone avait engagé un authentique vétéran du Vietnam pour les entraîner.

Cet entraînement, aux dires de Dale Dye, était intentionnellement dur et demandait de grands efforts physiques.

– Je crois que le seul moyen pour qu'un acteur fasse passer à l'écran la dureté de la vie dans la jungle est d'y goûter personnellement.

Cet avant-goût commença par une pénible randonnée de cent kilomètres au départ de Manille, qui les mena jusqu'au cœur de la jungle. Elle donna le coup d'envoi d'un premier round d'éprouvantes routines.

Équipés de vieux baggys, de rangers, de plaques d'identité, de fusils, de baïonnettes, de ponchos, de lampes de poche, de bidons d'eau et de tout l'attirail de l'infanterie, les acteurs se mirent rapidement à creuser des terriers de renards pouvant accueillir deux hommes censés y vivre pendant les manœuvres. Bien pires furent les jours et les nuits qui s'égrenèrent dans une chaleur de plus en plus étouffante, les assauts des fourmis rouges, les rations de viande caoutchouteuses, les hot-dogs froids et les grandes gamelles de ce que Johnny appela « Des haricots… peut-être ». Même les hamburgers précuits ne purent adoucir leurs tourments.

Une grande attention fut portée aux détails. Les instructions pour la manipulation des fusils M16 alternèrent avec l'apprentissage des règles de procédures des opérateurs radio et les interventions de Stone pour des répétitions de scènes et les analyses des personnages.

– Si la guerre c'était l'enfer, dira Johnny, ce film arrive en seconde position.

Il ne soupçonnait pas que les prises de vues seraient aussi difficiles ni que tant de scènes dans lesquelles il apparaissait seraient coupées au montage.

Les douze à quatorze heures de travail journalier programmées par Stone pour boucler le tournage en cinquante-quatre jours furent également épuisantes. Ainsi que Stone l'a raconté :

– Au cours du projet, quatre ou cinq personnes de la production ont été virées et on a souffert des conflits internes habituels au sein d'une prod : de furieuses batailles avec le directeur de production, des membres cassés, une morsure de vipère qui faillit être fatale, des nuées d'insectes, des pluies de mousson précoces et des moments assez angoissants en hélicoptère.

Stone se souvient que le tournage a fait peser une énorme pression sur tout le monde, les acteurs comme les techniciens. Assez significatif des difficultés fut, par exemple, l'épisode de la fièvre d'origine inconnue qui frappa tout le monde douze jours avant la fin du tournage. La plupart avaient déjà été victimes de différents troubles, mais rien de comparable à ça. Une affection si débilitante qu'il n'y avait d'autre choix que d'y succomber. Cela devint la préoccupation première, devant toutes les autres difficultés rencontrées par Stone. Il dut surmonter cette épreuve en acceptant de trouver un compromis pour certaines prises de vues et réorganisa le planning en y insérant quatre à cinq heures de repos supplémentaires.

Platoon connut une percée exceptionnelle lors de sa sortie en février 1987. Personne n'aurait pu prévoir que le film ferait huit millions de dollars de recettes nettes lors de son premier week-end et ce dans moins de six cents salles. Les critiques confirmèrent les louanges du public en couvrant le film d'éloges. Le critique Vincent Canby dans le *New York Times* déversera ses compliments sur les comédiens : « Les seconds rôles ne sont pas moins parfaits que les interprètes principaux, et tout aussi remarquables. » *Variety* déclarera : « Chaque jeune acteur connaît son heure de gloire. »

David Denby, critique new-yorkais, dira sensiblement la même chose : « Le *Platoon* passionné et lugubre d'Oliver Stone est le film sur le Vietnam que beaucoup attendaient. C'est sans aucun doute le film le plus fort de l'année. Les excellents choix dans la distribution sont nombreux dans ce film brillamment interprété. Les instants où l'émotion submerge les acteurs sont palpables. » Ces louanges n'épargneront pas Johnny. Il avait mis tant de naturel dans son interprétation, qu'avant la projection au public, les critiques étaient déjà conquis. Et pour les partisans de Sherilyn Fenn, qu'ils sachent qu'elle a eu l'occasion de remercier Johnny pour avoir peint son nom sur le casque qu'il portait dans le film.

Son divorce prononcé juste avant le début du tournage, son travail dans *Platoon* désormais sur les écrans, Johnny attendait avec impatience de commencer le tournage de *Wonderland Avenue*, le nouveau projet d'Oliver Stone, une adaptation de l'autobiographie d'un adolescent désinvolte parti avec Jim Morrison, le chanteur des Doors. « Ça sera un film intéressant, vraiment noir », disait Johnny à cette époque. Mais quelque temps plus tard il abandonnera ce projet « qui lui prenait trop de temps ».

Un ami lui suggéra qu'il n'avait rien à perdre à rejoindre le groupe des Rock City Angels. Deux mois après le début du tournage de *21 Jump Street*, le groupe, à la plus grande stupéfaction de Johnny, fut signé par David Geffen, pour ce qui était sans doute le plus gros contrat depuis Madonna, même si, selon Movieline, un seul album était prévu dans le deal. Pour Johnny ce fut l'extase :

– Ce que je désirais le plus depuis l'âge de douze ans allait se réaliser.

Il nageait dans le bonheur avec son nouveau groupe, mais sa relation avec Sherilyn, avec laquelle il était fiancé et avec laquelle il vivait, déclinait.

– Nous aurions pu être le couple rêvé pour la presse à sensation, se souvient Johnny, mais nous n'étions pas célèbres à l'époque.

Fenn était alors connue pour son rôle érotique dans *À fleur de peau* (1988) et était bien loin de la reconnaissance que lui apporterait le rôle d'Audrey Home dans l'étrange série *Twin Peaks*, de David Lynch, ou du rôle qu'elle tiendra, en remplacement de Kim Basinger, dans *Boxing Helena*.

Depuis *Slow Burn* et l'immense *Platoon*, Johnny était déterminé à ne plus tourner pour le petit écran. Quand il apprit que la Fox cherchait quelqu'un pour jouer un policier, dans le pilote d'une nouvelle série télévisée qu'elle devait produire, *Jump*

Le charme juvénile de Johnny dans *21 Jump Street* fit de lui, du jour au lendemain, la coqueluche des magazines pour ados.

Street Chapel, il ne lui vint même pas à l'idée de lire le scénario. S'engager à long terme dans une série ne faisait pas partie de ses priorités professionnelles.

– Ce n'était pas que je snobais la télévision ou quoi que ce soit de ce genre, insistera-t-il, je n'étais tout simplement pas prêt pour ce type d'engagement.

Mais cela n'a pas arrêté Patrick Hasburgh, le créateur de la série, qui voulait absolument engager Johnny Depp, le jeune talent prometteur de *Platoon*. Hasburgh apprit par la rumeur que Johnny n'était pas intéressé. Le pilote fut donc tourné avec Jeff Yagher, de la série *V*, dans le rôle de Hanson. Après trois semaines de tournage, Yagher fut remercié. Seulement, la Fox enchantée par les résultats, envisageait d'autres épisodes. Le titre de la série fut changé pour celui plus accrocheur de *21 Jump Street*. La seule pierre d'achoppement était qu'ils n'avaient personne pour interpréter Hanson. Enfin, personne… Pas vraiment... Il y avait toujours Johnny Depp.

– J'ai reçu un appel de mes agents me disant que la production voulait que je vienne et que je fasse un essai pour ce truc pour la télé, racontera Johnny, mais j'ai dit « non, non, non ». Il n'était pas question de signer un contrat qui me lierait pendant des années. Alors ils ont engagé quelqu'un d'autre et l'ont viré au bout d'un mois. Ils m'ont appelé de nouveau et m'ont dit : « Voulez-vous, s'il vous plaît, prendre le rôle ? » Mon agent m'a assuré que la durée moyenne d'une série était de treize épisodes. Une saison. J'ai accepté.

Même si Johnny s'était fermement engagé à tourner dans une série télé, il restait sceptique. Des craintes principalement dues au personnage qu'il devait interpréter.

– Hanson n'est pas quelqu'un avec qui j'aimerais partager une pizza, notera Johnny, je ne crois pas à l'idée d'introduire anonymement des flics dans les lycées. C'est de l'espionnage. La seule chose que j'avais en commun avec lui, c'était le look.

Les incertitudes de Johnny étaient compréhensibles. Son personnage semble avoir plus de problèmes que la moyenne.

C'est un flic de vingt ans, fils de policier, avec l'apparence juvénile d'un jeune de quinze ans. Ses collègues du district et même les voyous ne peuvent s'empêcher de l'asticoter à ce sujet. Ça le déprime car il a besoin de prouver qu'il est un aussi bon flic que son père.

La mission de cette brigade spéciale, dont le quartier général est une chapelle désaffectée, consiste à paraître suffisamment jeune pour infiltrer les réseaux d'adolescents qui vendent de la drogue au lieu de se consacrer à leurs études.

Hanson, bien entendu, rêve depuis longtemps de rejoindre l'équipe qui s'est introduite dans les classes. Il y a Dustin Nguyen dans le rôle de H.R. Loki, Holly Robinson dans celui de Judy Hoffs, Peter DeLuise dans celui de Doug Penhall et Frederic Forrest dans le rôle du capitaine Richard Jenko. Ce dernier sera remplacé sept épisodes plus tard par Stephen Williams.

Il est intéressant de noter que la série s'inspirait d'un fait réel et très controversé qui s'était déroulé à Los Angeles en 1974. Un programme de lutte contre la propagation de la drogue chez les jeunes avait fait la une des journaux un an avant que *21 Jump Street* ne passe à l'écran, parce que l'un des agents infiltrés avait noué une relation amoureuse avec une élève de dix-sept ans.

Pendant quelque temps, Johnny s'installa à Vancouver, pour être plus près des plateaux de tournage. Il y fera même venir sa mère et son nouveau mari, Robert Palmer. Et si cette réunion de famille ne suffisait pas à lui rappeler ses jeunes années en Floride, Sal Jenco, son ami d'enfance, y parviendrait certainement.

Sal était venu rendre visite à Johnny sur le tournage, quand sa façon d'avaler de l'air et de le rejeter comme un drôle de poisson pour amuser la galerie donna une idée aux producteurs. Ils l'engagèrent pour tenir le rôle d'un personnage surnommé Blowfish (de « blow », souffle, et « fish », poisson), une figure récurrente qui va et vient tout le long de la série. Peter DeLuise, un autre ami de Johnny, se vit confier un petit rôle. Tous deux se montrèrent d'inestimables alliés pendant et après le tournage.

– Si Peter n'avait pas été là, je serais devenu fou et je me serais fichu à l'eau, avouera Johnny avec un sourire. Il a été mon sauveur.

Il appréciait le temps libre qu'il passait avec Sherilyn et s'arrangea pour lui procurer un petit rôle dans le neuvième épisode. Elle y jouera la fille d'un officier de police qui, victime des sévices de son père, engage Hanson pour qu'il le tue.

Diffusée à une heure de grande écoute, *21 Jump Street* ne pouvait pas mal faire et, s'il est vrai que chaque génération a la série qu'elle mérite, il ne pouvait y avoir de meilleur successeur à *La Nouvelle Équipe*.

La preuve arriva sous la forme d'une avalanche de courrier envoyée par les fans. Johnny reçut dix mille lettres en un mois. Plus que Michael J. Fox, plus que Charlie Sheen et plus que Rob Lowe, les trois derniers chouchous d'Hollywood.

« Mais, affirme-t-on chez Fan Handle, un service qui gère le courrier que les stars reçoivent de leurs fans, les types qui passent à la télé en reçoivent toujours plus que ceux qui jouent dans les films. »

Johnny aurait dû probablement se trouver enchanté d'un tel succès, seulement il était inquiet.

– Je recevais des lettres bizarres, des lettres de filles parlant de suicide, menaçant de se jeter par la fenêtre si je ne leur répondais pas. Bien sûr, tu te dis que ce sont des conneries mais, et si c'était vrai ? Qui peut prendre le risque ? Je leur répondais de tenir bon. Si les choses allaient si mal, elles ne pouvaient que s'améliorer. Je n'étais pas totalement équilibré moi-même, alors qui étais-je pour donner des conseils aux autres ? Même les enfants m'écrivaient pour me raconter qu'ils avaient tel ou tel problème, qu'ils voulaient se suicider, des choses de ce genre-là. C'était angoissant. Je leur disais : Écoutez, je ne suis qu'un acteur, pas un psychologue, si vous avez besoin d'aide vous feriez mieux d'aller en voir un.

Cela ne s'arrangea pas quand son image s'étala de façon quasi permanente sur les couvertures de Tiger Beat et de nombreux autres magazines pour adolescents.

– Dans tous, se souvient Johnny, *Sixteen* ! *Teen Beat* ! *Teen Dream* ! *Teen Caca* ! *Teen Pipi* ! *Teen Merde* ! Encore pire, j'étais un produit. L'adolescent. Une figure emblématique. Tous les trucs que je n'étais pas. Mais c'était ce qu'ils avaient fait de moi. C'était horriblement pénible.

D'autant plus pénible que c'était de cette image que beaucoup d'adolescentes américaines tombaient amoureuses. Il incarnait leurs fantasmes.

– C'était terrifiant, racontera-t-il plus tard, les gens se précipitent vers vous et se mettent à pleurer. Tout le monde vous compare à James Dean, ou si vous avez de la chance, à Brando ou De Niro. Ils vous invitent à faire semblant.

Il se retrouva dans une situation semblable lorsque le *21 Jump Street* City Tour arriva à Chicago en août 1988. Ce fut comme un écho à l'hystérie qui avait accueilli la première visite des Beatles sur le sol américain, dans les années 60. Les adolescentes criaient, les hommes et les femmes se battaient pour s'ouvrir un chemin jusqu'à Johnny et obtenir un autographe.

Il ne passera pas non plus inaperçu dans les sondages qui pullulaient dans les magazines pour ados. Une nouvelle fois, *Rolling Stone* l'élira « le visage le plus sexy de l'année 1988 » et le magazine *US* le placera dans la liste des « dix célibataires les plus sexy ».

Quant aux scénarios de la série, Johnny en contestera certains.

– Parfois il y avait des choses que personnellement, moralement, je ne pouvais pas cautionner. Dans l'un des épisodes, mon personnage devait mettre le feu à une croix. C'était censé être en relation avec le racisme, mais quelque chose n'allait pas. C'était assez répugnant, mais j'ai fini par le faire. Seulement je ne pense pas que l'épisode ait traité honnêtement de la question.

Un autre épisode suscita une telle aversion chez Johnny qu'il refusa d'y apparaître. C'était l'histoire d'un lycéen soupçonné d'être un indic et injustement assassiné. Inutile de dire que le véritable indic assiste à tout cela sans intervenir. Johnny exprima sa désapprobation et se retira de l'épisode après une dispute à propos de questions d'éthique. Et même lorsque le studio vint le supplier, il ne revint pas sur sa décision de ne pas « trahir » ses convictions. « Je ne voulais à aucun prix participer à ça. » La Fox demanda alors à Hasburgh de réécrire le scénario en occultant le personnage de Depp. Un nouvel acteur, Richard Grieco, prit sa place, dans le rôle de Denis Booker.

Johnny s'élèvera encore contre un épisode qui mettait en scène un lycéen construisant une chaise électrique dans l'atelier de l'école.

– Depuis le début, j'avais le souci que *Jump Street* ne sermonne pas, ne pointe pas du doigt. Mon rôle n'était pas un archétype du brave mec. Hanson est plutôt enthousiaste et naïf en ce qui concerne son job.

Comme les autres, Hasburgh savait que Johnny, durant son enfance, avait souvent été confronté aux problèmes abordés dans la série. Pouvait-on toutefois mettre Johnny dans le même sac ? Et si c'était le cas, pourquoi diable lui demandait-on maintenant de participer à une campagne du Service Public qui clamerait : « Salut ! Écoute, je suis Johnny Depp, reste à l'école et passe tes examens, car avec ça, le monde est à toi » ? En apprenant la nouvelle, Johnny n'arrivait pas à y croire.

– Je travaillais pour ces gens depuis quatre ans ! Ne savaient-ils pas que j'avais laissé tomber les études ? Comment pouvais-je conseiller aux gens de rester à l'école ? Alors ils ont dit : « Ah ouais. On avait oublié. »

Johnny accepta finalement d'apparaître dans quelques spots diffusés à la fin des épisodes et en adéquation avec le thème abordé.

– Durant la première saison nous en avons fait pas mal de bons, se souviendra-t-il, la seconde saison, pareil. Nous avons abordé les problèmes du sida, des agressions sexuelles, de la violence envers les enfants, des choses comme ça. Mais Patrick a quitté la série après la deuxième saison et il me semble qu'alors, la direction a changé.

Dès cette époque, bien conscient des imperfections de la série, Johnny savait aussi que la plus grande chute d'audience de *21 Jump Street* était due au public délibérément visé.

– Mais je ne voulais pas mordre la main qui me nourrissait. La série m'avait apporté beaucoup. C'est elle qui m'avait permis d'être sur le devant de la scène. Mais dans pas mal de cas, les écrivaillons se sont montrés totalement irresponsables. C'était flippant.

La presse à sensation était moins discrète. Les crises de colère de Johnny sur le plateau, sa mauvaise conduite, son égotisme devinrent des infos dignes d'intérêt et sa prétendue arrestation pour agression lors d'une soirée tapageuse à laquelle il assistait en mars 1989 jeta de l'huile sur le feu. Même si Johnny feignait l'indifférence.

– J'avais quelques idées sur la provenance de ces ragots. Je pense que deux personnes n'appréciaient pas le fait que je parle sans détour de certaines choses. C'est comme les crises de colère et les coups de poings envers mes producteurs, c'était tellement des grosses conneries que ça en devenait désopilant. Je ne pense pas que mes idées ou mes principes ont changé, mais j'ai beaucoup appris à travers ces affaires. À quel point c'est politique et comment certaines personnes en manipulent d'autres. C'est angoissant, mec. Le pouvoir est une chose angoissante.

Johnny reconnaît cependant les avantages d'avoir pu réaliser deux spots pour le Service Public. L'un pour l'American Television, concernant un service téléphonique pour les enfants maltraités, l'autre pour American Make A Wish Foundation :

– Cette dernière aide les patients atteints d'un cancer, pour qui le temps est compté, expliquera-t-il. Les malades écrivent et disent : « C'est mon rêve de rencontrer Johnny Depp » – ou quelqu'un d'autre –, et nous allons à leur rencontre. Ça peut briser le cœur, mais nous rencontrons beaucoup de gens très gentils. Ça n'a pas de prix. L'ego, l'argent, la carrière, on peut prendre ça très au sérieux, mais face à un gamin mourant ça ne signifie plus rien.

Il trouva même le temps d'apparaître dans un film de quinze minutes, tiré d'un scénario qu'il avait coécrit. « À propos de ce que les gens peuvent faire pour se bousiller les uns les autres. » Par ailleurs, il nourrissait le rêve de jouer dans une adaptation de *Sur la route*, le roman de Jack Kerouac, un sujet qui intéressait alors également Coppola. Dix ans plus tard, la passion de Johnny et de Coppola pour ce projet sera toujours intacte. Elle nourrira l'intense intérêt que Johnny portait et porte à Kerouac, ainsi qu'au mouvement poétique des beatniks des années soixante. Néanmoins, il avait quelques hésitations. Une fois, il envisagea même de tout laisser tomber.

Retourner vers la musique était une option qui avait son charme :

– Je pourrais tenir un rôle à la Bruce Willis et enregistrer un disque maintenant, confiera-t-il, mais ce serait juste exploiter mon image d'adolescent et d'idole. Je préfère ne rien faire plutôt que d'en arriver là. La musique tient toujours une grande place dans ma vie, mais je refuse de m'y remettre en raison de la façon dont les gens se comportent dans ce milieu. Ils veulent vous contrôler et faire de vous quelqu'un que vous n'êtes pas.

En juin 1988, Johnny fêta ses vingt-cinq ans. Il en avait assez de jouer le rôle de Hanson et peu importait la popularité que cela lui ramenait. C'est au moment où il commençait le tournage d'une autre saison de *21 Jump Street* que la lassitude l'emporta. Il annonça que désormais, il souhaitait avoir un droit de regard sur les scénarios.

Les phrases telles que : « C'est un bel endroit, Doug » devinrent alors : « Chouette piaule, Doug mon salaud, on va fouiner. » Il espérait que cela le ferait virer de la série.

Pour un autre épisode il suggéra que son personnage devienne obsédé par le beurre de cacahuètes et que les autres personnages pourraient le surprendre tout nu, en train de s'en tartiner le corps. Dans une autre diatribe, Johnny se plaignait : « Pendant les deux dernières années, je n'ai même pas su le nom de mon personnage. » À l'époque, un des producteurs dira : « Je ne suis pas toujours d'accord avec lui, même si je peux comprendre son point de vue. Il se bat pour ce à quoi il croit et il a aussi une tendance à se battre pour les autres. »

Cependant, Johnny était catégorique :

– Mon sentiment est que la série à besoin de traiter plus en profondeur des questions comme le racisme et la violence des gangs. À la télévision, il y a des limites strictes qu'il ne faut en aucun cas dépasser. Le seul moyen pour que cela change est de lutter.

Deux ans plus tard, il tiendra à peu près le même discours dans le magazine *Interview*, et il dira à John Waters :

– Je pense qu'ils devraient rendre mon personnage un peu dingue, parce qu'un policier court le danger de devenir dingue. Je pense qu'ils pourraient lui faire perdre totalement les pédales. Cela briserait les limites imposées à la télévision. Ils pourraient l'envoyer à l'asile.

De fait, cela se produira dans l'un des épisodes. Hanson s'infiltre dans un asile pour mineurs, afin d'enquêter sur des rumeurs d'abus perpétrés par le personnel sur les résidents. Hanson simule la folie et la dépendance à la drogue. Il est si convaincant que le personnel l'enferme pour de bon, pensant qu'il délire quand il explique être un flic en mission.

Peut-être que d'avantage d'épisodes de la même veine auraient pu inciter Johnny à rester un peu plus longtemps dans la série.

– J'ai beaucoup appris de cette expérience, expliquera-t-il plus tard. Mais quand vous tournez dans une série comme ça, il n'y a guère de place pour la créativité. Le mot « créatif » n'existe même pas dans le vocabulaire de ce monde-là. Alors je me suis dit qu'à la première occasion qui se présenterait, je ferais exactement ce que je voudrais, sans compromis. Et c'est ce que j'ai fait. Depuis j'ai eu la chance de faire les films que j'avais envie de faire et de travailler avec les réalisateurs avec qui j'avais envie de travailler.

Johnny ne se sentait aucune affinité avec le personnage de Tom Hanson, mais, d'après Hasburgh :

– Johnny était un acteur extrêmement jeune avec d'énormes dispositions et *21 Jump Street* lui a servi de tremplin. Il a vraiment eu l'opportunité, chaque jour, d'affiner ses aptitudes et de développer son talent. Il était extraordinaire de voir ce jeune acteur progresser à chaque instant.

Denise Di Novi, qui produira plus tard deux des films de Johnny, le confirme :

– Lorsque vous travaillez avec certains acteurs, vous ressentez cette magie qui émane des authentiques stars. Cette magie, certains la possèdent et d'autres non. Cela ne s'acquiert pas et cela ne s'apprend pas. C'est une chose qu'on reconnaît dès les premiers pas d'un acteur. Regardez un épisode de *21 Jump Street*. Guettez une rediffusion et vous verrez. Johnny avait ce petit truc en plus, même dans cette série idiote.

Pendant cette période, Johnny et Sherilyn Fenn avaient rompu. Ils ne donnèrent aucune explication, bien que des proches fissent rapidement état de leurs propres versions. Certains avancèrent qu'il avait laissé tomber Fenn en raison de son rôle érotique dans *À fleur de peau*. Cette rupture fut plus probablement causée par les obligations liées à leurs carrières respectives, aux tournages et aux apparitions en public exigées lors des manifestations liées à *Jump Street*. Cela les tenait éloignés l'un de l'autre la plupart du temps. Dans ce contexte, leur relation n'avait guère de chance de perdurer, leur rupture n'était donc pas vraiment surprenante.

Johnny ne resta pas seul bien longtemps. Quelques observateurs notèrent qu'il voyait Jennifer Grey, connue pour avoir donné la réplique à Patrick Swayze dans *Dirty Dancing* (1987). Peu de temps après leur rencontre, Johnny lui offrit une bague de fiançailles, six mois plus tard le couple rompait. Une fois encore, il semble que le couple passait trop de temps séparé.

Johnny tournait *21 Jump Street* à Vancouver tandis que Grey travaillait à Los Angeles. Tout comme avec Fenn, cela avait peu de chance de durer.

Johnny ne souhaitait pourtant pas vivre ce genre d'enfer :

– C'est comme lorsque tu es au lycée, expliquait-il, et que tu as une relation durable avec quelqu'un. Tes amis te disent : « Hé, mec, tu sors avec cette fille ? » Et ils commencent à te raser avec ça. Si tu aimes la fille, tu ne vas pas aller le dire à tes copains. Je pense qu'on doit protéger ce genre de chose. Sinon, il ne reste qu'à tendre sa poitrine et dire ; allez-y, arrachez-moi le cœur. Pourquoi croyez-vous qu'Elvis a cloîtré Priscilla à Graceland et pourquoi croyez-vous que c'était le secret le mieux gardé d'Hollywood ?

CHAPITRE - V
L'AMOUR VRAI

« Les gens ne le comprennent pas vraiment,
mais nous sommes restés ensemble presque un an et demi.
ça n'avait rien à voir avec mes précédentes relations,
aucune n'avait duré aussi longtemps.
Ce n'était pas : 'Tiens, salut, ça va ! Au fait, tu veux
passer cette bague ?'
Non, en ce qui concerne la bague,
cela s'est passé cinq mois
avant que nous nous fiancions.
Les gens croyaient que nous étions allés
à Las Vegas pour nous marier. »

Dès leur premier regard, Johnny Depp et Winona Ryder ont compris que ce qu'ils ressentaient l'un pour l'autre était de l'amour. Lui a su qu'il contemplait la femme de ses rêves. Sa beauté naturelle le frappait. Tout était parfait en elle. Il aurait bien voulu qu'on ne le surprît pas la regardant fixement tandis qu'elle achetait un Coca à l'entrée du Ziegfied Theater de New York. Mais, et cela n'avait rien d'étonnant, il ne pouvait s'empêcher de le faire.

Moulée dans une mini robe en lycra blanc de Giorgio di Sant'Angelo au décolleté plongeant, Winona venait assister à la première de son film, *Great Balls Of Fire*, dans lequel elle interprète la fillette qui épouse Jerry Lee Lewis. (À vingt et un ans Lee Lewis avait fait scandale en épousant sa cousine âgée de treize ans.)

Elle avait capté l'attention des paparazzi dès son arrivée. Le temps que ce corps de lutin fît son entrée, Johnny n'avait pu s'empêcher de remarquer ses yeux de velours brun foncé qui cillaient adorablement et ses cheveux noirs coupés magnifiquement, découvrant son front comme pour mieux faire ressortir la pâleur de son teint de porcelaine. Cela lui rappelait les différents visages d'Elisabeth Taylor lorsqu'elle était plus jeune. Sans oublier, bien sûr, un corps aux formes tout aussi enviables.

Le message était simple. Elle était jeune, elle était branchée, et elle était vraiment très décontractée. Le monde entier, enfin du moins ceux qui avaient vu les films de Winona, en était amoureux. Et, sur ce plan-là, Johnny n'était pas différent des autres. Elle faisait ressortir, dans les personnages qu'elle incarnait, les travers de sa génération, ce qui augmentait encore la fascination qu'elle exerçait.

Depuis ses débuts dans Lucas, de David Seltzer, le premier de ses rôles d'adolescente aliénée, Winona avait démontré qu'elle pouvait largement dépasser la marge bénéficiaire au box-office. Un rôle de premier plan avait suivi dans *Square Dance*, de Daniel Petrie's. Ensuite, elle interpréta celui d'une marginale à l'âme sensible, Lydia, dans la série des *Beetlejuice*, de Tim Burton.

Puis vint le rôle de Veronica, l'adolescente meurtrière de *Heathers*, la comédie sombre et satirique de Michael Lehmann.

Chacun de ces films ravissait à la fois le public et la critique. Ils assistaient là à la révélation d'une star d'un genre nouveau, complète en soi, au fur et à mesure qu'ils la retrouvaient installée durablement sur la couverture des magazines pour adolescents.

– Ce fut un échange de regards dans la grande tradition, s'enthousiasmera Johnny, comme ce fameux zoom dans *West*

Side Story où tout ce qui se passe autour devient inexistant et flou.

– Ce ne fut pas vraiment long, dira Winona, mais ce fut un moment suspendu hors du temps.

Deux mois plus tard, habillée plus simplement, elle se laissa entraîner par Josh Richmann, un ami commun qui avait joué avec chacun d'eux dans *Heathers* et dans *21 Jump Street*, et rencontra Johnny dans sa chambre d'hôtel au Château Marmont.

Winona, captivée, ne put détacher ses yeux de Johnny. Elle était sous ce charme qui avait séduit la plupart des jeunes américaines, plus éprise encore par l'aura d'intelligence, d'élégance et de sensibilité dont le nimbait son rôle dans *21 Jump Street*.

– Au début, je me suis demandé s'il n'était en fait qu'un de ces tocards, je ne savais pas, confessera Winona. En réalité, il était vraiment, vraiment timide.

Timide ou non, dès cet instant Johnny et Winona entamèrent leur intense et souvent instable relation. Tous deux ignoraient encore qu'ils seraient conduits à travailler ensemble six mois plus tard sur le film de Tim Burton, *Edward aux mains d'argent*.

Avant même qu'ils prennent conscience de ce qui se produisait, ils s'étaient déjà arrangés pour se revoir quelques semaines plus tard, lors d'une réception au domicile hollywoodien du gourou de la contre-culture, Timothy Leary, le parrain de Winona. Johnny était transporté :

– Lorsque j'ai rencontré Winona et que nous sommes tombés amoureux, rien n'était comme avant. Nous étions ensemble toute la journée… et toute la nuit. Et depuis, nous n'avons cessé d'être ensemble. Je l'aime plus que tout au monde.

Bien qu'elle ait pu vivre auparavant quelques histoires d'amour, Winona admettra plus tard : « Je n'avais encore jamais eu véritablement de petit ami. » À dix-sept ans et après un flirt de deux semaines environ avec Christian Slater, son partenaire dans *Heathers* – rien qui ne mérite qu'on se donne vraiment la peine d'en parler – elle n'avait pas envisagé une seconde une relation sérieuse. Non seulement elle n'y avait pas encore pensé mais :

– Je n'avais aucune expérience, dira-t-elle. Ce n'était donc pas comme si je courais après Johnny ou quelque chose comme ça. J'avais entendu des histoires horribles à propos de ce qui se produisait lorsque vous prenez trop rapidement au sérieux une histoire d'amour.

Mais ça pouvait être amusant de voir où cela menait.

Elle indiqua donc clairement que le moment n'était pas venu pour elle de plonger dans ce genre d'histoire. Cependant, elle sous-estima la force de ses propres émotions. Cinq mois après leur première rencontre, Johnny offrit à Winona une bague de fiançailles. Un mois plus tard, le couple habitait ensemble, même s'il vécut, en réalité, dans une succession d'hôtels ou d'appartements en location. Pourtant, Winona constata bientôt que Johnny songeait sérieusement « à dénicher un endroit à eux dans lequel ils s'installeraient. Peut-être bien quelque part sur la côte est. »

John Waters, le futur réalisateur de *Cry-Baby*, premier long-métrage dont Johnny sera le héros, n'était pas convaincu par le projet de Johnny de se fixer géographiquement. Il parlera à l'occasion de Johnny comme de « la star sans foyer ». Après qu'elle l'eut fréquenté pendant un an et demi, elle confessera :

– J'ai une page entière de ses adresses. Le meilleur moyen de le joindre consiste finalement à écrire à : Johnny Depp, sur un banc, Vancouver, Colombie Britannique.

Johnny répondit et expliqua :

– J'ai des lits, des tables, des chaises, une télé. Ils sont à moi. Et j'ai Winona. C'est tout ce dont j'ai besoin.

Johnny Depp et Winona Ryder, c'était le couple rêvé pour la presse à sensation. Winona était jeune, mignonne, adorable, une enfant. Johnny était un vrai démon, quasi monstrueux aux dires de la presse. Timothy Leary lui-même décrirait plus tard Johnny comme étant à la fois « sauvage et généreux ». Si Winona voyait surtout son côté généreux, les journalistes initiés d'Hollywood trouvaient, quant à eux, un intérêt considérable à dévoiler les fautes et les indélicatesses apparemment commises par Johnny dans le passé, et présumaient de celles qu'il commettrait sans doute plus tard.

Il y avait, par exemple, les cicatrices qui s'alignaient sur ses bras, chacune d'elles commémorant, de l'aveu de Johnny, un moment important de sa vie. Il n'avait pas caché qu'il avait commencé à fumer à douze ans, perdu sa virginité à treize et qu'à l'âge de quatorze ans, il avait déjà essayé « toutes les drogues qui passaient par là ». Et si cela n'était pas suffisant, il avait cette réputation ancienne, rapportée par un observateur, d'être « un gars passionné, qui établit difficilement la frontière entre sauter sur une fille et lui faire la cour ».

Il avait déjà été marié et divorcé une fois, fiancé deux autres fois et on pourrait bientôt suivre la saga de ses ruptures et de ses réconciliations au rythme de la disparition et de la réapparition de la bague de fiançailles au doigt de Winona.

Parfois, cette dernière portait une bague irlandaise. Un anneau symbole, selon elle, d'amour, d'amitié et de loyauté. Lorsqu'elle l'arborait avec la couronne qui l'ornait orientée vers le haut, cela signifiait que son cœur était pris. Quand le magazine *Rolling Stone* prépara avec elle son numéro du mois de mai 1989, un mois avant qu'elle n'ait remarqué Johnny, la petite couronne était orientée vers le bas. La relation la plus longue qu'elle ait connue, six mois, venait de se terminer pour la simple raison qu'elle se trouvait en permanence en tournage.

Mais c'était surtout le passé amoureux de Johnny et son présumé futur qui alimentaient la chronique.

À l'annonce de ses fiançailles avec Winona, Manhattan connu un instant d'intense excitation et l'on vit apparaître sur les véhicules des autocollants sur lesquels on pouvait lire : KLAXONNEZ SI VOUS N'AVEZ ENCORE JAMAIS ÉTÉ FIANCÉE À JOHNNY DEPP. Cela ne paraissait pas trop l'affecter :

– Je répondrai que, oui, j'ai été fiancé avec Sherilyn, avec Winona et aussi avec Jennifer Grey, mais un tas de merde a été écrit là-dessus qui change la nature des faits, au point de travestir la réalité et d'en faire une sorte de plaisanterie de mauvais goût.

Plaisanterie ou non, Johnny avait déjà fait œuvre de pionnier en sortant avec nombre de femmes beaucoup plus jeunes que lui. Ses fiançailles précédentes autant que son infidélité pourraient laisser penser que c'était un choix de vie. Winona, pourtant, ne semblait pas inquiète le moins du monde, et, même si cela avait été le cas, elle haussait les épaules :

– Les gens assurent que cela me chagrine qu'il ait été fiancé auparavant, alors que cela ne me fait rien. Notre rencontre se produit à un niveau bien plus profond. Nous sommes en phase l'un avec l'autre et comme nous venons d'horizons différents, cela attise en permanence notre intérêt l'un pour l'autre.

Johnny lisait les poètes de la Beat Generation auprès desquels Winona s'était façonnée. Il assimilait cette culture dans laquelle elle avait baigné durant son enfance et il aimait collectionner les éditions originales de leurs ouvrages. Cela participait à nourrir leur intérêt l'un pour l'autre. Ils passaient régulièrement des week-ends à Petaluma, dans la librairie spécialisée dans la contre-culture tenue par Michael Horowitz, le père de Winona.

Ils partageaient une fascination pour la bande-son de *La Mission*, de Jack Kerouac, ainsi que pour le roman de J.D. Salinger, *L'Attrape-cœurs*. Ce roman avait été de tout temps l'œuvre préférée de Winona. Elle disait l'avoir lu au moins cinquante fois et l'appelait avec affection sa Bible personnelle. De ce seul point de vue, ils partageaient déjà ensemble bien plus que ce que la rumeur publique était capable de leur accorder.

Johnny ne s'était jamais encore autant impliqué dans une relation. Il ressentit d'ailleurs le besoin de faire une mise au point concernant ses liaisons précédentes, si largement comparées par les médias à d'authentiques fiançailles.

– Ce n'est pas tout à fait exact, mais j'ai été en quelque sorte fiancé, expliquera Johnny. Si vous n'avez pas fait quelques erreurs à vingt-huit ans, ce n'est pas normal. Les gens font tout ce qu'ils font pour des raisons qui leur sont propres. Des raisons que les autres ne peuvent pas forcément comprendre, et qui, en tout cas, ne les regardent pas.

Je n'ai jamais été un gars qui saute sur tout ce qui bouge, insistera-t-il. En devenant adulte, vous faites des erreurs de jugement. Ce n'est pas que vos choix sont mauvais, mais ce sont des erreurs. Tout le monde fait des erreurs. On se fourre tous dans la merde. J'étais vraiment immature et mes relations n'étaient pas aussi solides que les gens le croyaient. Je ne sais pas pourquoi. Peut-être que je tentais de corriger le schéma familial ou peut-être étais-je seulement follement amoureux. Jusqu'à mes vingt-sept ans, je n'ai rien ressenti de comparable à ce que je ressens avec Winona. Il y a quelque chose à l'intérieur de moi qui sait parfaitement ce que personne d'autre n'a jamais su ou ne saura jamais à ma place à propos de cette relation. Certes, la vie est faite d'épreuves et d'erreurs, mais lorsque vous avez trouvé la bonne personne, il n'y a aucune possibilité de se tromper.

Tout ceci expliquait pourquoi il allait se faire tatouer le nom de Winona sur son bras, pour soixante-quinze dollars. Winona reçut la nouvelle du tatouage de Johnny avec un mélange d'émoi et de fierté. Elle avouera :

– Je fus excitée par cette histoire de tatouage. Quelle femme ne l'aurait pas été ?

Ce fut seulement plus tard que cette émotion positive se mua en inquiétude. Tandis qu'elle attendait chez Sunset Strip Tatoo, « le tatoueur des stars depuis 1971 », et que la double bannière « Winona forever » (Winona pour toujours), s'inscrivait sur le biceps droit de Johnny, symétriquement au tatouage dédié à sa mère qui ornait son biceps gauche, elle sentit tous ces sentiments contradictoires s'amplifier.

Winona Ryder et Johnny Depp à la première d'Edward aux mains d'argent, en décembre 1990. Winona, qui fut présentée à Johnny en 1989 par un ami commun, reste sa compagne la plus célèbre avant Kate Moss.

– D'un côté, je ressentais une sorte de choc, admettra facilement Winona, d'autre part, je n'avais encore jamais vu quelqu'un se faire tatouer, aussi étais-je impressionnée.

Même si elle retirait fréquemment le bandage pour regarder le dessin gravé avec un art consommé par Mike Messina :

– Je ne pouvais m'empêcher de penser que cela finirait par s'effacer. Je ne pouvais me résoudre à croire que c'était réel. Je veux dire que ce n'est pas rien, c'est durable.

Johnny, lui, ne ressentait pas le moindre doute.

– J'aime Winona. Je l'aimerai toujours. Le fait de l'inscrire à même mon bras renforce encore cette conviction. La vérité est très puissante. Croyez-moi, ce n'est pas quelque chose que je prends à la légère.

Mais selon Messina « ce tatouage-là n'était pas une si grande affaire pour lui ». Principalement parce qu'il s'était déjà fait faire des tatouages auparavant. L'opération était douloureuse, mais cela faisait aussi partie du jeu.

– Ouais, s'écriera Johnny, j'ai aimé ressentir cette sensation électrique, un truc plutôt agréable.

Bien que Winona lui eût déjà offert un anneau en platine, Johnny insistait sur le fait que les anneaux peuvent se perdre. « Les tatouages, eux, sont extrêmement durables. » Mais une telle pérennité ne pourrait-elle pas un jour se révéler être un fardeau ? En exprimant si fort son amour pour Winona, Johnny l'y avait emprisonnée. C'est peut-être à partir de ce moment-là que Winona prit conscience que dans les rares occasions où elle était amenée à parler de lui devant la presse, elle ne mentionnait jamais le futur, leur futur. Elle parlait uniquement du présent.

Paradoxalement, ils passèrent les premiers mois de leur vie de couple loin l'un de l'autre. Johnny était à Vancouver sur le plateau de *21 Jump Street*, Winona était dans l'Ohio, travaillant à son prochain rôle dans *Welcome Home Roxy Carmichael*, de Jim Abrahams. Bien que le travail fût pour eux synonyme d'une douloureuse séparation que n'adoucissaient que les appels longue distance et les quelques voyages éclair, cela leur procura un repos bienvenu, car la pression quotidienne de la presse à sensation se relâcha.

Cette séparation ne mit pas fin au romantisme de Johnny. Il se rappelle encore une nuit au cours de laquelle il fit envoyer à Winona deux cents ballons gonflés à l'hélium :

– Elle ne pouvait tout simplement pas atteindre le téléphone pour dire merci, observera-t-il avec tendresse. Les ballons remplissaient toute la pièce.

Au cours de ce même été 1989, John Waters se mit à la recherche d'un acteur capable d'interpréter le rôle d'un motard délinquant, pour son prochain projet. Johnny, de son côté, avait mis la pression sur son agent pour lui faire comprendre à quel point il haïssait l'image d'idole, de héros adolescent que *21 Jump Street* lui avait donné. Selon Waters, la meilleure façon de se débarrasser d'une image qui vous colle à la peau consiste à la tourner en ridicule.

Certes, *Cry-Baby*, ou, comme Waters l'appelait encore : « Le King Créole sous acide » d'Elvis Presley, pourrait faire office d'antidote. Il s'agissait d'une histoire d'amour se déroulant vers le milieu des années cinquante parmi des jeunes voyous, juste avant que ne déferle ce que l'on nommera la vague « sexe, drogues et rock and roll » de la fin de la décennie.

Le communiqué de presse présente le film comme décrivant avec affection la beauté de la rébellion adolescente, parallèlement aux embûches tragiques de son contraire, le conformisme précoce. Le tout dans le Baltimore de 1954 :

– Nos Roméo et Juliette sont respectivement Wade Walker « Cry-Baby » (Johnny), un bel adolescent endurci – et comme on le disait alors – « un zazou ». C'est quelqu'un qui n'est pas né du bon côté de la barrière. Il tombe amoureux de la belle, riche et très conventionnelle Allison Vernon Williams (Amy Locane). Mais les hormones d'Allison se déchaînent et, combinées à l'influence néfaste du rock, l'entraînent dans le monde cauchemardesque des gangs et la passion pour les voyous.

Selon la note d'intention, le film, avec son arrière-plan de voitures rapides, de guerre des gangs et de frustration sexuelle, serait accompagné de chansons originales et de morceaux familiers exhumés de cette époque révolue.

John Waters faisait là une satire d'un genre qui n'avait pas été renouvelé depuis trente ans. Il explorait un territoire nouveau tout en poursuivant sur la lancée de la comédie « historique » noire et soulevait la cloche qui enfermait, sous la poussière d'une vie décrite comme lancinante, la mémoire des jeunesses agitées de cette époque.

Bien avant que John Waters ne rencontre Johnny, il s'était déjà fait reconnaître comme l'un des rares cinéastes indépendants dignes d'intérêt, accompagné d'une réputation que son surnom suggérait à lui tout seul, le « Pape du Trash » (le pape du mauvais goût).

Son film *Pink Flamingos* (1972), qui lança Harris Glenn Milstead, un travesti de près de cent quarante kilos devenu célèbre sous le nom de Divine, ne manqua pas de contribuer à forger sa réputation. Dans ce film, où il revendique le titre de l'être le plus immonde de la terre, Divine mâche sans complexe de vrais excréments frais de chien. Les critiques écœurés se ruèrent littéralement vers la sortie.

Selon *Variety*, il s'agissait de « la farce la moins ragoûtante de l'histoire du cinéma. Certainement l'un des films les plus infects, imbéciles et abjects qui aient jamais été produits. » Ces critiques ne contribuèrent pourtant pas à ternir la réputation de Waters ni, d'ailleurs, celle de Milstead.

Waters expliquera que cela n'eut pas d'influences négatives :

– Milstead ne pensait pas que cela pouvait nuire à sa carrière étant donné que, rendu au point ou il en était lorsqu'il participa au film, il ne pensait même plus qu'il pouvait encore avoir une carrière devant lui. Il joua donc sa scène en professionnel. Ensuite, il cracha, se brossa soigneusement les dents et poursuivit normalement son existence. Bien qu'il faille être assez culotté pour avoir le courage de faire une chose pareille, il s'avère que ça n'était pas si dingue que ça. Malgré tout, je ne pensais quand même pas, à l'époque, qu'on en parlerait encore vingt-cinq ans plus tard.

Peut-être que l'on parlerait aussi du film suivant quelque vingt-cinq années après sa sortie. Dans ces conditions, il n'était pas si étonnant que Waters ait choisi de faire de ce film-là une satire de la vie des adolescents des années cinquante. Même s'il tourne à la comédie musicale rock, Waters qualifiera lui-même *Cry-Baby* de caricature.

– C'était, dira-t-il, une sorte de parodie des films des années cinquante dont les thèmes étaient la jeunesse sauvage et indomptée. Sauf que l'ordre des choses est inversé. Les mauvais garçons sont ceux auxquels on s'attache et les bons sont perçus comme des bandits.

Avec la mort de Divine en 1988, deux semaines seulement après la première de son *Hairspray*, John Waters avait perdu son premier rôle féminin.

– À partir du moment où Divine a disparu, il ne fut plus question dans aucun de mes films de montrer un homme habillé en femme. Divine avait été le meilleur, sans discussion possible.

Il n'avait aucune idée de l'acteur qui tiendrait le rôle titre de son dernier projet lorsqu'il commença à chercher son héros parmi la crème des jeunes espoirs d'Hollywood. Il se souvient :

– Je suis sorti acheter une vingtaine de magazines pour adolescents. La situation était un peu gênante alors je les ai cachés sous ma veste. Dès mon retour à la maison j'ai commencé à les consulter. Johnny Depp faisait pratiquement toutes les couvertures.

Waters fut heureux de découvrir que Johnny possédait les aptitudes indispensables et l'image idéale pour rendre crédible le personnage de Cry-Baby.

– Je crois qu'il a été vraiment courageux d'accepter. Il commença par me dire qu'il n'avait encore jamais vu un scénario aussi singulier et qu'en incarnant ce personnage de Cry-Baby, il se tournerait lui-même en dérision.

Johnny était captivé :

– *Cry-Baby* se présenta au bon moment pour moi, se remémore-t-il. J'avais cherché des films en développement auxquels j'aurai aimé participer et j'étais assez déçu. La plupart des scénarios que je lisais étaient insipides. On m'envoyait des scénarios qui se contentaient de reproduire ce que je faisais déjà dans *Jump Street*. Je cherchais quelque chose de totalement différent. John m'a d'abord envoyé une lettre. Ensuite nous nous sommes parlé, puis rencontrés, et enfin il m'a confié le scénario. J'étais enthousiaste. Non seulement parce que je trouvais ça vraiment drôle, mais aussi parce qu'il tournait en ridicule ces clichés et ces héros sensibles que mettaient en scène depuis si longtemps les textes que je lisais.

Universal et Imagine Films, les productions qui finançaient le projet, étaient également ravies. Jusque-là, ils n'avaient vu qu'un autre film de John Waters et, évidemment, il s'agissait de *Hairspray*. Elles se montrèrent aussi enthousiastes pour le scénario de *Cry-Baby* que pour *Hairspray*. Pour elles, il s'agissait d'un *West Side Story* habilement revu à la sauce des années 90.

Elles avaient raison, concède Waters. Même si elles furent choquées de voir Johnny apparaître en antithèse absolue de la star de cinéma.

– Il arriva dans ce joli bureau d'Hollywood habillé de guenilles, se souvient Waters. Ensuite, au beau milieu de la réunion, il se mit à me dévisager en ricanant. À ce moment-là j'ai réalisé qu'il serait parfait. Il avait tout compris au film.

Waters reçut un autre choc, non à cause de Johnny, mais en raison du budget qui lui fut alloué : « Ils me donnèrent huit millions de dollars. » Une somme à laquelle il n'était pas habitué. Désormais, pour la première fois, il pourrait prendre le temps nécessaire pour préparer chaque scène. Il ne se trouverait pas obligé d'abréger ou d'abandonner des scènes. Il n'était plus nécessaire de suivre une chronologie rigoureuse, les scènes pourraient être tournées dans le désordre et leur ordre rétabli au montage. Pour un réalisateur, c'était le rêve.

– Pour quelqu'un qui écrit et qui dirige les comédiens, confiera Johnny, quelqu'un qui se retrouve être la force créatrice, l'ouverture d'esprit de John aux idées et aux suggestions était surprenante. Il était réellement accessible, ne se repliait pas sur lui-même, ne devenait pas maussade. Il écoutait les propositions lorsqu'il s'agit d'ajouter ou de retirer une phrase. Si j'avais un problème avec quelque chose, il me faisait répéter patiemment. Il voulait vraiment qu'on s'en sorte. Je n'ai connu aucun autre réalisateur qui se plante devant moi et qui se mette à danser pour m'aider à comprendre un pas.

Johnny trouva un autre avantage à la situation :

– L'une des raisons principales qui m'ont convaincu d'accepter de faire ce film avec John était que le résultat allait bouleverser l'idée que les gens se faisaient de moi ou l'étiquette que m'avaient collée les têtes de cons en costard cravate.

Bien que le chanteur et parolier John Intveld ait été engagé pour chanter les onze titres, Johnny continuait non seulement à apporter sa contribution à la partition musicale, mais à conseiller l'équipe sur les détails les plus insignifiants. Tous les objets sur le décor, depuis les guitares vintages en passant par les amplificateurs, furent d'abord soigneusement recherchés puis sélectionnés pour leur authenticité. Il s'agissait d'un domaine dans lequel Johnny excellait. Puis ce fut Cannes.

– Le sommet a été atteint pour *Cry-Baby*, racontera Waters, quand il fit partie de la sélection officielle du Festival de Cannes. La séance de minuit affichait complet. La fin de la projection fut saluée par une standing ovation. Ils avaient aimé. Me tenir en haut des marches, sur ce tapis rouge, devant huit millions de paparazzi, avec Ricky Lake et Rachel Talalay, ma productrice, fut un moment incroyablement fort pour moi. C'était la réalisation d'un fantasme, j'en rêvais depuis l'âge de quatorze ans. *Cry-Baby* fut une expérience marquante. De tous les films que j'ai réalisés, ce fut probablement celui dont le déroulement sur le plateau fut le plus harmonieux. Bien entendu, il y a eu des problèmes, mais je crois cependant que les gens se sont beaucoup amusés sur ce tournage.

Ce fut certainement le cas pour Johnny, tout particulièrement lorsque Winona vint faire un tour sur le plateau. Il était heureux de la présenter à chacun et encore plus de l'effet qu'ils produisirent le soir de la première à New York, en avril suivant. Johnny y apparut vêtu de jaune et Winona de noir. Elle arborait le cadeau que Johnny lui avait offert pour la Saint-Valentin : une croix ancienne en or sertie de rubis, suspendue au bout d'une chaîne en onyx. De quoi ravir une nouvelle fois les paparazzi qui les surnommèrent « le couple guêpe et bourdon ». Mais cela était sans importance, car les critiques du film étaient excellentes.

Dans *Rolling Stone*, Peter Travers parlera « du mauvais goût dorénavant inattaquable de Waters. Le comique subversif qui jaillit de *Cry-Baby* indique que Waters a simplement trouvé de nouveaux canaux pour traduire ses instincts primaires. Le magicien de l'étrange est toujours aussi déchaîné. »

Variety soutiendra aussi le film en clamant que « Waters, avec sa satire polissonne de l'exploitation de ce genre de films, nous offre, cette fois, une grossière balade en voiture à travers une autre époque, avec ses vêtements et ses coiffures excentriques. Johnny se montre excellent dans son rôle de délinquant swing débitant avec un sérieux et une foi inébranlables un texte mélodramatique, cadencé par une hargne et des trémoussements à la Elvis. »

Le britannique *Sight and Sound* félicitera également « Johnny Depp, une sérieuse idole des jeunes ». Et le critique de films de l'*Evening Standard* de Londres, Alexander Walker, se sentira à l'unisson en affirmant que « Johnny Depp, véritable coqueluche, représente tout ce qu'un jeune homme devrait véritablement être : jeune, beau et méchant ».

CHAPITRE - VI

LE ROI ET LA REINE DU JEUNE HOLLYWOOD

« Les goûts et l'apparence de Johnny semblent en parfaite contradiction avec ceux de Winona. Le couple donne une l'image très british de la jeune fille de bonne famille qui a rencontré un garçon bohème et excentrique. Leur maison, leur allure, leur comportement l'un envers l'autre, tout cela est si romantique. Qui aurait pu penser qu'en 1991 il serait branché d'être romantique ? Et tous les deux sont, sans aucun doute, et branchés et romantiques. »

Vogue

Le mois de décembre 1991 fut le plus froid jamais enregistré à Boston. Winona y tournait *Les Deux Sirènes*. C'était aussi la destination régulière pour Johnny qui, durant la quatrième saison de *21 Jump Street*, sa dernière, fit le va-et-vient pour aller la retrouver. Il prenait le dernier vol du vendredi à Vancouver et rentrait par le dernier vol le dimanche. « Cela valait le coup, mec, j'étais tellement désabusé. »

Ce seul fait suggère que Johnny vivait une relation très différente des précédentes. Celle dans laquelle il fut le plus proche du mariage. Il a confessé avoir caressé cette idée d'union mais être resté dans le doute quant à la question de savoir s'il avait vraiment cru en ce projet. Il en aimait l'idée, tout en se demandant si deux personnes pouvaient vraiment rester ensemble « jusqu'à ce que la mort les sépare ». Il ne pouvait pas dire si cela était humainement viable. Il était cependant prêt à essayer, et qui mieux que Winona aurait pu être la candidate idéale pour cet essai ?

– Nous nous marierons quand nous aurons un peu plus de temps et nous partirons tranquillement en voyage de noces pendant trois mois. J'ai entendu parler de coins en Australie, d'îles où vous vous sentez détaché de tout, sur lesquelles il n'y a rien. Je suppose que vous ne faites que vous promener, manger des noix de coco, du feuillage et des bestioles.

Winona aurait sans doute donné son accord :

– J'ai l'impression que c'est une bonne idée. Mais je ne veux pas le faire juste pour dire que je l'ai fait. Je veux une lune de miel et tout ce qui va avec. Nous nous marierons dès que nous en aurons le temps, dès que nous ne serons pas en tournage. Avec Johnny, nous avons travaillé vraiment dur sur *Edward aux mains d'argent*, nous n'avons pas eu tellement le temps de parler de la date du mariage. Mais cela viendra.

Même le père de Winona était enthousiaste. Il n'avait pas le moindre doute sur ce mariage. Son instinct lui criait plutôt d'approuver. Winona se souvient des week-ends qu'elle passa avec Johnny dans sa famille, qui les dorlotait.

– Mon père pensait : Épouse-le ! Mes parents l'aimaient vraiment beaucoup et nous apportaient même le petit déjeuner au lit. Ils étaient si gentils.

Cela aurait pu être si différent, il leur aurait été facile de ne pas m'aimer, ajoutera Johnny, il suffit souvent aux gens de leur génération de voir vos tatouages.

Quant à Cher, la partenaire de Winona dans *Les Deux Sirènes*, elle faisait tout son possible pour conseiller Winona.

– Aucun d'eux ne se rend compte de ce qu'ils font, dira-t-elle alors, mais ça pourrait quand même marcher entre eux. Au moins, elle est avec quelqu'un pour qui elle compte.

Winona ne cachait pas sa détermination. Elle n'accepterait pas que quiconque vienne la sermonner au sujet de Johnny.

– Elle aime vraiment Johnny, je pense qu'elle est plutôt heureuse pour moi, dira Winona en parlant de Cher. Et si elle me donne des conseils, elle ne s'attend pas à ce que je les suive. De toute façon, je ferai ce que j'ai décidé de faire.

Bien entendu, la presse voyait les choses d'une autre manière.

– Nous ne nous sentions pas comme les membres d'une quelconque famille royale, se plaint Winona en se souvenant du temps où le magazine *People* les avait surnommés « le roi et la reine du jeune Hollywood ». Quand nous avons lu ça, nous avons attrapé un fou rire. Mais cela nous dérangeait, d'une façon qu'aucun d'entre nous n'appréciait. C'est très pénible d'être continuellement observé ou d'avoir des gens au restaurant qui tendent l'oreille pour écouter votre conversation. La presse invente des choses à votre propos, ce qui est encore pire.

Selon Daniel Waters, le scénariste de *Heathers*, elle aimait cela plus qu'elle n'était prête à l'admettre. « Une partie d'elle aime ça et l'autre le rejette. Dès le début, ça a été chez elle une obsession à la Natalie Wood. » Ce qui n'est guère surprenant quand on considère que Winona deviendra la première actrice américaine qui réussira le passage d'une carrière commencée dans l'enfance à une carrière d'adulte sans cesser d'être le point de mire d'Hollywood.

Winona et Johnny firent leur effet lors du Showest de Las Vegas où la National Association of Theater Owners les salua tous deux comme les « jeunes stars de demain ». Leurs bagues firent comprendre au public qu'ils étaient fiancés et, d'après le magazine *US* : « Ils se conduisirent comme un couple d'adolescents, se papouillant et se roulant par terre. » Mais se comportèrent-ils vraiment ainsi ? Même si c'est vrai, ce n'est rien de plus que ce qu'un jeune couple amoureux et fiancé depuis peu aurait fait. Seulement, la presse et le tout Hollywood en firent leurs choux gras.

– Quand j'étais jeune, j'étais la chouchoute de la presse, reconnaissait Winona. Ils m'aimaient bien mais me guettaient, attendant que je fasse un faux pas. Je n'avais pas de cadavres dans mes placards, rien de particulier à raconter sur mon passé. Je ne sortais avec personne. Puis je me suis fiancée à Johnny.

Elle venait d'avoir dix-huit ans et restait toujours un sujet de prédilection pour les journaux.

– Soudain, les gens sont friands de choses que vous ne confieriez même pas à vos amis. C'est Cher, reconnaît Winona, qui m'a aidée à dépasser cela. Elle a connu ça toute sa vie. Elle m'a appris ce que je devais prendre au sérieux et ce que je devais ignorer.

C'est à cette époque que Johnny prit la presse en grippe et que Winona commença à contrôler soigneusement ce qu'on écrivait sur elle. La plupart des acteurs ont une relation d'amour-haine avec les journalistes. Alors qu'ils se montrent volontiers accommodants avec les médias lors de la promotion de leurs films, dès que leur vie privée est passée au crible, ils crient à l'intrusion. Même quand leur vie est normale... D'ailleurs, se voir poser dix mille fois la même question devient immanquablement lassant.

C'est cet aspect qui ennuie le plus Johnny. Il se souvient particulièrement de la situation suivante :

– J'étais dans les toilettes d'un bar et quelqu'un est entré, est venu vers moi et m'a demandé : « êtes-vous encore ensemble avec Winona ? » Devant l'urinoir, pour l'amour du Ciel !

Un journaliste du magazine *Shout* alla encore plus loin quand il supplia Johnny de lui dire « s'il roulait encore des pelles à Winona ».

Il ne peut oublier à quel point l'influence de la presse à sensation est pernicieuse. Un incident en particulier avait attiré l'attention sur eux. Winona devait jouer le rôle de Mary, la fille de Corleone, dans *Le Parrain III*, de Coppola, avec Al Pacino et Diane Keaton, qui reprenaient les rôles les ayant rendus célèbres presque vingt ans auparavant.

C'était, se souvient Patrick Palmer, le producteur des *Deux Sirènes*, l'opportunité pour Winona d'apparaître dans un classique américain qui la confirmerait dans sa stature de star adulte, même si ce n'était qu'en raison de ses scènes d'amour avec Andy Garcia. C'était le genre de scène qu'elle n'avait pas vraiment abordée dans ses précédents rôles et elle ne souhaitait pas participer à des scènes de nu ou de semi-nu uniquement pour satisfaire un certain voyeurisme.

Moins d'un jour après la fin du tournage des Deux Sirènes, Winona et Johnny s'envolèrent pour Rome. Elle était épuisée par les problèmes respiratoires qui l'avaient affectée pendant le tournage, mais ne s'inquiétait pas. Elle toussa et renifla durant tout le trajet. À peine descendus de l'avion, ils durent se rendre à l'évidence : Winona était dans un sale état. Les poumons douloureux, elle brûlait de fièvre et la pressurisation de la cabine avait renforcé la douleur dans ses oreilles.

Quelques jours plus tard, sa santé ne s'était guère améliorée. Pourtant, fidèle à ses engagements, elle se présenta sur le plateau du *Parrain III*... Avant de s'écrouler dans sa chambre d'hôtel. Johnny fit immédiatement venir le médecin attaché à la production qui décréta que Winona était trop malade pour travailler et qu'elle devrait attendre également quelques jours avant de prendre l'avion pour rentrer chez elle. « Je ne pouvais plus bouger. Je n'avais pas le choix, la situation m'échappait. » Lorsqu'elle put enfin s'envoler vers Petaluma avec Johnny, tout ce qu'elle réussit à faire en arrivant fut de rester allongée dans son lit :

– J'étais épuisée, j'étais une épave dans tous les sens du mot, j'avais juste besoin de me reposer, de ne rien faire. Ma carrière menaçait de tourner court, je risquais de me voir intenter un procès, se souvient-elle.

Si elle se retirait du film, lui disait son agent, elle pouvait tout aussi bien dans la foulée laisser tomber le métier d'acteur.

Winona quitta cette agence quelque temps plus tard. Mais cela servit-il à quelque chose ? Partout où elle se tournait, c'était le même son de cloche.

La presse était un autre souci. Winona se souvient : « J'étais malade, physiquement épuisée, c'est tout. » Mais dès son retour à la maison, et durant les mois qui suivirent, Winona fut tout aussi épuisée d'avoir à se défendre continuellement. Tout le catalogue habituel des rumeurs les plus absurdes et mensongères circula dans Hollywood : elle était enceinte, elle avait fait une overdose, elle était victime d'une dépression nerveuse, c'était la drogue, ou bien des désordres d'origine alimentaire, Johnny la trompait… et tout un assortiment d'autres catastrophes.

Certains ont même avancé que tout avait été manigancé pour qu'elle puisse tourner *Edward aux mains d'argent* avec Johnny. Il leur avait échappé, semble-t-il, qu'elle avait signé pour *Edward* bien avant que Johnny ne rejoignît la distribution. Plus tard, elle conviendra que les plannings de tournage de ces deux films posaient un problème, mais qu'elle était bien décidée à le gérer.

Perdant patience, Winona se montrera cassante :

– C'est étonnant comment les gens veulent que les choses soient aussi déplaisantes et compliquées que possible. La vérité était simple. Mon médecin m'avait dit que je ne pouvais pas travailler. J'ignore pourquoi personne ne voulait le croire. Peut-être que les gens ont pensé que Johnny m'influençait, mais il n'en était rien. Il s'occupait juste de moi, commandait ce qu'il me fallait au service de chambre et m'enfonçait les doigts dans la gorge, pour m'aider à vomir.

Aujourd'hui Winona reconnaît que Johnny fut le seul à l'aider lors de la tempête qui suivit. Mais pendant combien de temps encore devrait-elle justifier sa décision de quitter la distribution du *Parrain* ? Pendant combien de temps devrait-elle s'en expliquer ?

– C'est décevant, bien sûr, dévastateur en fait. Je souhaiterais que ça ne soit jamais arrivé. Mais c'est ce qui s'est passé. Il est bien évident que j'aurais aimé travailler avec ces merveilleux acteurs et ce grand réalisateur. Mais ce n'était pas de ma faute. Ce n'était pas un caprice du genre : « Mon Dieu, je ne me sens pas bien aujourd'hui, peut-être que je ne vais pas faire ce film. » Le médecin avait dit : Vous avez une infection respiratoire, vous ne pouvez pas travailler. Mon départ du tournage a été une déception pour tout le monde. Spécialement pour moi.

Durant la période où elle aurait dû se trouver sur le tournage à Rome, Winona resta au lit pour recouvrer la santé. Elle s'attacha aussi à renforcer sa relation avec Johnny. Ce ne serait pas la seule fois.

– C'est une personne merveilleuse pour qui j'ai un énorme respect et envers qui j'ai des sentiments profonds. Cela n'a rien d'une fanfaronnade possessive ou bizarre, telles qu'on en voit à Hollywood.

Quand elle put enfin reprendre le chemin des studios, ce fut pour se rendre avec Johnny en Floride sur le chaud plateau d'*Edward aux mains d'argent*.

Même dans cette profession où ce qui est marginal est souvent synonyme de succès, Tim Burton n'était pas taillé pour être le stéréotype du réalisateur « typique ». À vingt-neuf ans, ce natif de Californie, qui avait grandi à deux pas de Burbank, où s'élèvent les studios de la Warner, avait été projeté sur le devant de la scène avec *Pee Wee's Big Adventure*, un succès inattendu tiré d'un scénario signé Paul Reubens. Cela se passait cinq ans avant sa rencontre avec Johnny.

Le succès de *Beetlejuice*, avec ses soixante-treize millions de dollars de recettes brutes, et celui de *Batman* l'avaient définitivement élevé au niveau des plus grands réalisateurs d'Hollywood. Même si sa vision du cinéma défiait la norme, elle n'en continuait pas moins de faire vibrer la corde sensible chez les spectateurs.

Edward aux mains d'argent, cet étrange conte mettant en scène un homme artificiel dont les mains sont des ciseaux est de cette même veine. Le film rapportera la somme respectable de cinquante-quatre millions de dollars.

L'idée d'*Edward aux mains d'argent* hantait Burton depuis l'enfance. L'image vivait dans son esprit bien avant qu'il ne sache s'il pourrait lui donner vie à l'écran. Durant ses premières années de succès, *Edward* restait présent à son esprit. Finalement, alors que *Beetlejuice* était en pré-production, il demanda à Caroline Thompson d'écrire un scénario.

– J'avais lu son livre, *First Born*, qui raconte l'histoire d'un bébé victime d'un avortement et qui revient à la vie. C'était bon, proche de l'esprit que je voulais donner à *Edward aux mains d'argent.*

Cependant, selon Thompson, c'était une mission inhabituelle.

– Tim avait à l'esprit une image précise de son personnage, se rappelle-t-elle. Il m'avait dit qu'il ne savait pas quoi en faire. Mais à la minute où il me l'a décrit et m'a dit qu'il se nommait Edward aux mains d'argent, j'ai su ce qu'il fallait faire. C'est Tim qui a apporté cette image du type avec des mains comme des taille-haies et j'ai inventé tout ce qu'il pouvait faire avec. Cela a été un mariage parfait de nos talents.

À l'origine, l'idée était de tourner une comédie musicale. Thompson avait même écrit une chanson, Je n'arrive pas à gérer ça. Cette idée a été abandonnée en cours d'écriture. Mais le scénario est resté remarquablement proche des premiers jets, une variation sur un thème qui tient Tim Burton à cœur, celui de Frankenstein. Il reconnaît que cela aurait presque pu être autobiographique,

– Edward était simplement une image que j'aimais. Elle s'est construite inconsciemment et est liée à ce personnage qui désirait toucher les choses mais qui ne le pouvait pas, qui était à la fois créateur et destructeur. Probablement une résurgence de mon adolescence, car c'est quelque chose de très adolescent, en rapport avec les relations entre les gens. J'estimais alors que je ne pouvais pas communiquer.

C'est en gardant à l'esprit cette idée d'aliénation qu'il commença à rechercher ses acteurs. Bien qu'il ne fût pas contre la suggestion du studio qui proposait Tom Cruise pour le rôle principal, Burton savait que la superstar de *Top Gun* était la dernière personne capable de cerner l'étrangeté que demandait le personnage Edward. D'autres acteurs étaient intéressés par le rôle : William Hurt, Tom Hanks, Robert Downey Jr. Et même Michael Jackson. Mais cela n'avait pas d'importance. Burton voulait Johnny Depp. Johnny se rappelle très bien sa première rencontre avec Tim Burton. Principalement parce que le jeune visage chiffonné en face de lui dans le bar du Bel Age Hotel, à Los Angeles, lui donnait l'impression de manquer de sommeil.

– Il était, se rappelle Johnny, pâle, frêle, avec un regard triste et des cheveux ébouriffés comme au sortir du lit, et pourtant très expressif.

Johnny, lui, était exactement ce que Burton avait imaginé et il dira à l'époque :

– Johnny était surtout connu en tant qu'idole des adolescentes et perçu comme un individu sombre, difficile, bizarre, alors qu'il était aux antipodes de tout cela. Les thèmes développés dans *Edward* à propos de l'importance des apparences sur les relations avec les autres, ce personnage catalogué à l'opposé de ce qu'il est en raison de son physique, était un sujet qui lui parlait.

Johnny n'était cependant pas certain de vouloir entrer dans le monde visionnaire de Burton, tout en se sentant suffisamment à la hauteur pour jouer le rôle :

– J'étais un gars de la télé, aucun réalisateur sain d'esprit n'aurait eu l'idée de me proposer un tel personnage. Jusque-là, je n'avais rien fait de nature à montrer que je pouvais assumer ce genre de rôle. Comment pouvais-je convaincre ce réalisateur que j'étais Edward, que je le connaissais intimement ? J'ai immédiatement cerné le rôle, une sorte de prescience du personnage et de ce qu'il représentait. Edward est plus un sentiment qu'une personne. La métaphore des ciseaux représente le désir de toucher, tout en sachant que vous détruirez tout ce que vous toucherez. Rien de ce que vous faites n'est bien. C'est un sentiment que vous ressentez en grandissant, à l'adolescence. Je l'ai vécu. Je pense que cela est vrai pour tout le monde.

Suite à sa rencontre avec Burton, Johnny n'était pas convaincu qu'on allait lui confier le rôle :

– Mes chances étaient plutôt minces. Des acteurs plus connus que moi avaient également été pressentis pour le rôle et se battaient pour décrocher le contrat. J'ai attendu des semaines sans rien entendre filtrer en ma faveur. Pendant ce temps, je réfléchissais au rôle. Désormais, ce n'était pas simplement quelque chose que je voulais faire, mais quelque chose que je devais faire. Non par ambition, avidité, ou par un attrait quelconque pour le box-office, mais parce que cette histoire avait pris racine au plus profond de moi et refusait d'en être délogée.

Quand Johnny reçu enfin l'appel lui confirmant qu'il avait obtenu le rôle, il fut aux anges.

– Bordel, je n'arrivais pas à y croire ! Burton était prêt à tout miser sur moi pour ce rôle, en envoyant balader les vœux, les espoirs et les rêves du studio, en l'occurrence, avoir une grande star déjà cotée au box-office. Je suis aussitôt devenu croyant, certain que je devais cela à une intervention divine. Pour moi, ce rôle n'était pas une simple évolution dans ma carrière. C'était la liberté. La liberté de créer, d'expérimenter, d'apprendre, d'exorciser quelque chose en moi. C'était comme si j'étais libéré du monde du travail à la chaîne et de cette foutue télé, par ce type étrange et brillant qui avait passé sa jeunesse à dessiner.

C'est presque instinctivement que Burton décida de donner un rôle à Winona.

– Elle est la meilleure, s'enthousiasmait Burton. Elle possède quelque chose d'impossible à décrire. Elle est l'héritière de ces stars qui ont marqué l'histoire du cinéma. Il y a quelque chose dans sa peau, dans ses yeux, dans ses capacités et son sérieux qui est inexprimable. Magique.

Pour Winona, c'était non seulement la chance de travailler de nouveau avec Burton, mais aussi avec Denise Di Novi, la productrice de *Heathers*, devenue la présidente de la maison de production de Tim Burton.

Elle apprit par la suite que Johnny aussi avait été approché. La présence de Johnny dans la distribution était pour elle la cerise sur le gâteau, même si cela était un peu angoissant.

– Travailler avec Johnny a vraiment été une grande expérience, même si j'étais effrayée et inquiète à ce sujet. Je veux dire que s'il y avait quelqu'un que je voulais impressionner par mon jeu, c'était bien lui. Pendant les deux premiers jours, j'ai manqué d'assurance. Finalement la situation s'est avérée très motivante. Je pense que l'alchimie entre nous était parfaite.

– Le fait que nous soyons ensemble, que nous soyons amoureux, n'a pas nui au film, dira Johnny. Mais j'étais anxieux. C'est une autre manière de se montrer à quelqu'un. Vous savez, vous pouvez vivre ensemble, mais jouer ensemble, être une personne différente, spécialement quelqu'un comme Edward, c'est effrayant au début. Winona était nerveuse, elle aussi. Mais c'était génial. Mis à part le fait que je l'aime et tout ce que cela suppose, elle a beaucoup de talent. C'est une grande actrice, elle se donne beaucoup et elle est prévenante. C'était vraiment facile de travailler avec elle parce que tout se faisait naturellement. Vous n'aviez pas à chercher, ça venait tout seul. Je suis certain que nous ferons d'autres choses ensemble. D'autres ont très bien réussi une carrière à deux, prenez, par exemple, John Cassavetes et Gena Rowlands. Dans un monde parfait, je ferais simplement des films avec Winona, John Waters et Tim Burton et je vivrais heureux et j'aurais beaucoup d'enfants.

La relation entre les deux acteurs n'alarma pas Burton. Il connaissait trop bien Winona et son intuition l'incitait à faire confiance à Johnny. « Ils étaient, dira-t-il, ponctuant ses propos d'un rire approbateur, une sorte de version démoniaque de Tracy et Hepburn. » Une fois le film en boîte, il confirmera :

– Leur relation n'a pas nui au film. Peut-être aurait-ce été le cas si le film avait été d'un genre différent, quelque chose qui aurait puisé dans les aspects négatifs ou positifs de leur relation.

Mais c'était un univers fantastique. Ils se sont montrés très professionnels, leur liaison n'a provoqué aucune perturbation sur le plateau.

Dépeindre l'amour entre des personnages aussi différents qu'Edward et Kim était un pari audacieux de la part de Burton, mais nécessaire. Il aspirait à bousculer les idées préconçues des spectateurs sans se les aliéner. Tout comme ses acteurs s'étaient adaptés à des rôles très éloignés de ceux qu'ils interprétaient habituellement, il espérait que les spectateurs suivraient et accepteraient l'étrange et inattendue relation entre Edward et Kim.

Toujours dans l'idée de bousculer les poncifs, le décor du film – un quartier d'une banlieue de Floride remarquablement repeint de tons pastel lumineux par le directeur artistique Bo Welsch – fut choisi pour véhiculer une esthétique étonnamment bizarre mais néanmoins chaleureuse et familière.

Le film ne perd pas de temps à présenter le monde dans lequel Edward va évoluer. L'action se déroule dans une banlieue à la géographie sinueuse, qui s'étend jusqu'au pied d'une colline que domine une grande maison délabrée de style gothique. Au cours d'une de ses tournées, Peg Boggs (Diane Wiest), la représentante locale en produits Avon, sonne à une grille et découvre le plus grand des secrets en la personne d'Edward, un garçon vivant seul et dont les mains sont formées de lames mortelles. Elle réagit comme une représentante Avon de base. Elle décide de le ramener vivre chez elle avec sa famille. Pour amorcer la comédie des erreurs et des malentendus qui va suivre, elle l'installe dans une chambre dont le lit a un matelas à eau. Edward est accueilli par le voisinage comme une sorte d'attraction. Il crée une galerie de sculptures végétales, taille les haies, soigne les pelouses, coiffe les caniches, invente des coupes de cheveux pour sa bienfaitrice et les voisines. Mais sa popularité fraîchement acquise engendre tout aussi vite du ressentiment, en raison, principalement, de son évidente tendresse pour Kim, la fille bien-aimée de son hôtesse. La jeune fille prend petit à petit conscience des sentiments d'Edward, ce qui déclenche chez son fiancé, du genre sportif (Anthony Michael Hall), une succession de brimades cruelles envers le jeune homme. Puis la séductrice entre deux âges (Kathy Bates), dont les avances ont été dédaignées par Edward, entre bientôt en lice.

Plus les malentendus s'accumulent, plus l'ambiance du film s'alourdit. Cela commence par une scène de chasse inspirée, presque littéralement, des innombrables films sur Frankenstein. La seule différence, cette fois, est que le monstre survit. Les affinités entre les deux œuvres sont, bien évidemment, délibérées.

Tout aussi délibéré fut le choix de Burton d'engager Vincent Price pour le rôle du « créateur » d'Edward, rôle qui se double de celui d'un « père » comme dans le *Pinocchio* de Disney. Vincent Price, l'un des doyens du cinéma américain, dont la présence dans tant de films gothiques d'épouvante est mémorable, était la plus grande idole de Burton. Les deux hommes deviendront des amis très proches.

En fait, le projet suivant de Burton, *Conversations with Vincent*, qui restera inachevé, était un documentaire sur Price qui, jusqu'à sa disparition en 1993, ne tournera plus. *Edward aux mains d'argent* reste un juste hommage au génie de Price.

Comme Burton, Johnny resta un ami proche de Price jusqu'à la mort de ce dernier. Il était vraiment sous le charme du vieil acteur. Il se souvient d'une fois où il était assis avec lui dans sa caravane, lors d'une pause :

– J'étais en train de lui montrer une édition originale des œuvres d'Edgar Allan Poe que je possédais et qui contenait des illustrations vraiment étonnantes. Vincent était fou de dessin et il commença à parler de *La Tombe de Ligeia*. Il a fermé le livre et a commencé à me réciter le texte avec cette belle voix, emplissant l'espace de sons terrifiants. J'ai regardé dans le texte après son départ, il l'avait récité par cœur. Au mot près.

– Comme Johnny le dira ensuite, ce fut un moment qu'il n'oublierait jamais. Pas plus qu'il n'oublierait que Price l'avait engagé à toujours éviter les stéréotypes, une chose qui l'avait tracassé tout le long de sa propre carrière, au cours d'une succession de films que Johnny considérait comme rien moins que brillants.

Mais par-dessus tout, le conseil de Price d'investir dans des œuvres d'art « était un conseil précieux que je vénérerai toujours », dira Johnny. Mais où allait-il entreposer ses trésors ? « Je ne possédais pas de maison à l'époque. » Et il ne semblait pas vraiment sur le point d'en avoir une.

Même au comble de la renommée, il disait :

– Je ne suis pas certain d'investir dans une maison aux États-Unis, mais peut-être quelque part en France. J'ai acheté beaucoup de tableaux, de dessins et quelques photos. Il est bon d'avoir autour de soi des choses qui vous nourrissent.

L'un de ces objets était l'orignal des « mains » d'Edward, trônant pacifiquement sur un coffre en bois en haut de l'escalier de la nouvelle maison que Winona partageait avec Johnny à Los Angeles, à la fin du printemps 1991. C'est là aussi, parmi les pense-bêtes et les messages collés sur la porte du réfrigérateur, que se trouvait une photo de Johnny en compagnie de John Waters, ami intime du couple, ainsi qu'un morceau de papier jaune portant le numéro de téléphone de Jason Robard, le partenaire de Winona dans *Square Dance*, le premier film la mettant en vedette. « C'est Robard, racontait Winona, qui m'a appris à être naturelle devant la caméra. »

Le film permit presque à Burton d'exorciser ses démons et ceux de ses acteurs.

En parlant de l'interprétation de Johnny, Burton dira :

– Il y a beaucoup d'Edward en lui. Il possède cette sorte de naïveté qui, lorsque vous vieillissez, est mise à rude épreuve, voire mise en loques. Je pense que Johnny est quelqu'un qui souhaite, jusqu'à un certain point, préserver cette naïveté.

Une grande partie du film aborde ce thème. Il saute tout d'abord aux yeux du spectateur quand le petit ami de Kim pousse Edward à enfreindre la loi et, plus encore, lorsqu'Edward, acculé, le tue.

– C'était probablement la revanche fantaisiste d'un gamin. Peut-être que j'avais juste besoin de lâcher un peu la vapeur.

Edward aux mains d'argent va fasciner les médias, non seulement en raison du film lui-même, mais aussi à cause des relations entre les deux acteurs dans la vie. La tendresse entre Edward et Kim dérive en partie de leurs sentiments réels. De nombreux critiques relevèrent cette alchimie lors de la sortie du film aux États-Unis, à Noël 1990 et en Grande-Bretagne, l'été suivant.

Le plus étonnant, ce furent les centaines de scénarios qui submergèrent Johnny et Winona à la suite de ce film.

– Ils sont si prévisibles, disait alors Johnny, du genre, par exemple, un film de gangster dans lequel je suis le bandit et Winona ma poule.

Il y avait cependant une idée qui lui tenait à cœur. *Movieline* lui avait suggéré de faire un essai et avait demandé à John Waters de diriger un remake décalé de *Viva Las Vegas*, avec Johnny se déhanchant comme Elvis Presley et Winona dans le rôle de la délirante Ann-Margret.

– Ça pourrait être bien, dirait Johnny de ce projet, j'aimerais faire quelque chose dans ce genre, surtout avec la version des Dead Kennedy pour le thème musical principal.

À cette époque, la perception qu'avait le public de la relation entre Johnny et Winona était déjà si brouillée que lorsque le couple assista à une soirée en hommage à Tim Burton, lors du Festival du Film de Montreux, leur présence fut interprétée comme une réconciliation qu'il était important de noter. Simplement parce que Johnny et Winona n'avaient pas été vus ensemble depuis quelques semaines.

Même Burton fut stupéfait par la horde de paparazzi qui les attendaient à l'aéroport de Los Angeles lorsqu'il revint de Floride avec les acteurs, à la fin du tournage d'*Edward aux mains d'argent*.

– C'est l'une des choses les plus horribles que j'ai vues de ma vie, se souvient-il avec mépris. Je veux bien admettre que lorsque vous vivez sous le regard du public, vous soyez obligé d'accepter de subir certaines choses, mais je n'ai jamais rien vu d'aussi agressif.

– Nous sommes descendus de l'avion, confirmera Winona, et environ cinquante paparazzi se sont précipités et nous ont mitraillés. Nous ne voyions même pas où nous allions parce que les flashs nous éblouissaient. Un type a tendu la jambe et tenté de me faire un croche-pied. Ils nous apostrophaient et tentaient de prendre une « photo intéressante ». Finalement, ça a tellement énervé Johnny, qu'il s'est mis en colère. Maintenant, quand on verra la photo dans un magazine, il passera pour un trou du cul. Nous avons bien le droit d'être de mauvaise humeur de temps en temps, ça arrive à tout le monde.

Winona avait deviné juste en ce qui concernait la photo. L'article de presse qui l'accompagnait en rajoutait :

– Hollywood a un nouveau « mauvais garçon ». Sur le modèle de Sean Penn (connu pour son tempérament violent), l'acteur Johnny Depp et sa fiancée Winona Ryder ont atterri à l'aéroport international de Los Angeles en provenance de Tampa, en Floride. Depp, le héros de la série de la Fox TV, *21 Jump Street*, a été immortalisé en pleine action lors d'une prise de bec avec les photographes, leur flanquant sa cigarette allumée en plein visage tout en leur criant « d'aller se faire foutre ». Clairement embarrassée, Ryder s'est caché le visage derrière un petit bagage à main, a baissé vivement la tête et a poursuivi son chemin.

Ce ne fut pas le seul incident.

– Les journaux, accusera Winona, me prêtent toujours de nouvelles liaisons. Je travaille avec des acteurs, je les connais et il peut m'arriver de déjeuner avec eux, c'est tout. Johnny fait de même avec des actrices. Je devine qu'ils cherchent à obtenir une réaction, à créer un scandale, une affaire ou quelque chose dans le genre.

Elle avait raison. Cela se confirma lorsqu'on prétendit qu'elle s'était rendue à « un dîner très intime avec Christian Slater au Hard Rock Café de Los Angeles. Le couple se tenait les mains quand il ne carburait pas aux cheeseburgers et aux frites, et cela deux ans après la fin de sa courte aventure de deux semaines avec l'acteur. » Mais Winona répliqua que tout cela était faux. Tout aussi faux qu'une autre histoire, quand le magazine *People* titra : « Jusqu'à quel point est-elle Depp-endante ? » Cela après qu'on l'eut vue avec Gary Oldman, son partenaire dans *Dracula*, à une fête à Hollywood.

– Selon certaines sources, écrivait Mitchell Fink, le duo semblait un peu plus proche que ne le sont habituellement deux acteurs qui viennent de simplement participer au même film. Un proche de Winona reconnaît que cette dernière se comporte parfois comme « un chaton affectueux », mais que Ryder n'est pas amoureuse d'Oldman. Il l'a peut-être draguée une fois, mais sa relation avec Johnny Depp est « plus forte que jamais ». Ils ont traversé des moments difficiles, mais ils sont toujours fiancés.

Winona admettra toutefois que les commérages sont blessants. Elle reconnaîtra qu'il n'y avait guère moyen d'éviter qu'ils ne parvinssent à ses oreilles.

– Je ne lis pas vraiment cette presse, jurera-t-elle à l'époque. Mais vous en entendez parler. Vous ne pouvez pas y accorder trop d'attention, parce que c'est excessivement fatiguant.

Longtemps avant toutes ces absurdités, Johnny avait demandé à John Waters, « pasteur ordonné par correspondance », de les marier à Las Vegas.

L'ordination de Waters était l'un des titres de gloire dont Johnny était le plus fier.

– Je suis responsable de l'ordination de John Waters. J'ai envoyé son nom au site de l'Universal Life Church et j'ai reçu en retour son ordination, par mail. Il est maintenant le Révérend John Waters et nous voulons qu'il procède à la cérémonie. Qui pourrait être meilleur que lui ?

Qui, effectivement ? Mais Waters, bien qu'enthousiaste au départ, se montrait réticent.

– Je leur ai dit que je ne voulais pas le faire sans la bénédiction de leurs parents. J'ai rencontré les parents de Winona. Nous avons dîné ensemble, je ne voulais pas les épouvanter.

Parfois, Waters conseillait le couple.

– Trop jeunes ! Je leur disais d'attendre, attendre, attendre. Mais je serais ravi de célébrer la cérémonie. J'aurais l'impression d'être le pape.

Il y avait un autre obstacle. Winona elle-même. Même si Johnny disait qu'elle aimait l'idée du mariage, elle était devenue rabat-joie et refusait d'aller au bout du projet. Cela eut pour effet immédiat d'alimenter un déluge de nouveaux commérages à propos de maris rejetés et d'épouses obstinées. C'était comme si personne ne pouvait croire que Winona avait apprivoisé le sauvage Johnny.

Bien qu'il n'eût jamais fait mystère de ses liaisons passées, il ne semblait pas y avoir pénurie « d'amis proches » pour affirmer que ces liaisons n'étaient pas toutes aussi passées que ça. Cela ne faisait que rendre les choses plus difficiles quand le couple devait répondre à des questions sur sa vie privée. Avaient-ils organisé de folles soirées ? Winona avait-elle pris des clichés compromettants de Johnny pour les faire développer au drugstore d'à côté ? Fréquentent-ils les boîtes de nuit de New York ?

– Non, clamera Johnny. Je ne sais même pas où elles se trouvent. Nous marchons, nous nous baladons en ville, ensuite nous louons des films et nous rentrons à la maison.

Comme n'importe quel autre couple. Mais en souhaitant que leur vie de célébrités paraisse si terre à terre, ils stimulaient la curiosité des journalistes, toujours prêts à aller fouiner plus profond.

Ce ne fut pas différent lorsqu'on interrogea Winona sur ses désirs de monter sur scène. Si elle pensait qu'il serait ennuyeux de jouer la même pièce soir après soir, pourquoi s'était-elle fiancée à dix-huit ans ? N'était-ce pas vivre la même chose chaque nuit ? Apparemment non.

– Ce n'est certainement pas pareil toutes les nuits, affirmera Winona timidement. Nous sommes jeunes et je pense que nous devons profiter au maximum de notre relation.

Selon la presse, il y avait certainement autre chose.

– Je ne comprends pas cette obsession, condamnait alors Johnny. C'est insensé, toutes les histoires que la presse raconte sur moi et qui ne me sont jamais arrivées. C'est un peu ma faute aussi, j'ai parlé trop ouvertement de ma relation avec Nonie.

Il n'est pas convaincu non plus que sa romance avec Winona ait été, comme certains observateurs l'ont dit, « traitée en prenant des gants, en les décrivant comme deux êtres innocents et romantiques, au milieu de toutes les autres rumeurs habituelles circulant sur Bruce Willis et Demi Moore ou Julia Roberts et Kiefer Sutherland ».

Il est vrai qu'Hollywood a toujours tiré une certaine prospérité des histoires d'amour entre célébrités, mais, pour Johnny, voir sa vie amoureuse disséquée comme un cas d'anthropologie et devenir un produit de consommation courante était passablement irritant. Il ne pouvait toutefois nier le fait que le duo Johnny et Winona était, plus ou moins, assimilé à un couple de conte de fées, au symbole de la « romance hollywoodienne ». Même les photos de mode occasionnelles qu'ils firent ensemble, se serrant l'un contre l'autre et s'embrassant, soulignaient ce trait.

Malgré leur aisance financière, Johnny et Winona ne jetaient pas l'argent par les fenêtres. Au contraire, précisera Johnny :

– J'aime faire les boutiques avec Winona pour trouver des objets originaux. Nous avons trouvé un génie à l'intérieur d'une vieille lampe et des affiches montrant des clowns. Les clowns m'ont toujours effrayé, donc je pense que si je vis au milieu d'eux, je finirai par maîtriser cette peur.

Il a même laissé filtrer lors d'une interview qu'il avait une bite de près de trois mètres, ce qui a provoqué quelques haussements de sourcils.

– J'ai toujours trouvé bon de dire que j'avais la plus grosse bite de Los Angeles. Cela ne veut pas dire que sans celle-là, il n'y aurait pas de raison d'en parler, mais quand vous en avez une de cette taille, vous pouvez en parler à tout le monde.

Il a aussi acheté un pénis en fibre de verre dans un magasin d'Hollywood. « Il m'en fallait un. Pour me protéger des clowns. »

Enfant, Johnny était déjà victime de cette phobie. « Ça ne se rapporte pas à un événement en particulier. J'ai toujours détesté les clowns. » Ses peurs ont sans doute été exacerbées le jour où il acheta un portrait de clown peint par John Wayne Gacy, un homme condamné pour meurtre.

– Avant d'être arrêté, Gacy avait l'habitude de circuler déguisé en Pogo le Clown. Maintenant, dans le couloir de la mort, il peint des clowns. Si vous lui envoyez une photo, il fait votre portrait.

Il était, autant que Johnny puisse en juger, « vraiment dingue ».

Les petits cadeaux et présents que Johnny et Winona avaient l'habitude de s'offrir étaient dans un registre plus léger. Pour Winona, des roses, des vêtements et des bijoux, dont son premier collier de perles. Pour Johnny, des cadenas anciens pour jouer à Houdini, l'un de ses passe-temps, les éditions originales de leurs auteurs favoris et des insectes montés selon la tradition, sur des épingles, et protégés par des boîtes en verre, pour sa collection. S'il avait, vers l'âge de sept ans, l'habitude de capturer des caméléons pour les dresser, il n'était pas questions qu'il ait des araignées. Il ne cachait pas l'effet que cela lui faisait. Quand un ami lui offrit une tarentule pour son anniversaire, il dut prendre sur lui :

– J'ai pensé : c'est bien, c'est parfait, peut-être que maintenant j'en aurai moins peur. J'ai essayé de la toucher et j'ai crié. J'ai dû m'en débarrasser.

Il y eut aussi cette étoile située dans l'hémisphère Nord, dans la constellation des Céphéides et non visible à l'œil nu. Winona l'acheta et la baptisa « Jun » en son honneur. C'était presque comme acheter quelques ares de forêt tropicale humide. Certains, toutefois, voient ces cadeaux comme des tentatives de réconciliation. Selon Mitchell Fink, rédacteur pour *People Weekly* « une femme dans les affres d'une séparation ne va pas payer pour donner le nom de son amant à une étoile », et ne paiera pas non plus quarante-quatre dollars supplémentaires pour obtenir un certificat encadré prouvant que cette transaction a eu lieu. Johnny insiste, ils ne sont qu'un jeune couple amoureux.

Leurs obligations professionnelles allaient encore amener de douloureuses séparations. Alors que Winona luttait contre ses propres démons sur le tournage du *Dracula* de Coppola, son premier rôle d'adulte, Johnny vivait un cauchemar sur le tournage d'*Arizona Dream* où se trouvaient réunis autour d'un réalisateur capricieux des acteurs qui ne l'étaient pas moins.

Emir Kusturica fut révélé au public yougoslave en 1984 avec son film *Papa est en voyage d'affaires*, un documentaire sur les troubles internes de la Yougoslavie en 1952, vus par les yeux d'un jeune garçon. Cinq ans plus tard, Kusturica se fera remarquer à Cannes et remportera le prix du meilleur réalisateur pour *Le Temps des gitans*. Pour l'instant, il était fermement décidé à filmer sa version du mythe du rêve américain, vu d'Europe.

L'idée originale était de David Atkin, un étudiant qui suivait les cours de Kusturica à l'université de Columbia.

– J'avais, expliquera-t-il, un embryon d'histoire mettant en scène un jeune garçon qui ne sait pas quoi faire de sa vie. À côté, je m'intéressais au déclin de l'empire de l'industrie automobile américaine, parce que les États-Unis sont toujours le pays des voitures et du cinéma. J'y voyais quelque chose de similaire à ce que je voulais faire.

C'est l'histoire d'un jeune homme de vingt ans, Axel Blackmar, resté orphelin à la suite de la disparition de ses parents dans un malheureux accident de voiture six ans plus tôt. Son oncle Léo, qui conduisait, ne se pardonne pas d'être à l'origine de la collision fatale. Depuis, Axel s'est aménagé une vie satisfaisante à Manhattan « où vous pouvez voir tout le monde et où personne ne vous remarque ». Il recense les poissons pour le Département de la Pêche et de la Chasse. Son existence banale est chamboulée lorsqu'il doit retourner en Arizona, dans sa ville natale, pour le mariage de Léo avec « son petit gâteau à la crème ». Léo a le double de l'âge de sa future et aussi le double de sa taille. Il demande à Axel d'être son témoin et de rester ensuite dans son entreprise pour apprendre à vendre des Cadillac. Il y a aussi Paul, l'autre vendeur de Léo, qui doit prendre en main Axel et lui montrer les ficelles du métier. Mais il a une autre idée en tête, celui de devenir acteur. Il peut déjà réciter les dialogues de *Raging Bull* et même rejouer l'un des meilleurs moments du film, ainsi qu'imiter Cary Grant fuyant l'avion-citerne dans *La Mort aux trousses* d'Hitchcock.

N'oublions pas non plus deux autres personnages hauts en couleur, Elaine Stalker, une maniaco-dépressive, et sa belle-fille opprimée, Grace, dont Axel se retrouvera rapidement empêtré. Elaine a tiré sur son mari (dans des circonstances peu claires). Grace et Elaine s'en renvoient la responsabilité quand cela les arrange. Grace a hérité de la troisième plus importante mine de cuivre de l'état. Les deux femmes, plus liées par l'amour et la solitude que par la haine, vivent dans une grande maison victorienne à la sortie de la ville. Axel est dans un premier temps fasciné par Elaine, superbe et sexy, dont le rêve est de construire une machine volante, plutôt que par Grace qui ne parle que de suicide et de réincarnation sous la forme d'une tortue.

Kevin Thomas, critique au *Los Angeles Times* décrira le film comme : « Éblouissant, une audacieuse et incroyable tranche de vie, une vision tragi-comique de la culture et des choses typiquement américaines visitées avec un réalisme magique par un maître. » Avec un budget de dix-sept millions de dollars financé par des fonds et deux producteurs français, Claude Ossard et Yves Marmon, Kusturica avait développé un scénario dont le titre changea trois fois. Baptisé tout d'abord *Arrowtooth Waltz*, il deviendra *American Dream* puis *Arizona Dream*.

– Le rêve américain est le rêve de tous dans la civilisation occidentale, affirmera Kusturica. Posséder une voiture, avoir un peu d'argent et une maison. Mais quand j'ai vécu deux ans aux États-Unis, j'ai découvert une Amérique bien différente. Les gens étaient malheureux et beaucoup plus pauvres que ce à quoi je m'attendais. Il y avait un problème car, en détruisant le rêve américain, vous détruisiez une partie de votre jeunesse, une partie de votre enfance passée à regarder des films.

Johnny dira : « J'étais ravi de travailler avec Kusturica parce que j'avais vu *Le Temps des gitans* et c'était l'un des plus grands films que j'aie jamais vus. » Et en outre, Johnny se réjouissait de travailler avec un réalisateur qui n'avait pas encore gravi tous les échelons à Hollywood. Un réalisateur, pensait-il, qui serait plus ouvert à l'exploration et aux expériences.

Johnny avait même entrevu dans le scénario quelque chose dont Kusturica n'était probablement pas conscient. Le rôle, nota Johnny avec enthousiasme, décrivait un autre hurluberlu vivant à contre-courant et suivant son propre chemin. Une caractéristique dans laquelle il pourrait se reconnaître, rétrospectivement du moins. Il a depuis prouvé que c'était la caractéristique commune à ses rôles favoris.

– Il y a une partie de moi qui veut toujours changer. Par exemple, depuis que je suis gamin, je suis fasciné par l'idée du voyage dans le temps, d'être quelqu'un d'autre à une autre époque. J'estime que c'est une chose normale. Euh... Enfin j'espère ! Ce qui m'intéresse, c'est comment la société dite « normale » considère les réprouvés, les farfelus, les marginaux. Quel que soit le rôle que vous jouez, vous y mettez toujours une part de vous-même. Et il faut qu'il en soit ainsi, sinon ce n'est pas du jeu, c'est du mensonge. Cela ne veut pas dire que je me sens différent des autres. Les autres ont peut-être plus de difficultés à dire « Je ne me sens pas accepté » ou « Je manque d'assurance » ? Ces personnages sont passifs. Je les vois comme des récepteurs. Très jeune, je me suis identifié à eux.

C'était certainement l'avis des stars qui se précipitaient pour faire un bout d'essai pour les autres rôles. Jerry Lewis, qui a tourné dans dix-sept films avec Dean Martin, fut engagé pour tenir le rôle de l'oncle Léo. Faye Dunaway et Lil Taylor pour incarner Elaine et Grace. Vincent Gallo, musicien underground des années soixante-dix et éminent peintre new-yorkais, accepta le rôle de Paul Blakmar.

Le tournage, qui se déroula en Alaska, à New York et en Arizona, pesa considérablement sur les épaules de Kusturica. Celui-ci dira plus tard que cela déclencha même chez lui une dépression nerveuse. Rien de vraiment surprenant.

Après des nuits épuisantes de tournage, un budget qui montait en flèche, des acteurs de plus en plus imprévisibles et des financiers qui se faisaient menaçants, il finira par lever le camp et retournera à New York, refusant de poursuivre le tournage jusqu'à ce que ses commanditaires lui donnent plus de temps, le laissent respirer et lui allouent plus d'argent pour permettre à son projet d'aboutir.

À Hollywood, de telles bouffonneries sont connues pour avoir ruiné bien des projets. Dans la plupart des cas, le réalisateur aurait été remplacé pour que le film puisse être terminé. Mais les producteurs découvrirent rapidement que Kusturica avait les acteurs de son côté, Johnny y compris : tous étaient derrière lui. Les acteurs et les techniciens n'envisageaient pas de continuer sans Kusturica.

– Je suis un réalisateur européen, dira-t-il avec force, pas un américain, je n'étais pas prêt pour tout ce qu'ils vous balancent. Ils ne veulent pas d'imagination. Ils veulent un début, un milieu et une fin, une jolie fin, convenable et heureuse.

Bien que Kusturica ait librement reconnu que son approche étrange et sans compromis avait été à l'origine de la plupart des problèmes, il n'avait pourtant pas l'intention d'accepter une défaite.

– Je ne sais pas quel est le problème avec moi. Je suis peut-être fou, mais c'est ainsi que je vois le film et c'est ainsi que je veux le terminer, dira-t-il, quel qu'en soit le prix. Je détesterais être mon producteur.

À propos d'*Arizona Dream*, il ajoutera : « J'ai pensé que j'allais mourir au moins deux fois. Il y avait trop de tension. »

Même Vincent Gallo a remarqué les drames qui se nouaient derrière la caméra. Il notera aussi un changement chez Johnny. Il s'était apparemment réinventé un personnage depuis qu'ils s'étaient rencontrés sur le tournage de *21 Jump Street*.

– Il sortait avec Winona, se souvient Gallo, ils portaient pour la première fois des vêtements qui venaient de magasins de fripes. Il était tatoué, portait des boucles d'oreilles et faisait son cinéma. Je les ai détestés.

Il y eut même des rumeurs de conflits entre ces deux-là. Leur amitié fut mise à rude épreuve pendant toute la durée du tournage. Johnny, expliquera Gallo, avait trouvé une âme sœur en la personne de Kusturica et exigeait son attention.

– Et il n'était pas tellement sympa avec moi, en vue d'attirer cette attention, se souvient Gallo. Il avait ce besoin d'être complètement impliqué dans ce que faisait Kusturica. C'était presque une histoire d'amour. Emir et Johnny avaient apporté des livres de Dostoïevski et de Kerouac et s'habillaient en noir. Ils n'avaient jamais porté de noir de leur vie. Non seulement ça, mais ils empêchaient tout le monde de dormir. La nuit, ils écoutaient de la musique à fond et s'enivraient. La tragédie chez Johnny Depp, c'est que vue de l'extérieur, la star de la télévision devenue un mauvais garçon, l'amoureux abandonné, ou l'ami hippie de Jim Jarmush sont totalement inintéressants. C'est dramatique qu'il ait cette part de frime en lui, qu'il ait besoin de s'inventer un personnage. Si seulement il se montrait tel qu'il est. Quelqu'un qui a été traumatisé, piégé par son enfance et ses émotions. Alors il serait intéressant, une personne formidable, avec un talent immense. Il est l'une des personnes les plus drôles, les plus douées, les plus adorables, douces et authentiques que j'aie jamais rencontrées.

Cependant, Gallo ne fait aucune réserve sur les capacités de Johnny à l'écran :

– Si vous voulez voir les meilleurs moments de Johnny dans le film, regardez les scènes durant lesquelles il ne dit rien. Il sait merveilleusement écouter dans un film. Il y a une scène où nous sommes au cinéma pour voir *Raging Bull.* Tout ce qu'il fait c'est me regarder en train de draguer les filles. Je dis à l'une d'elles que nous pouvons faire l'amour, mais qu'il ne faut toucher ni mon visage ni mes cheveux, et je commence à tenir des propos délirants : « Tu crois que n'importe qui touche le visage de Brando ? Ou celui d'Al Pacino ? Est-ce que quelqu'un touche le visage de De Niro ? Est-ce que quelqu'un touche le foutu visage de Johnny Depp ? » Je répète : « Est-ce que tu crois que ce putain de Johnny Depp laisse n'importe qui lui toucher le visage ? » Je faisais l'imbécile parce que je pensais que nous répétions juste la scène. Johnny est parfait dans ce passage. Il est génial, il ne bronche même pas. Je dis son nom et il ne tressaille même pas. Il me vole la scène et c'est ma scène la plus animée dans tout le film.

Il y a bien entendu d'autres démons que doit combattre Kusturica, une fois le tournage d'*Arizona Dream* sur les rails. À commencer par sa relation avec Faye Dunaway. Alors qu'ils avaient au départ un grand respect mutuel, des difficultés commencèrent à surgir. Il n'accordait pas la même attention à Faye qu'à Johnny. Quelles que fussent les raisons, elles étaient suffisantes pour attiser entre eux les difficultés.

– Mais, dira Kusturica, nous avons surmonté le problème ensemble. Je lui ai expliqué que c'était un film où tout le monde devait fonctionner ensemble, avec tous, tout le temps. Que s'il y avait un problème il fallait me le dire. Elle a très bien compris.

Et, comme il l'admettra plus tard : « Elle sera vraiment bonne dans ce film. »

« Dans le personnage d'Elaine, lira-t-on dans le *Detroit News*, Dunaway a trouvé l'un de ses rôles les plus ambitieux, celui d'une femme explosive, scandaleuse, qui traîne l'image d'une nymphomane forcenée dont les faiblesses et les convoitises sont en réalité la manifestation d'une perspicacité aiguë. »

On dira pratiquement la même chose à propos de Jerry Lewis : « Il offre une interprétation de qualité, attachante, d'un des personnages les plus normaux qu'il ait jamais joués. » Et c'est ce que Kusturica attendait de lui. En dehors de son rôle acclamé dans *The King Of Comedy*, de Scorsese, Jerry Lewis ne jouait pas dans beaucoup de films à ce moment-là.

– J'avais entendu beaucoup de choses négatives sur Jerry, dira Kusturica en souriant, mais c'étaient vraiment des contre-vérités. Pour moi Jerry est génial et extrêmement amusant et je riais à tout ce qu'il faisait. Mais en même temps je devais le contrôler, car dans le film il meurt et il y avait beaucoup de scènes dramatiques. C'est un très bon acteur. La raison pour laquelle les acteurs sont « électriques » est à mettre en rapport avec les États-Unis et avec les films, avec les comédies dans lesquelles Jerry a joué, par exemple.

C'est quelque chose que Kusturica et Johnny ont appris quand ils sont allés à Cannes pour promouvoir le film inachevé. Vincent Gallo pensait que le voyage était programmé autant pour l'ego de Johnny que pour vendre le film aux distributeurs.

– Johnny avait ce besoin d'aller à Cannes, de séjourner à l'Hôtel du Cap et de refuser ensuite de donner des interviews. Peut-être avait-il lu un article relatant que Brando refusait les interviews ?

Quand le film sortira sur les écrans, l'espoir de le voir largement diffusé sera déçu, de même que la réaction perplexe des critiques qui suivra la sortie internationale sera décevante. Le film sera récompensé au Festival du Film de Berlin en 1993 et deux ans plus tard, il sera diffusé dans quelques salles d'art et d'essai en Angleterre. Cependant, Kusturica ne s'affola pas pour autant. Cela le conforta simplement dans sa détermination à travailler de nouveau avec Johnny. Des rumeurs commencèrent à circuler, associant les deux hommes sur le projet d'une version contemporaine de *Crime et Châtiment* qui se situerait dans le Brooklyn actuel. Mais l'entreprise échoua quand les producteurs italiens qui étaient pressentis laissèrent tomber le projet.

CHAPITRE - VII
LA FIN D'UN CONTE DE FÉES

« Ce fut une bonne chose pour nous deux que cela s'arrête. Je ne sais pas à quel point cela intéressait les médias, parce que nous nous étions déjà éloignés l'un de l'autre bien avant que la presse ne découvre que c'était fini. C'était déjà de l'histoire ancienne. Je pense que Johnny est vraiment quelqu'un de bien, je n'ai que des choses gentilles à dire à son propos. C'était juste terminé entre nous. »

Winona Ryder

Bien avant avril 1993, la vie commune de Johnny et Winona touchait à sa fin. Leur relation déclinait depuis un an. Ils se voyaient rarement et s'efforçaient seulement de sauver les apparences lorsqu'ils sortaient, et ils sortaient peu. Ils s'éloignaient l'un de l'autre. S'ils partageaient encore la même maison, ils ne partageaient déjà plus la même vie. Le conte de fées hollywoodien trouvait une douloureuse issue.

Mener de front leur relation amoureuse, leurs succès professionnels et les tournages dont le rythme éprouvant les obligeait à vivre séparés la plupart du temps s'était révélé complexe.

Les constantes rumeurs circulant sur les supposées aventures de l'un ou de l'autre avec d'autres jeunes stars ne faisaient que jeter de l'huile sur le feu.

Même s'ils refusaient d'écouter ces commérages, voire d'honorer de démentis ces contes à dormir debout, les ragots persistaient. On racontait que Johnny et Winona couchaient avec leurs partenaires, se disputaient violemment et n'étaient plus ensemble.

L'une de ces rumeurs se développa lors du tournage, à New York, du *Temps de l'innocence*, de Scorsese, une adaptation du roman d'Edith Wharton. Johnny était resté à la maison. Il travaillait sur un scénario avec son frère Dan. Quelques initiés laissèrent filtrer que Winona et Daniel Day-Lewis avaient noué les liens d'une amitié fort particulière : « Winona et Daniel étaient fous l'un de l'autre. C'était comme si leurs âmes s'étaient libérées. » Ou encore : « Winona était amoureuse juste du fait d'être là. Elle prenait du bon temps. Elle avait tellement d'énergie. »

Cela n'arrangea probablement guère les choses quand Daniel Day-Lewis confia au *New York Post* qu'ils allaient chanter ensemble et que la chanson la plus remarquable de Winona s'intitulait *I'm Just a Girl Who Can't Say No* (Je suis une fille qui ne sait pas dire non).

À la sortie du film, les gros titres se firent immédiatement très suggestifs. Plusieurs critiques insistèrent sur l'évidente alchimie entre les deux stars, ajoutant que leur complicité ne s'était pas cantonnée à l'écran et qu'elle perdurait cinq mois après la sortie du film, alors que Winona et Johnny venaient juste de se séparer.

Seulement les informations des journalistes n'étaient pas à jour, ils n'avaient pas encore découvert que Winona et Johnny ne formaient plus un couple depuis presque un an, que leur séparation avait été consommée bien avant le premier tour de manivelle du *Temps de l'innocence.*

Johnny, de son côté, n'était pas totalement irréprochable. Aux dires du Tally Chanel, il avait rencontré une actrice de série B à la première de *Piège de cristal*, le film avec Alan Rickman et Bruce Willis, le 2 juillet 1990. La comédienne racontait qu'elle aurait eu, pour ainsi dire, l'occasion de l'épouser.

Certains ont affirmé qu'ils se sont vus pendant un an et qu'ils passaient des soirées tranquilles dans la maison de Johnny, sur les hauteurs d'Hollywood, se faisant livrer des plats par un restaurant chinois. Si cela était vrai, et ça ne l'était probablement pas, le fait d'être au même moment fiancé à Winona ne semblait pas avoir d'importance.

Il avouera « avoir eu une toquade pour Patty Hearst » sur le tournage de *Cry-Baby*. Waters, le réalisateur, fera, à l'époque, sa propre analyse :

– Johnny est un « monogame en série ». Il est sorti avec peu de femmes depuis que je le connais et toujours durant de longues périodes. Il était fidèle à ces femmes. Ce n'est pas un coureur de jupons.

Winona reconnaît avoir sa part de responsabilité dans l'échec de sa relation avec Johnny :

– Je me souviens que nous détestions terriblement être traqués. C'était horrible et cela a eu définitivement raison de notre relation. Tous les jours nous étions accusés d'actes que nous n'avions pas commis. C'était comme être harcelé par le bourdonnement d'un moustique.

La fin de leur histoire fut scrupuleusement relayée par la presse. « Plantez une lame de couteau dans la relation de Johnny et Winona, il est bien évident que c'est cuit », pouvait-on lire dans *People Weekly*. « Le porte-parole de Winona confirme, après des mois de spéculations dans la presse, que Winona et Johnny ne sont plus ensemble. Les deux jeunes stars ont rompu leurs fiançailles et sont parties chacune de leur côté. »

Dans son journal intime, Winona révéla qu'elle se sentait fragile, un peu désorientée, qu'elle ressentait du chagrin et était un peu fatiguée. De Johnny, elle dira :

– C'est un type spécial. J'étais vraiment très jeune. Je ne connais pas son excuse à lui, mais c'est la mienne.

Malgré les propos qu'elle tenait en public, elle cherchait toujours à se soulager de l'angoisse occasionnée par la rupture :

– J'ai même essayé de boire pendant deux semaines, dira-t-elle plus tard avec un sourire. La nuit, dans ma chambre d'hôtel, je buvais les vodka-orange du minibar en fumant.

Pendant que les sons tristes de l'album *Nighthawks at the Diner*, de Tom Waits, passait en boucle.

Durant ces heures sombres, boire l'avait peut-être aidée. Jusqu'à la nuit où elle fit une syncope, une cigarette encore allumée entre les doigts. Elle retrouva brutalement ses esprits. Juste à temps. Rien que la pensée de ce qui aurait pu se produire la terrifia.

Selon l'*Evening Standard*, l'orgie d'alcool et de cigarettes aurait pu se terminer par une mort atroce. La journaliste Liz Hogson écrira : « Winona raconte qu'elle s'est réveillée dans sa chambre d'hôtel en feu. »

Bien que depuis cet incident Winona proclame qu'elle n'a pas réitéré cette plongée dans les ténèbres ni ouvert un seul minibar, de récentes rumeurs affirment que depuis sa tristement célèbre arrestation pour vol à l'étalage en 2001, elle aurait développé une dépendance aux sédatifs.

Elle savait désormais que le vertige de l'oubli dû à l'alcool n'était pas la solution pour affronter son chagrin.

Peu de temps après, elle se rendit dans une clinique psychiatrique, toujours à cause de cette rupture, dira-t-on. Elle avait juste vingt ans et éprouvait des difficultés à faire face non seulement à l'échec de son couple, mais aussi à un emploi du temps professionnel très lourd, au manque de sommeil et à l'absence de maîtrise de ses émotions.

– J'étais entrée en clinique pour cinq jours. Le public pense que les acteurs n'ont pas le droit d'être dépressifs, dira-t-elle plus tard, que les salaires que nous touchons sont écœurants, que nous avons des tas d'avantages étonnants et vivons une existence pleine de charme. Ce que le public ne voit pas, ce sont les côtés moches de nos vies et que c'est ce truc-là qui nous fait craquer. Quand j'ai cassé avec mon premier véritable amour, je subissais une grosse pression, due à ma carrière. J'avais désespérément besoin de faire le point sur ma vie et pour cela j'avais besoin de dormir.

Johnny pensait déjà que sa relation avec Winona se déliterait lentement avec le temps, les contraintes professionnelles et les traques de la presse ayant fait sonner le glas de leur amour.

En juin 1993, il annonça publiquement :

– Nous nous sommes séparés il y a un mois. Quand vous êtes avec quelqu'un que vous aimez, ce n'est pas facile de rompre, de couper les liens. Mais cela nous a semblé la chose à faire, une évolution naturelle, juste quelque chose qui devait arriver. Je ne peux pas dire que notre rupture ait fait des ravages chez l'un ou chez l'autre. Nous sommes toujours amis, nous nous parlons. Tout se passe bien, de façon amicale et calme.

Vraiment ? Johnny était aussi inconsolable que Winona était anéantie. Un de leurs proches, qui conserva l'anonymat, confia à *People* : « Il était tellement désespérément amoureux de Winona que lorsqu'ils rompirent, il ne voulait pas admettre que leur histoire était terminée depuis longtemps. »

Johnny et Winona avaient commencé leur vie commune en ne dissimulant rien à la presse. Ils espéraient ainsi satisfaire suffisamment la curiosité avide des journalistes et les commérages pour qu'ils les laissent tranquilles. Le procédé avait échoué.

– C'est difficile d'avoir une vie privée à Hollywood, précisait Johnny à l'époque. Tenter d'ouvrir un dialogue avec la presse était une erreur. Je pensais que cela détruirait ce monstre qu'est la curiosité mais, au contraire, ça l'a nourri. Ça ne nous a pas porté chance de parler. Notre couple était devenu une affaire publique. Les gens avaient l'impression d'en faire partie, comme s'ils en possédaient un bout ou qu'ils avaient d'une façon ou d'une autre acquis le droit de poser des questions à ce sujet. J'ai détesté ça.

Si Winona pouvait ranger sa bague de fiançailles avec ses autres souvenirs, pour Johnny les signes visibles de son amour pour Winona allaient être plus délicats et plus douloureux à effacer. Son tatouage « Winona forever » (Winona pour toujours) devint une question incontournable lors des interviews et alimenta les blagues des comédiens au cours de l'année qui suivit la rupture. Il commença à envisager de se le faire enlever :

– Je considère mes tatouages comme les pages d'un journal intime et les enlever, les effacer, c'est un peu comme essayer de dire que tel événement ne s'est jamais produit. Nous avons vécu ensemble pendant trois ans et je pensais vraiment que ce serait pour toujours. Si je modifie le tatouage d'une manière ou d'une autre, si je le rends amusant, si j'y ajoute le nom de son petit ami du moment, ça serait plus franc.

Au cours de l'année suivante, Johnny reconnut qu'il allait le faire enlever, bien que cela fût plus douloureux que l'inverse « surtout sans anesthésie. Mais ça vaut le coup, la douleur, ça va, ça vient… C'est tout. » Un journaliste aperçut furtivement le tatouage juste après le début du traitement. À ce moment-là, et encore aujourd'hui, on pouvait lire « Wino forever », ivrogne pour toujours.

Interrogée, Winona estima que l'on n'y pouvait rien :

– Que voulez-vous que je dise ? Un truc comme : « Il est là, c'est bien. » Si je le détestais, j'aurais certainement trouvé quelque chose de plus bouleversant à dire. Mais Johnny est un type bien, alors je n'en pense rien.

Johnny se montrait moins réticent que Winona dans l'évocation de leur rupture. Où s'était enfui l'amour ? Il n'en avait aucune idée :

– C'est l'un des mystères de la vie. Ce n'est pas comme si vous disiez soudainement : « Tu sais, je ne t'aime plus. » C'est une chouette môme, mec, et ça fait toujours un peu bizarre. Nous avions l'habitude de faire telle et telle chose, nous avions l'habitude de nous amuser et de traîner ensemble. Au moins nous avons été capables de ressentir ces sentiments l'un envers l'autre. Je me sens vraiment privilégié que nous ayons connu ça.

Le magazine *GQ* se demanda s'ils n'étaient pas tout simplement trop jeunes et trop beaux pour ne pas être les proies des tabloïds. « Ils ont continué à agir de façon ridiculement romantique. Elle lui a acheté une étoile. Il s'est fait tatouer son nom. Ce n'était pas juste romantique. C'était téméraire. »

Johnny ne se réjouissait pas à l'idée de se retrouver seul après une aussi longue relation. « Être seul, avouera-t-il, était effrayant. J'ai été seul si souvent. » *People Weekly* nota rapidement que Winona, elle, n'était pas restée célibataire bien longtemps : « De source sûre, nous avons appris que Ryder voyait maintenant David Pirner, le chanteur du groupe de rock Soul Asylum. Pirner aurait laissé tomber sa petite amie – avec laquelle il vivait depuis onze ans – pour sortir avec Ryder. »

Même si Winona se montrait discrète, cette aventure risquait d'être scrutée aussi consciencieusement que la précédente. Mais la jeune femme était manifestement à l'aise pour parler de cette relation, ce qui n'était pas le cas de Johnny, à l'époque :

– Cette relation est différente de toutes celles que j'ai vécues auparavant. C'est plus décontracté, c'est plus une amitié. Ce que je veux dire, essentiellement, c'est qu'il n'y a pas de scènes continuelles.

Encore en plein désarroi, souffrant toujours de la séparation, Johnny partit tourner *Benny & Joon*, sur un scénario de Barry Berman et Leslie McNeil.

Les deux hommes avaient déjà évoqué le sujet au début des années 80. Ils n'étaient alors tous deux que des scénaristes prometteurs. Dix ans après, leur passion pour cette histoire restait intacte.

Berman était le plus qualifié pour tenir la plume en premier. Diplômé du fameux Ringling Brothers and Barnum and Bailey Clown College de Floride, il avait fait son apprentissage dans un cirque de renommée mondiale. Il avait regardé et adoré

– entre ses représentations sous le grand chapiteau – tous les films muets classiques de Buster Keaton et de Charlie Chaplin.

Ce détail aura son importance car cela l'influencera lorsqu'il créera le personnage de Sam dans *Benny & Joon*.

Fin 1989, le scénario de Berman attira l'attention de Susan Arnold et de Donna Roth :

– Quelqu'un nous avait parlé du scénario de Barry Bernman, un scénariste à peu près inconnu, se souvient Arnold. La première fois que Donna et moi l'avons lu, nous nous sommes aperçus qu'il était truffé de joyaux. C'était à la fois drôle, romantique et bouleversant. Nous avons été suffisamment enthousiasmées pour avoir envie de réaliser ce projet.

Arnold pouvait, de plus, s'identifier au personnage de Joon. Elle avait autrefois travaillé en Californie avec l'atelier « Imagination », un programme artistique destiné à une population défavorisée et privée de droits civiques, ainsi qu'avec des personnes atteintes de troubles mentaux :

– Mon expérience au sein de l'atelier avait certainement nourri mon désir de faire un film sur quelqu'un pour qui la vie était un peu plus dure que pour la plupart.

Ce thème est le moteur de l'intrigue de *Benny & Joon*. C'est l'histoire de Juniper Pearl, dite Joon, une jeune fille intelligente et douée, mais émotionnellement déséquilibrée. Son frère Benjamin, surnommé Benny, infatigable et visiblement désintéressé, veille sur elle depuis la mort de leurs parents, dans un accident de voiture.

Joon lit, peint, montre une passion pour le feu et écarte une à une ses aides ménagères. Benny travaille dans son garage de réparation automobile, joue au poker et, ne sachant comment Joon pourrait réagir, a abandonné tout espoir de nouer une relation amoureuse sérieuse.

Le cours naturel de leur existence, de temps à autre bourré de clichés grinçants, vole toutefois en éclat quant à l'issue d'une partie de poker-troc, Joon gagne... le cousin de son adversaire, Sam.

Sam est un marginal fantasque et charmant. À vingt-six ans il ne sait pas lire, passe ses journées à polir des fourchettes en plastique, regarde toute la nuit des vieux films à la télé et dort sous le lavabo. Il cherche à toucher le cœur de la jeune fille en se livrant à des pitreries muettes.

Il s'occupe du ménage en écoutant du rock à fond. Joon se fâche et fini par le jeter dehors « pour nettoyer la maison », dit-elle.

Bien entendu, Sam revient, avec la bénédiction de Benny, contre la promesse de veiller sur sa sœur. Benny n'approuve pourtant pas l'histoire d'amour qui s'esquisse entre Sam et Joon. Même si on peut ne les considérer que comme deux exclus appréciant la société l'un de l'autre, ils sont pourtant profondément sérieux. Assez sérieux, du moins, pour en parler à Benny. Après tout, Sam est le seul à apporter à Joon un amour stable et de la douceur, dans son univers tourmenté.

Pour Benny, c'est comme si le ciel lui tombait sur la tête. À son tour, il condamne vivement cette aventure et, dans un moment de colère, met Sam à la porte. Cette fois pour de bon.

Les choses se compliquent lorsque Benny envisage de placer Joon dans un établissement psychiatrique. Joon se sauve après s'être battue avec son frère, retrouve Sam et prend un bus pour sortir de la ville, pour sortir de la vie de Benny.

Seulement, Joon est démunie face au monde extérieur. L'accès de claustrophobie dont elle est victime dans le car provoque chez elle une grave crise émotionnelle.

Elle est transportée dans une unité psychiatrique dont il se pourrait qu'elle ne sorte jamais. Benny, submergé par le désespoir, refuse pourtant l'aide de Sam. La situation empire lorsque l'hôpital annonce son refus de laisser sortir Joon et de permettre à Benny de venir la voir. Désemparé, impuissant, Benny se tourne alors vers Sam. Après une autre pitrerie à la Buster Keaton, ce dernier parvient à la sortir de cette situation. Joon retourne vivre avec Benny qui commence à comprendre les besoins de sa sœur autant que les siens.

Johnny n'a pas été le premier acteur pressenti pour interpréter le rôle de Sam. Mais il pensait que le rôle était fait pour lui. Il ne partageait pas les doutes de ses critiques qui, eux, se demandaient si c'était un film pour lui et craignaient de le voir s'enfermer dans un seul type de rôle, avec sa persistance à jouer les marginaux. Et, pour autant qu'ils pouvaient en juger, ses tentatives pour se débarrasser de l'étiquette qui lui collait déjà à la peau n'étaient guère satisfaisantes.

Johnny aussi s'interrogeait :

– Suis-je à la recherche de ce que je peux trouver de plus étrange… et est-ce que je le fais parce que c'est la chose la plus bizarre que j'aie trouvée ? Non, ce n'est pas ça. Je fais juste les choses que j'aime. Toutefois, je dois admettre que ce que j'aime est souvent un peu à l'ouest. Je me sens plus à l'aise dans ce type de rôle. Je me fonds plus facilement dans ce genre de personnages que dans ceux qui sont trop convenables, trop lisses. Je n'aime pas ce qui est évident, cela ne suscite aucun écho chez moi.

Le personnage qu'il devait interpréter aurait tout à fait pu s'échapper d'un film muet de Buster Keaton.

On comprend mieux pourquoi il avait flirté avec l'idée d'interpréter Charlie Chaplin dans la biographie tournée par Richard Attenborough. Ce dernier avait même pensé à Winona Ryder pour jouer le rôle de Paulette Godard, la troisième épouse de Chaplin. Peut-être était-ce la raison pour laquelle Johnny avait refusé le rôle. Cela se serait avéré une expérience bien différente de celle vécue par le couple lors du tournage d'*Edward aux mains d'argent*. Comme le dira Winona : « Je travaillerai encore avec Johnny, mais dans l'immédiat, ce serait délicat. »

– Je n'étais pas vraiment candidat pour le rôle de Chaplin, avouera Johnny. J'ai rencontré Richard Attenborough en sachant pertinemment que je n'étais pas fait pour le rôle. Mais je voulais le rencontrer. Je savais d'avance que ce n'était pas pour moi, pas physiquement, je veux dire. Robert (Downey Jr) a été un choix parfait. Il a des faux airs de Chaplin et il est un peu bâti comme lui.

Johnny n'a jamais regretté d'avoir accepté le rôle de Sam. C'était une parfaite alternative à celui de Chaplin. Cela lui offrait la possibilité de travailler avec Jeremiah Chechik. Ce Canadien ne figurait pas encore sur la liste des réalisateurs honorés par Hollywood et ne subirait donc pas les dictats imposés aux réalisateurs déjà connus. C'était un sujet qui hantait Johnny depuis son travail avec Oliver Stone sur *Platoon*. Ce qui lui avait fait se poser des questions sur sa propre interprétation.

Chechik avait aimé le scénario et, plus important encore, les personnages. Il en avait cerné le contenu profond dès la première lecture :

– C'est une histoire simple, observera-t-il, une histoire d'amour entre deux excentriques qui se rencontrent et tombent amoureux. C'est une histoire universelle parce que chaque cœur humain a la capacité de ressentir la douleur ou le plaisir. C'est de l'ordre de la fable, mais en même temps c'est tout à fait crédible.

Il savait que Johnny serait crédible, lui aussi. Comment ne le serait-il pas ? Quand les deux hommes se rencontrèrent pour la première fois, il le comprit immédiatement.

– J'ai commencé à comprendre tout ce que Johnny avait apporté à son rôle dans *Edward aux mains d'argent*. Il sait si bien exprimer les émotions, de façon si subtile. Il était clair qu'il apporterait une énergie absolument originale et intéressante au rôle de Sam.

Johnny n'était cependant pas le premier sur les rangs, deux autres comédiens étaient en lice. Pendant un moment, Chechik avait pensé à Tom Hanks pour le rôle de Sam et à Julia Roberts pour celui de Joon. Ce n'était guère étonnant, car les deux acteurs étaient à cette époque les noms les plus demandés d'Hollywood. Quand cette idée périclita, la MGM demanda à Chechik de contacter le véritable couple hollywoodien formé par Tim Robbins et Susan Sarandon. Ils avaient travaillé ensemble et remporté un grand succès dans la comédie de Kevin Costner, *Duo à trois* (1988). Cette démarche n'ayant pas abouti, ils optèrent pour Johnny.

Laura Dern hérita du rôle de Joon et un acteur relativement nouveau, Woody Harrelson, le barman affable de la série *Cheers*, se vit offrir celui de Benny.

Alors que le début du tournage était programmé pour juin 1993, deux des trois acteurs du trio principal se retirèrent du projet.

Dern, assurée d'une nomination aux Oscars pour son rôle dans *Rambling Rose* (1991), n'acceptait pas de voir son nom figurer au-dessous de ceux des deux acteurs masculins et Harrelson était en négociation avec le réalisateur Adrian Lyne pour s'assurer le rôle, vivement disputé, du mari de Demi Moore dans le film de Robert Redford, *Proposition indécente*.

Selon la MGM, c'était un manquement à son contrat de la part d'Harrelson. Il retardait sérieusement le tournage d'un film important. Le studio s'empressa de le lui faire savoir. L'acteur se vit réclamer promptement la somme de cinq millions de dollars de dommages et intérêts et menacer d'une injonction, s'il interprétait un autre rôle pendant la période durant laquelle il aurait dû être sur le tournage de *Benny & Joon*.

Pour embrouiller les choses un peu plus encore, Harrelson contrera l'attaque en affirmant qu'il ne pouvait pas travailler avec Chechik. La MGM ne fut pas convaincue et le procès laissa entrevoir ce qu'ils considéraient comme les causes réelles du départ de Harrelson. « Son succès soudain fait que Harrelson tente de tirer avantage de sa popularité toute neuve en méconnaissant ses obligations actuelles en faveur d'un autre projet cinématographique qu'il considère plus avantageux. »

Finalement, le pari de Harrelson paiera et il jouera le rôle de David Murphy, le mari architecte de Moore, dans le film à grand succès de Lyne.

Aidan Quinn, qui tournera quelques années plus tard dans *Légendes d'automne* avec Brad Pitt, et Mary Stuart Masterson, connue pour *Beignets de tomates frites*, furent rapidement appelés pour compléter la distribution.

Julianne Moore accepta le rôle de Ruthie, la serveuse qui pourrait potentiellement représenter un intérêt, du point de vue sentimental, pour Benny. CCH Pounder entra dans le personnage du docteur Gravey, le médecin-conseil de Joon, Olivier Platt, Dan Hedaya et William Burch endossèrent les rôles de copains de Benny.

Choisir Quinn pour le rôle du frère protecteur et collet monté peut paraître étonnant mais s'avéra au final le bon choix.

– Benny porte le poids du monde sur ses épaules, expliquera Chechik. Il représente la réalité boueuse, alors que les autres sont des sortes de personnages magiques. Mon personnage est un homme très droit.

Masterson avouera que son rôle était l'un des plus fascinants qu'elle eût jamais tenus. Elle se trouvait aussi dans une situation particulière lorsqu'elle se présenta sur le plateau, le premier jour :

– Mon mari et moi venions de nous séparer. Je souffrais de cette nervosité cafardeuse dans laquelle vous tombez quand vous essayez de vous ressaisir. Mais quand Johnny est arrivé, l'ambiance dans la pièce a changé. Il y a quelque chose de vraiment étonnant en lui, il possède une âme généreuse. Jouer un personnage, ajoutera-t-elle, dont la confiance est ébranlée par la confusion dans laquelle il vit chaque jour fut très révélateur pour moi. Mon propre sentiment d'insécurité est remonté à la surface. Ce film parle d'amour. Il aborde des questions universelles comme, par exemple, celle de savoir jusqu'à quel point on peut aimer quelqu'un et le laisser libre. C'est ce thème qui est au cœur du film.

Ce n'était facile ni pour Johnny ni pour Masterson de se préparer à de tels rôles. Comme pour *Edward aux mains d'argent*, le rôle de Sam exigeait de Johnny qu'il s'impliquât non seulement émotionnellement, mais aussi physiquement dans le personnage.

Dan Kamin, mime, magicien et mordu de films muets, fut engagé pour chorégraphier certaines des scènes et faire répéter à Johnny les routines de la comédie des légendes de l'écran, routines qui étaient partie intégrante du personnage de Sam.

Johnny était reconnaissant envers Kamin pour son aide, ils se concertaient sur les plus infimes détails.

– Kamin me guidait pour la gestuelle, a expliqué Johnny. J'ai adoré la partie comique du film, même si cela m'a valu quelques blessures.

La recherche de Johnny se nourrira aussi des films muets qu'il visionnera, spécialement ceux de Keaton et de Chaplin :

– Puisque le style comique de Sam est plus visuel que verbal, de la même veine que celui des héros de films muets, nous nous sommes concentrés sur un type de gestuelle, expliquera Kamin. Nous avons commencé par des tours de magie demandant une certaine dextérité. Nous sommes allés jusqu'à récréer les plus fameuses chutes de Keaton. Certains mouvements très subtils sont réellement difficiles à maîtriser, mais Johnny a fait un travail merveilleux. Il s'est montré vraiment courageux et a travaillé dur, même sur les petits détails.

Le critique Tom Hutchinson du *Mail on Sunday* résumera l'opinion générale de ses confrères sur la prestation de Johnny en ces termes : « C'est un ange gardien qui fait le pitre pour une fille malade mentale. Johnny rajoute de la tendresse dans ce rôle d'excentrique qui est devenu son domaine de prédilection. Délicieusement interprétée, c'est une fable puissante et qui touche le cœur. »

Le *Spectator* renchérira et fera remarquer que Johnny se montrait « Curieusement sérieux et nanti d'un esprit moins simple que ses personnages innocents d'Edward ou de Cry-Baby, ou bien plutôt d'un mélange d'un peu tout cela. Il est charmant et ce charme est naturel. »

Au final, *Benny & Joon* est un film délicieux.

Même si le *London Evening Standard* qualifiera *Benny & Joon* de « si dingue que l'on reste à court de mots », Johnny ne se fera aucun souci :

– Je ne pense pas que je me restreigne, parce que je fais des choses qui possèdent une certaine vérité pour moi. Je considère ces personnages comme aussi normaux que ce qui est habituellement considéré normal. Il semble y avoir ce thème récurrent dans ce que je fais, qui traite de gens qui sont perçus comme des « monstres » par les gens soi-disant normaux. Je pense que je suis attiré par ces rôles d'originaux parce que ma vie a elle aussi été différente. La seule chose qui me gêne, c'est d'être désormais étiqueté comme ne jouant que ce genre de rôles.

Et Johnny de rire car cela aurait pu être pris comme une justification de son rôle suivant dans *Gilbert Grape*, de Lasse Hallström, inspiré du roman de Peter Hedge (1993).

Il y tient le rôle titre, celui d'un garçon qui s'occupe de sa mère, de son frère et de ses deux sœurs, dans la maison que leur père a construite juste avant de se pendre, dix-sept ans auparavant.

L'action se déroule à Endora, « où rien n'arrive jamais et où rien n'arrivera jamais ».

La mère, qui a été « la plus jolie fille du coin », est désormais une femme obèse. Elle n'est pas allée plus loin que le pas de sa porte depuis sept ans et ses proportions hors normes dévastent les équipements de la maison. Arnie, le jeune frère de Gilbert, est handicapé mental. Les médecins ne lui accordent que peu de temps à vivre. Il ne devrait jamais atteindre l'âge adulte et peut mourir d'un jour à l'autre. « Quelquefois vous désirez qu'il vive et quelquefois non. »

Amie, sa sœur aînée, s'occupe de la maison et rêve d'un bonheur domestique normal tandis que la plus jeune, Ellen, tout juste âgée de quinze ans, vient de se faire retirer son appareil dentaire.

Les ennuis de Gilbert vont bien au-delà du cercle familial. Ils englobent ses amis, ses employeurs et ses clients. Il travaille à l'épicerie Lamson, en lutte contre le supermarché situé en périphérie de la ville où tout le monde va faire ses courses. Il a une liaison avec madame Betty Carver. Son meilleur ami, Tucker, s'excite soudain en apprenant l'ouverture prochaine d'un fast-food franchisé, la meilleure opportunité de décrocher un emploi qu'il ait vue à Endora depuis longtemps.

C'est dans cet univers quasi autarcique que déboulent Becky et sa grand-mère. Tombées en panne avec leur caravane, elles sont momentanément obligées de séjourner dans ce trou qu'est Endora. Becky se voit obligée de s'intégrer à la vie de la communauté le temps de son bref séjour et, bien sûr, il y a Gilbert. Et les incertitudes de Gilbert. Doit-il rester loyal envers ses responsabilités familiales où doit-il s'en libérer pour gagner un bonheur en forme de Becky ?

– Mais Gilbert est cloué à Endora, expliquera Hedge, auteur du roman et du scénario. Il travaille dans une épicerie, il est tiraillé par tout le monde, sa famille, ses amis, sa maîtresse. Et voilà que s'amène en ville une fille qui bouleverse tout ce qui est enfermé en lui.

Le roman de Hedge venait d'être publié quand le réalisateur suédois Lasse Hallström, célèbre pour son film *Ma vie de chien* (1985) et pour avoir quitté le tournage des *Deux Sirènes*, lui téléphona.

– *Ma vie de chien* était l'un de mes films préférés, dira Hedge. J'ai réalisé que Lasse pouvait apporter une grande humanité aux personnages alors que d'autres réalisateurs auraient pu les rendre ridicules.

Quand Lasse lui révéla à qui il pensait pour le rôle titre, cela accrut l'enthousiasme de l'écrivain.

– Gilbert est un observateur qui devient réactif et Johnny était l'acteur parfait pour ce rôle, dira Hallström à l'époque. Il a la sensibilité dont Gilbert Grape a besoin.

Hedge avait observé Johnny dans *Edward aux mains d'argent* et dans *Benny & Joon*, il sut immédiatement que c'était le bon choix :

– Il a ce désir presque brûlant de faire les pires choix. Il possède une stupéfiante beauté et, en même temps, n'y accorde aucun d'intérêt. Quand je l'ai rencontré, il portait des cheveux très longs et s'est montré très calme, vraiment timide. Il nous a appris des tours de magie. J'ai pensé qu'il pouvait être Gilbert.

Quand Johnny est entré dans la peau de son personnage, il en savait déjà beaucoup sur lui.

La situation trouvait un écho en lui. Jouer un jeune homme vivant dans une petite ville, prenant soin de sa mère et d'un frère attardé mental réveillait les souvenirs de sa propre enfance : le divorce de ses parents, ses soins prodigués à sa mère malade, les chèques qu'il allait récupérer chez son père :

– Gilbert Grape a dû abandonner ses rêves en raison des circonstances. Il porte en lui une hostilité qu'il ne peut exprimer, à cause de ses obligations, de ses responsabilités envers sa famille. Pour être chaque jour en paix avec ses pensées, il s'est replié sur lui-même, comme engourdi, pour se protéger de l'extérieur. Il y a des choses qui se sont produites dans ma vie que je peux mettre en parallèle avec celles de la vie de Gilbert.

– C'est toujours pénible de jouer quelque chose de proche de la réalité, mais quelquefois vous abordez ainsi des rôles qui sont très voisins de ce que vous êtes. Vous vous identifiez au gars. Sans que vous deveniez le personnage, pour autant, car je ne veux pas tomber dans ce genre de merdier.

En revanche il est tombé dans un maelstrom émotionnel, dû à sa rupture avec Winona. Bien que cela n'ait pas affecté son interprétation, il avoua que ce fut le tournage sur lequel il vécut ses pires moments :

– Je me tuais à petit feu, je buvais, je mangeais n'importe quoi, je ne dormais pas, je fumais trop, c'était vraiment un putain de moment de solitude.

Johnny s'immergea pourtant dans le rôle sans aucune hésitation. Il jura qu'il teindrait sa tignasse de bohémien en roux, en hommage à Bones, l'ami qui avait autrefois courageusement éteint son visage en feu lors de sa tentative d'en « avaler ».

Johnny parle aussi plus longuement de son personnage :

– Gilbert semble un type tout à fait normal mais, ce qui m'a intéressé, c'est ce qu'il dissimulait… Toute l'hostilité, la colère qui sont en lui et qu'il ne sera capable de montrer que deux ou trois fois dans le film. Je comprends ce sentiment de se sentir prisonnier de quelque chose, d'un lieu ou d'une sensation. Je peux comprendre ce désir forcené de s'en échapper, d'échapper à tout et à tous et de commencer une nouvelle vie.

Avec une telle approche, il n'est pas difficile d'apprécier l'attirance que l'on peut ressentir pour le film ou le personnage. C'était, avec les mots de Johnny :

– Comme si Gilbert, d'un certain point de vue, se laissait intérieurement mourir, dans une sorte de lente agonie ou de martyre, pour sa famille, en devenant un père de substitution, même pour sa mère. Cette attitude peut être au départ de l'amour pur, mais peut aussi se retourner contre vous quand l'amour et la dévotion se métamorphosent en ressentiment, en culpabilité. Cela peut aller jusqu'à se perdre soi-même, ce qui est la pire chose que l'on puisse faire, car alors vous détestez les autres pour ce que vous vous êtes fait à vous-même.

Comme pour Johnny, le choix de Leonardo DiCaprio pour interpréter Arnie, le petit frère handicapé mental, fut instinctif. « Je voulais quelqu'un qui ne fût pas beau, se rappelle Hallström mais, de tous les acteurs qui ont auditionné pour le rôle, Leonardo était celui qui répondait le plus à ce que je cherchais.

Leonardo jouait depuis qu'il avait quatorze ans. Il avait déjà tourné dans de nombreux spots publicitaires et éducatifs avant d'intégrer ce que Johnny appelait l'enfer de la télévision. Il avait interprété le rôle de Luke, un sans-abri, dans *Growing Pains* et s'était ensuite tourné vers le cinéma. Il n'avait pas encore atteint le statut d'idole qu'il obtiendrait suite au *Roméo et Juliette* (1996), de Baz Lurhmann et au *Titanic* (1998), de James Cameron. Sa prestation dans *Blessures secrètes*, face à Robert De Niro, la même année que sa présence dans *Gilbert Grape*, l'avait toutefois révélé comme un acteur prometteur.

DiCaprio était si brillant dans *Gilbert Grape* qu'il courait le risque d'être associé à ce type de rôle, pas seulement à celui d'un adolescent perturbé, mais à celui d'un adolescent très perturbé.

Son excellence fut confirmée par ses pairs puisqu'il fut nominé pour le meilleur second rôle aux Oscars 94.

Mais ça ne s'était pas fait tout seul. DiCaprio l'expliquera lui-même :

– C'était l'une des choses les plus dures que j'avais jamais faites. J'ai vraiment dû me documenter et tenter de me glisser dans la peau de quelqu'un de mentalement déséquilibré. J'ai passé plusieurs jours dans un établissement pour ados attardés. Nous avons juste parlé et j'ai observé leur comportement. Les gens s'attendent à ce que les enfants retardés soit vraiment fous, mais ce n'est pas ça. C'est rafraîchissant de les voir, car tout est nouveau pour eux. Ils sont absolument spontanés et se concentrent sur ce qu'ils ont directement sous les yeux, sur ce qu'ils éprouvent sur le moment. Jouer Arnie était amusant car tout ce que je faisais était spontané. Hallström notera qu'un garçon autiste en particulier devint le modèle de DiCaprio pour le rôle.

– J'ai beaucoup emprunté aux attitudes de ce garçon, je les ai faites miennes, confirmera l'acteur. Puis j'ai développé le personnage en y ajoutant des traits de caractère empruntés à d'autres personnes que j'avais croisées.

Le producteur exécutif, Alan C. Blomquist, était ravi :

– Leonardo a donné à Arnie des qualités enfantines, le montrant libre, ouvert et honnête. Il est le pendant parfait du Gilbert de Johnny, si sérieux, si solennel.

Certains ont même avancé qu'il avait volé ses scènes à Johnny et aux autres. Johnny et Leonardo, c'était une combinaison merveilleuse. DiCaprio se souvient de leur relation fraternelle devant et hors caméra.

– C'était important que nous soyons très liés. Deux frères n'ont pas forcément besoin de se parler. Ils peuvent rester assis dans la pièce, être ensemble et se sentir bien. Par de nombreux côtés, Johnny était extrêmement semblable à Gilbert. Mais ce n'était pas volontaire de sa part. C'était naturel chez lui. Je n'ai jamais très bien compris ce qu'il faisait, car ce n'était pas un grand drame avec une énorme émotion qui se déroulait tous les jours sur le plateau, mais je remarquais des nuances subtiles en lui. Il y a en Johnny quelque chose d'extrêmement agréable, de décontracté et en même temps de très difficile à définir. Cela le rend intéressant. Johnny aimait mes mimiques lorsque j'étais dégoûté par une odeur, comme celle d'un gâteau de miel en décomposition, des œufs pourris ou de la saucisse marinée. Il m'en faisait sentir et je faisais cette mimique marrante. À la fin, je ne pouvais plus supporter ça et je l'ai fait payer. J'ai récolté au moins cinq cents dollars.

Johnny fit les frais de ce genre d'expérience, une fois, quand il respira l'odeur émanant d'une télécommande qui avait transité par l'intimité de la petite amie de Gibby Haynes, son ami et ancien guitariste de son groupe. « L'expression de son visage fut impayable », raconte Haynes en riant. Mais Johnny admettra qu'il est « un sniffeur occasionnel ».

Bientôt le reste de la distribution se joignit au noyau que formaient Johnny et Leonardo. Juliette Lewis, connue à l'époque pour son rôle dans *Maris et Femmes*, de Woody Allen, interprétait le personnage à qui Johnny porte de l'intérêt, sentimentalement parlant. À la différence de Johnny et Leonardo, elle gardera ses distances durant le tournage. Il en était ainsi même lorsqu'elle avait une scène avec Johnny.

– Nous ne nous sommes jamais vraiment parlé. J'ai travaillé avec lui mais je ne sais pas qui il est en tant que personne. Quand je travaille, je fais en sorte que tout se passe bien. Mon objectif est de faire mon travail aussi bien que possible, mais je ne vais pas faire la fête et tout ce genre de conneries.

Cela signifiait qu'elle se concentrait sur son rôle de Becky, la fille en caravane qui échoue avec sa grand-mère à Endora et y reste assez longtemps pour rencontrer Gilbert :

– J'ai voulu qu'elle soit toujours crédible. Je ne voulais pas gesticuler, en faire des tonnes. J'ai décidé de rester simple et logique. Mon esprit fonctionne comme un ordinateur. Dès que je lis une scène, je sais exactement comment je vais l'interpréter. Cela vient tout seul. Je n'ai pas besoin d'en rajouter.

Darlene Cates n'en a pas rajouté non plus, mais pour des raisons différentes. Elle pesait deux cent soixante-dix kilos quand elle se retrouva, par hasard, dans le film.

Hedges l'avait découverte lors d'une émission sur l'obésité et les problèmes qui en découlent.

Bien que ce ne fût pas une actrice professionnelle, le choix, encore une fois, fut parfait. Non seulement en raison de son poids, mais parce qu'elle ne pouvait que comprendre parfaitement son personnage.

– Quand j'ai été contactée, raconta Cates, je n'avais pas quitté ma maison depuis cinq ans. J'ai commencé par prendre des cours par correspondance pour passer mon diplôme de fin d'études secondaires. J'ai découvert que j'allais être grand-mère pour la première fois et je voulais être dans la salle d'accouchement. Il me semblait que j'avais besoin de faire ça, alors j'y suis allée et j'ai participé à l'émission. Je pensais que j'étais presque la seule à être dans mon cas, mais il y avait d'autres personnes comme moi.

La scène la plus difficile fut celle où la mère de Gilbert quitte la maison pour la première fois depuis sept ans. Gilbert la conduit au quartier général de la police pour faire sortir Arnie de la cellule dans laquelle on l'a jeté. Ses récentes escapades ont laissé la police et les services d'urgence face au même dilemme : que faire de lui pour sa propre sécurité ? En attendant, ils l'ont bouclé. La mère de Gilbert se sent outragée et arrive comme une tornade dans le commissariat pour exiger que son garçon soit libéré sur-le-champ. Arnie de nouveau en sécurité entre leurs mains, les membres de la famille repartent comme ils sont arrivés, ensemble et devant une foule de curieux qui s'arrêtent net pour assister à la scène.

– Cette scène, se souviendra Cates, était si réelle pour moi qu'ensuite, j'ai eu besoin de sortir, parce que je fondais en larmes. Tant d'éléments dans le film me semblaient réels. Une grande partie du film dévoile aux gens le sectarisme et les cruautés que doivent endurer les gens obèses. J'espère que nous avons eu un peu d'influence, que cela contribuera à aider les gens à modifier leur attitude, à se montrer plus tolérants. Je crois que mon personnage a ceci en commun avec toutes les personnes en surpoids : le sentiment d'être rejeté. Je suis heureuse de dire que je ne ressens plus ce sentiment à présent. J'ai découvert que j'avais, comme tout le monde, quelque chose à offrir. Le truc, c'est d'être patient jusqu'à ce que Dieu vous révèle de quoi il s'agit.

Les critiques considérèrent que c'était un rôle trop en finesse pour Johnny. Le papier de Richard Corliss, dans *Entertainment Weekly*, fut plus flatteur que la plupart : « DiCaprio et Cates apportent une touche folle d'authenticité dans leurs rôles respectifs et Depp est, comme toujours, plus effacé. Comme dans *Edward aux mains d'argent* et *Benny & Joon*, il se comporte merveilleusement à l'écran. »

Mais tout le monde n'était pas de cet avis. Quantin Curtiss, dans sa chronique cinéma pour l'*Independent on Sunday*, dira qu'il s'agit « d'un remake de la mélancolique comédie *Benny & Joon*, jusque dans le lieu, une ville au milieu de nulle part, et le gosse toqué dont s'occupe le héros ».

Anne Bilson, critique au *Sunday Times*, ira plus loin et observera que « Johnny aurait pu être un nouveau Tom Cruise, mais ses choix de carrière sont obstinément non commerciaux ».

Le magazine *Sky* ajoutera : « Depp a évité pas mal de stéréotypes mais il est en face d'un autre danger. Jouera-t-il encore les excentriques quand il aura quarante ans ? »

Pour Johnny cela n'a pas d'importante :

– J'ai vraiment eu beaucoup de chance. Les gens disent toujours que j'aime les rôles d'originaux, mais j'ai eu de la chance, je n'ai pas été enfermé dans un seul type de rôle. C'est important de conserver la faculté de changer. Il y a un tas de trucs dans lesquels je ne tombe pas, comme celui d'être un acteur qui se prend tellement au sérieux qu'il feint d'être un artiste torturé. Je pense que tout le monde a sa part de souffrance, mais un acteur n'en a pas nécessairement plus que les autres.

Johnny n'est pas obligé de vivre cet enfer et par tous les diables, encore moins de laisser cet enfer s'imposer à lui.

Mais ce qu'il ne savait pas à ce moment-là, c'est qu'il sous-estimait la force de ses émotions. Et bien au-delà de ce qu'il n'aurait jamais pu croire.

CHAPITRE - VIII

CAUCHEMAR SUR SUNSET BOULEVARD

« Depuis mon adolescence, j'ai peur d'être un perdant,
un type sans talent, sans ambition.
Peu importe l'argent que j'ai gagné en tant qu'acteur.
Je n'arrive pas à me débarrasser de cette impression
que je suis un pauvre blanc raté. »

Il y a des moments dans la vie de chacun de nous où soudainement et inexplicablement tout semble mal tourner.

À l'approche de la nuit d'Halloween 1993, Johnny se retrouva dans cette situation, quand l'un des jeunes acteurs les plus prometteurs d'Hollywood mourut d'une overdose sur le trottoir devant sa boîte de nuit, The Viper Room.

En moins de douze ans de carrière, River Phoenix était devenu l'un des acteurs les plus importants de sa génération et le candidat le moins susceptible de connaître une fin prématurée.

L'éducation très particulière qu'il avait reçue de parents peu conventionnels laissait plutôt entendre le contraire.

Maintes et maintes fois il s'était prononcé sur les dangers des drogues dures et son attitude confirmait son aversion, qui englobait également toutes les sortes de drogues douces.

Cela lui avait valu le respect et l'admiration de ses fans dans le monde entier et l'avait propulsé du statut de star à celui d'icône culturelle.

Phoenix passait le moins de temps possible à Hollywood, tout comme ses amis Keanu Reeves et Winona Ryder qui faisaient de leur mieux pour se tenir à distance de la frénésie de ce monde de paillettes. Il déplorait ce qu'il qualifiait de « mauvaises influences et valeurs superficielles ».

Des fans et ses proches à Hollywood ont depuis lutté pour tenter de trouver un sens à la mort de l'acteur.

Même un lecteur occasionnel de la presse à sensation n'aurait jamais cru possible que Phoenix s'attirât des problèmes. Comment croire que l'enfant d'un couple de hippies porteurs d'idéaux utopiques était mort ainsi ? Phoenix refusait de manger de la viande, des laitages et du poisson, il faisait campagne pour la protection de l'environnement, par exemple la sauvegarde des forêts tropicales humides, et contre les mauvais traitements envers les animaux. Il refusait de porter du cuir et cherchait à rester loin des projecteurs, malgré sa célébrité certaine. Comment avait-il pu mourir d'une overdose ? Ce n'était pas possible. Pourtant, Phoenix était mort en avalant le même mélange mortel de drogue que celui qui avait tué John Belushi onze ans plus tôt.

Situé au coin de Larabee Street et de Sunset Boulevard, la boîte dont Johnny était copropriétaire avec la rock star Chuck E. Weiss avait ouvert ses portes à la fin de l'été 1993.

Les lieux avaient été restaurés dans le style caractéristique, d'après Johnny, d'un bar clandestin des années 20. Même les vendeuses de cigarettes qu'il avait engagées semblaient d'époque, tout comme la minuscule piste de danse centrale entourée de cinq cabines miniatures. Sur l'une d'elles, réservée en permanence à Tracey Jacobs, l'agent de Johnny, une plaque dorée mettait en garde : « Ne baise pas avec lui. » Un coin avait été aménagé en scène et accueillait sans cérémonie Johnny et ses amis musiciens pour des bœufs réguliers. Plusieurs de ces bœufs avaient d'ailleurs accueilli le groupe de River Phoenix, Aleka's Attic, dont les membres étaient tous présents pour jouer le soir de sa mort.

Ce samedi soir-là, Phoenix avait commencé la soirée dans sa suite de l'hôtel Nikko à l'ouest de Los Angeles. Les garçons d'étage avaient entendu du tapage, la musique à fond et d'après eux, Phoenix semblait sous l'emprise de la drogue ou de l'alcool. Mais ni Phoenix ni Samantha Mathis, sa petite amie et sa partenaire dans son dernier film *The Thing Called Love*, ni son frère Leaf ni sa sœur Rain, pas plus que le guitariste Flea, des Red Hot Chili Peppers, n'y firent attention. Ce que Phoenix a dû tout de même se demander lorsqu'il traversa la ville, effondré sur la banquette arrière de la voiture, c'est comment il allait tenir toute la soirée. Le drame se noua certainement quand il arriva au Viper.

« Il tenait à peine debout, racontera une serveuse, il a continué à sauter, à se cogner partout. Ses paroles étaient tellement embrouillées qu'on le comprenait à peine. » River continuera pourtant à boire. Même si la suite des événements reste floue, on pense que l'acteur se rendit dans une pièce derrière la scène pour prendre ce que l'on appelle un « speedball », un mélange d'héroïne, cocaïne et d'amphétamines. Un cocktail mortel.

De retour à sa table, il se mit soudainement à vomir. Plusieurs de ses amis l'accompagnèrent aux toilettes pour le nettoyer et tenter de faire cesser ses tremblements. Malheureusement en vain. Quand ils regagnèrent leur table, il était clair que Phoenix était victime d'une overdose. « Il avait l'air complètement défoncé, raconta l'un des invités de cette soirée. Il était évident qu'il se passait quelque chose. Il se cognait aux tables et ne tenait pas debout. » Sa difficulté à respirer était plus alarmante. Lorsqu'il passa devant Johnny, qui se produisait alors sur la scène, pour sortir prendre l'air avec Samantha, Leaf et Rain, il n'allait toujours pas mieux. En fait, il allait mourir quelques minutes plus tard.

Effondré sur le trottoir, River fut pris de violentes convulsions, il se débattait. Selon un photographe qui se tenait à l'extérieur de la boîte, il était « comme un poisson hors de l'eau, frappant le sol autour de lui comme s'il venait de tomber du bocal. Le plus étrange, c'était les gens qui passaient. Mais aucun attroupement, personne ne s'est arrêté pour apporter son aide. »

Après tout, c'était Halloween, la nuit où tous les farfelus du coin paradaient déguisés en accidentés de la route ou en surfeurs ensanglantés coupés en deux par leur planche. La seule différence était que la scène qui se déroulait sur le trottoir devant le Viper Room était réelle, même si les passants pensaient qu'il ne s'agissait que d'un simulacre parmi tant d'autres.

Leaf s'est alors affolé, s'est précipité à l'intérieur du Viper Room et a attrapé le téléphone pour composer le 911, suppliant les secours de se dépêcher. Après la tragédie, cet appel enregistré sera diffusé à plusieurs reprises à la radio et à la télévision. « Mon frère a une attaque, sanglotait Leaf. Je pense qu'il a pris du Valium ou un truc. Il faut que vous veniez. S'il vous plaît, il est en train de mourir. » Malheureusement, il était trop tard. Lorsque les secours arrivèrent, quelques minutes après, ils ne purent que constater que River Phoenix avait été victime d'une crise cardiaque. Cela se passait neuf minutes avant deux heures en ce matin d'Halloween et juste trois heures après son arrivée dans la boîte de Johnny.

« Il n'y a rien eu d'aussi catastrophique ni d'aussi dramatique, déclarera Amy Arched dans les colonnes de *Variety*, depuis les morts de James Dean et de Natalie Wood. » Cela fut confirmé par les hommages qui s'accumulèrent lentement devant le Viper Room. « The Eternal Rivers Flows » (la rivière coule éternellement), pouvait-on lire sur une aquarelle déposée devant l'autel entouré de bougies élevé à même le trottoir. « Une personne authentique dont on se souviendra » pouvait-t-on déchiffrer ailleurs. Un adolescent était prostré, d'autres pleuraient. « C'est trop triste », dira un homme originaire de Glasgow, debout près de quatre filles portant des casquettes de base-ball. « Il était si jeune ! » « C'était un fin observateur de ce qui se passait autour de lui, tout en restant discret », dira une autre personne. « Il semblait capable de se couper de son environnement », ajoutera un autre.

Tout le monde ne se montra pas aussi compatissant. Ce fut le cas de Rush Limbaugh, journaliste conservatrice de la télévision et de la radio. Elle trouva même à redire à l'attention que les médias portaient à ce drame. « Au moment où l'on a appris sa mort, vous auriez pu croire que c'était le président des États-Unis qui venait d'être assassiné, que nous venions de perdre un grand bienfaiteur de l'humanité. Ce type, regardez son nom ! River Phoenix ! C'est le fils d'un couple de hippies cinglés. »

Johnny fut choqué par ces propos et d'autres personnes partagèrent son indignation. C'est sans doute l'une des raisons qui l'empêchèrent de commenter l'événement, du moins dans l'immédiat.

– Il est arrivé au club avec sa guitare. C'était une belle chose de le voir avec une fille d'un côté et une guitare de l'autre. Il était venu pour jouer et ne pensait pas que c'était pour mourir. Personne ne pense qu'il va mourir. Il voulait prendre du bon temps. C'est peut-être dangereux de dire ça, mais c'est quelque chose qui me brise le cœur… Il est mort, mais il était avec sa guitare. Ce n'était pas un gosse si malheureux.

Certes, Phoenix prenait des drogues, mais c'était une affreuse erreur que Johnny pouvait comprendre.

– C'était un bon acteur et un type formidable. Il avait une famille agréable, une vision élevée de la vie et un avenir prometteur. C'est la raison de ma colère envers la presse. Ils auraient pu dire : « C'était un type normal, qui avait ses propres problèmes et qui a commis une erreur. » N'importe qui peut faire une erreur fatale. Même vous. Mais personne ne l'a dit.

Les tentatives des médias de prendre Johnny au piège furent encore plus écœurantes. Ils lui reprochèrent d'avoir contribué à la mort de Phoenix, tout d'abord en dirigeant un club comme le Viper Room et ensuite en y tolérant la consommation de drogues car, avancèrent-ils, Johnny était certainement au courant de ces pratiques. Sans surprise, il se montra catégorique :

– Il y avait un tas de rumeurs qui circulaient. Beaucoup de journalistes jouèrent les détectives amateurs et exploitèrent la situation pour faire grimper l'audimat et vendre encore plus de journaux et de magazines. La presse à sensation nageait en pleine fiction. C'était dramatique et triste. Combien de fois avons-nous entendu l'enregistrement de l'appel au secours de Leaf au 911 ? Combien de fois ont-ils imprimé ce truc ? Combien de temps Leaf devra-t-il vivre avec cet enregistrement qui passe en boucle dans sa tête ? Nous sommes devenus une société de charognards. Tout le monde s'intéresse à ce qui est mauvais et non à ce qui est bon. Cela fait dix ans que je fais ce métier, comment peut-on aller raconter que j'ai ouvert une boîte de nuit pour permettre aux gens de se droguer, même dans les toilettes ? On me prend pour un malade ? Pensent-ils que je vais mettre en péril tout ce que j'ai, même mon avenir avec des enfants, qu'on puisse venir se défoncer chez moi ? C'est n'importe quoi ! La presse voulait salir la mémoire de River dans les esprits de tous les gens qui l'avaient aimé. Une fois encore, on en revient à l'image du chic type qui a fait une erreur, mais une erreur fatale. Une erreur que nous sommes tous capables de faire. Ce qui était arrivé était si lourd à vivre que je n'ai même pas déposé de plainte contre les accusations portées contre moi. C'est vrai, j'étais présent cette nuit-là. C'est ma boîte. Mais j'ai dit : « Je refuse de faire partie de votre cirque morbide, foutus charognards ! Allez-vous faire foutre ! »

Sal Jenco, l'ami de Johnny qui dirigeait le Viper Room, devra faire face à un autre scandale, lorsque le premier amour de Kylie Minogue, Jason Donovan, qui partagea avec elle la vedette dans une série télévisée, s'écroulera à son tour sur le trottoir à l'extérieur du Viper Room. Écho ironique à la fin tragique de River Phoenix car Donovan, lui, survivra.

Johnny ne se sentira pas concerné par les attaques de la presse qui s'ensuivirent. Le *News of the World* alla très loin, jusqu'à qualifier sa boîte de « repaire du sexe, de la drogue et de la mort ».

Avec un week-end dominé par autant d'accusations sauvages, les autres histoires sont tombées complètement à plat. Après tout, Johnny n'avait jamais dit : « Je dirige un lieu truffé de drogues et de types qui baisent sur les tables. » Il défendra le Viper Room en ces termes : « C'est une boîte de nuit, c'est un endroit convenable. Le maire d'Hollywood Ouest tient même ses réceptions ici. Mais mon Dieu, pourquoi ne l'écrivent-ils pas ? Sans doute parce qu'ils n'ont pas de photo du maire avec une seringue plantée dans la nuque ! »

Johnny se montrait, bien entendu, moins réticent pour parler de la notoriété du Viper Room :

– Du jour où nous avons ouvert, c'est devenu un endroit à la mode. Je n'imaginais pas du tout que ça allait tourner comme ça. Je voulais juste un petit endroit sympa et underground. C'est un lieu discret. Il n'y a même pas d'enseigne, côté Sunset. La seule est sur Larabee, sur un bâtiment noir. Un panneau sobre. Je me suis dit que ce serait plus tranquille... Mais ce qui m'a vraiment touché, c'est tout ce qui s'est passé la nuit d'Halloween, et la disparition tragique de River. J'ai fermé pendant deux semaines, par respect. Comme ça, les gosses pouvaient déposer leurs messages et leurs fleurs. C'était tellement gentil de leur part. Par contre, je me suis rendu compte, dans les mois qui ont suivi, que c'était devenu une promenade débile pour les badauds et les touristes... Grave-line Tours, toutes ces merdes. J'ai arrêté d'aller au Viper Room pendant un moment. On s'est débarrassé des badauds et maintenant, c'est redevenu un bon club sympa.

Johnny va lui aussi vivre des trucs plus sympas.

Quatre mois après la mort de River Phoenix, un ami lui présenta Kate Moss. Ce mannequin à l'allure fragile avait posé pour le parfum Obsession, de Calvin Klein, et pour Yves

Saint-Laurent. Elle visitait New York et s'était arrêtée dans un café-tabac de Manhattan. Johnny y prenait lui aussi un café.

– Ce n'était pas une rencontre romantique, racontera Johnny. Elle était assise à une table avec quelques amis et je connaissais l'un d'eux. C'est comme ça que nous nous sommes rencontrés et que nous ne nous sommes plus quittés. Nous nous amusons beaucoup. Vraiment beaucoup. C'est une anglaise, les pieds sur terre, avec laquelle je ne risque pas d'attraper la grosse tête.

Johnny Depp et Kate Moss, c'était du pain bénit pour la presse. Autant, sinon plus, que le duo Johnny et Winona. Si Kate n'était pas une actrice, si le monde entier n'était pas amoureux d'elle, elle s'était néanmoins fait une place auprès des top-models de sa génération, Claudia Schiffer, Cindy Crawford ou Naomi Campbell.

Johnny avait déjà onze ans lorsque Kate est née, le 16 janvier 1974, en Angleterre, à Adiscombe dans le Surrey. Elle a grandi à Croydon, une banlieue de Londres. Kate avait été repérée par Sara Doukas, directrice de l'agence Storm Model, à l'aéroport John-Kennedy de New York, entre deux vols. Doukas décida immédiatement de s'occuper d'elle. Kate, surprise par la tournure que prenaient les événements, se montra quand même enthousiaste : « Je l'avais vue dans le jury du concours Clothes Show, je savais que c'était du sérieux. » Kate n'avait que quatorze ans.

Si la gloire ne lui était pas apportée sur un plateau d'argent, elle était au moins venue frapper à sa porte. Deux ans après sa rencontre avec Doukas, l'année où Johnny rencontra Winona, l'agent parvint à ses fins. Cet été-là, le magazine anglais *The Face* recherchait une fille à l'aspect d'enfant abandonnée, pour la couverture de son prochain numéro. C'était exactement l'image que renvoyait Kate, celle d'une orpheline.

Certains prétendront plus tard que la photo de la silhouette squelettique de Kate, un cliché de Corrine Day, avait durablement encouragé l'anorexie et les troubles alimentaires chez des jeunes adolescentes, déterminées à lui ressembler à tout prix.

Le sujet devint récurrent, incendiant les débats. On était loin du côté lutin de Winona Ryder, que seul un troupeau de modèles aspirant à la célébrité essayaient d'imiter.

On vit dès lors Kate partout : dans les magazines, sur les podiums, sur les affiches et même sur les avions. Une grande réussite pour un modèle qui pouvait désormais ajouter sur son CV des noms aussi prestigieux que Chanel ou Versace. Kate se souvient : « Corinne m'a téléphoné un jour et m'a dit : « Tu ne sais pas à quel point tu es célèbre. On te voit les seins à l'air sur tous les bus. »

Kate était trop terre à terre pour s'étonner de ce qui lui arrivait. Elle aurait cependant désiré une presse moins acharnée à formuler des critiques. Combien de fois devrait-t-elle défendre son apparence ? Combien de fois devrait-elle expliquer qu'elle avait un métabolisme exceptionnellement rapide ? Elle sera encore plus irritée le jour où on la surnommera « la brindille » et perdant finalement patience, elle lancera : « Toutes ces allusions à l'anorexie m'ennuient profondément. Je sais que je vais être appelée 'la brindille' toute ma vie. Et je déteste ça. »

Beaucoup plus préjudiciables encore, les échotiers l'accuseront de tout, de la haine des femmes plus âgées pour leur propre apparence, de la progression des mauvais traitements envers les enfants, de la chute des taux de change, du réchauffement de la planète, du comportement des hooligans...

Dans les années à venir, Johnny s'élèvera aussi contre ce constant reproche fait à sa minceur.

– Elle mange comme un ogre, vraiment. Pourquoi punir quelqu'un parce qu'il a un bon métabolisme ? Parce qu'il digère mieux ce qu'il mange ? Cela n'a aucun sens !

Kate le confirmera quelques années plus tard en écrivant dans l'introduction de son livre de photographies :

– Voici ce que je mange pour le dîner : un énorme steak, un tas de pommes de terre avec beaucoup de beurre.

Cela ne fit aucune différence pour les médias. « On voudrait vraiment la croire, écrira un journaliste, mais comment ferait-elle pour avaler tout ça ? Même si ses jambes étaient creuses, il n'y aurait la place que pour une frite ! »

Peut-être que cela avait un rapport avec les photos de son livre joliment relié. On y voyait le mannequin dans tous ses états : Kate sautillant en riant sur une plage mexicaine ou boxant le vide à New York, Kate vêtue à la mode des années 70 puis adoptant une allure effrayante, puis innocente, insouciante, Kate traquée ou jouant à l'élégante, à la belle endormie. Kate vue de près, Kate vue de loin. Kate en petite culotte, avec des plumes, ayant besoin d'une douche.

Peut-être en raison de son accession si rapide à la célébrité, mais elle n'avait pas perdu les qualités qui, à l'origine, avaient tellement séduit les chasseurs de modèles. « Kate possède pour la mode un instinct sûr et infaillible », écrivait un critique de mode dans *The Gardian*. « Elle est fantastique pour interpréter les idées des photographes. Elle sait donner le ton. C'est autant une artiste qu'un modèle. Quand vous feuilletez son livre, vous êtes frappé par sa polyvalence, ses capacités sans fin de donner vie aux vêtements. C'est un étrange talent. »

Deux ans avant ce bel éloge, elle avait reçu une offre qui l'avait hissée du rang de simple modèle à celui d'authentique top-model. Calvin Klein voulait qu'elle apparût les seins nus auprès de Marky Mark pour sa prochaine campagne de publicité. Kate accepta. Encore une fois, elle marchait sur la queue du scorpion et ce ne furent plus seulement des critiques sur son apparence qui déferlèrent, l'usine à ragots s'était mise à tourner à plein régime. Kate attribua à cela la responsabilité de sa rupture avec le photographe Mario Sorrenti, qui se produisit plusieurs mois avant sa rencontre avec Johnny.

Lorsque le couple formé par Johnny et Kate rendra sa relation publique, la presse continuera à les traquer. Johnny qui commençait à en avoir l'habitude dira seulement :

– La presse a raconté tellement de choses merdiques que je n'y fais même plus attention. Tant qu'ils ne font aucun mal à ma famille ou à quelqu'un que j'aime, ils peuvent bien dire que j'ai un faible pour les nains handicapés, je m'en fiche. Je n'en parle pas et elle non plus. Parce que cela ne regarde personne. Nous vivons dans une société pleine de rumeurs et si les gens veulent rester assis et discuter des personnes avec lesquelles je suis sorti, je me dirais qu'ils ont beaucoup de loisirs et devraient les consacrer à d'autres sujets. Comme la masturbation, par exemple.

D'après Johnny, Kate faisait son possible pour ignorer l'intérêt qu'on lui portait. Mais elle reconnaissait qu'il n'y avait aucun moyen d'éviter les retombées de l'enthousiasme réveillé par son nouvel amour. Comme Winona, elle s'exclamera :

– Je ne peux pas le croire. Cela ne ressemble à rien de ce qui m'est arrivé jusqu'ici. Je l'ai su tout de suite, je savais que c'était différent. Je n'ai jamais ressenti quelque chose de semblable auparavant. J'ai su que c'était lui ; tel que je l'avais imaginé avant de le rencontrer.

Une fois de plus les journalistes ne se tromperont pas et la différence d'âge entre Johnny et Kate sera leur cible numéro un, comme du temps de Winona. Et cette fois l'écart est encore plus grand.

Même si initialement le couple confortera l'aspect juvénile de leur relation, des gens omniprésents et bien placés d'Hollywood se feront un malin plaisir de constater que leur passion commune pour les fêtes foraines est bien loin de la passion que Johnny partageait avec Winona pour la poésie de la Beat Generation et la littérature.

– Nous aimons les montagnes russes, confessera Johnny, et monter sur les manèges les plus rapides. Il faut juste y aller tôt le matin sinon vous passez toute la journée à signer des autographes.

– J'ai su dès le premier instant où nous nous sommes parlé que nous allions vivre ensemble, confiera Kate plus tard.

En effet, Ils passèrent ensemble les premiers mois de leur vie de couple. Pour ses vingt et un ans, Johnny organisa une fête surprise au Viper Room qu'il couvrit de fleurs et de ballons.

Gloria Gaynor chanta *I Will Survive*, un imitateur d'Elvis se joignit à Thelma Houston pour un duo et Johnny monta sur scène avec le chanteur de INXS, Michael Hutchence.

La première apparition du couple en public eut lieu à Los Angeles, au Smashbox. Johnny lançait son court-métrage sur les dangers de la drogue devant une assemblée d'environ huit cents personnes. Les bénéfices de la soirée organisée par *Vogue* allaient à un programme éducatif de lutte contre la toxicomanie. La projection se poursuivit avec les spots que Johnny avait tournés à l'époque de *21 Jump Street* et le documentaire de quinze minutes portant sur des questions et des réponses sur le SIDA, dans lequel il apparaissait avec Winona.

Maintenant il avait la possibilité de puiser dans sa propre expérience pour mettre en garde les plus jeunes, pour les inciter à éviter à tout prix de prendre de la drogue. Selon *Esquire* : « Le film est une excursion horrible et provocatrice dans l'univers des drogues dures. »

Cela remettait aussi en question le propre usage de la drogue de Johnny. La tragique fin de Rider Phoenix était toujours aussi présente dans son esprit, bien que personne ne remarquât à quel point cela l'avait affecté, avant qu'il ne finisse par en parler.

– Tout cela est du passé, jurait-il. J'ai été mis en cause par la presse et j'ai dû me défendre. Je n'ai rien fait de mal. J'ai même tourné un film contre la drogue et j'espère que les gosses en tireront un quelconque enseignement. La drogue, ce n'est pas la liberté. Il y a d'autres moyens d'évasion, comme les livres, la peinture ou l'écriture.

Quelques semaines après la soirée au Smashbox, on apprendra que Johnny et Kate sont en vacances à St Barth. Une autre fois, alors que Johnny écrivait *The Brave*, on les verra sur Moustique en compagnie de Noel Gallagher et de sa future femme Meg Matthews. Bien avant cela le couple avait été repéré au Fez Club de Manhattan lors d'un concert de Johnny Cash.

Moins d'un jour après la fin du tournage de *Don Juan DeMarco*, Johnny attrapa un vol pour Paris pour assister à un défilé de haute couture du mannequin. Kate lui offrit un anneau de platine orné de perles noires et reçut en retour un collier de diamants. « Ils ne pouvaient pas, dira un observateur se décoller l'un de l'autre, leurs mains, leurs lèvres, leurs jambes se cherchaient sans cesse. » Peut-être était-ce vrai. Johnny avait avoué qu'il avait un attrait persistant pour les pieds. Du moins c'est ce qu'il avait raconté au magazine *FHM*.

– Ils sont très, très importants, avait-t-il insisté. Ils sont placés très haut dans la liste des priorités. Dans les deux premières. Une vilaine paire de pieds, voyons... Eh bien ce serait avec des ongles longs. Je me souviens d'avoir vu les ongles de pieds de mon arrière-grand-mère. C'était une vigoureuse Cherokee et ses ongles de pieds étaient longs et courbes, on aurait dit des noix de cajou. Horrible, je ne veux même plus y penser. C'est une image affreuse. Les pieds en disent beaucoup. Si une fille ne soigne pas ses pieds, c'est qu'il peut y avoir un problème ailleurs.

Jolis pieds ou non, selon Sarah Jessica Parker, la partenaire de Johnny dans *Ed Wood* :

– Kate doit être formidable. Je suppose que je dois lui reconnaître de grandes qualités car je ne vois pas Johnny passer du temps avec quelqu'un qui ne soit pas son égal.

– Il est incorruptible, déclarera Faye Dunaway, le principal rôle féminin dans *Arizona Dream*. Il croit toujours en la pureté de l'amour. Il possède ces sortes de valeurs, c'est instinctif chez lui. Ce n'est pas quelque chose qu'il a mis au point dans sa tête. J'aime qu'il croie en l'amour.

Chanel, l'actrice de série B que Johnny avait rencontrée en juillet 1990, porte un regard plus négatif sur Kate, l'invitant à ne pas supporter les crises de colère de l'acteur : « Johnny a besoin d'un complice quand il s'attire des problèmes et il est évident que Kate a beaucoup à voir avec son récent comportement. »

L'un de ces problèmes surgira sept mois après la rencontre de Johnny et de Kate, alors qu'ils résident au Mark Hotel à New

York : « Disons que mon séjour n'était pas particulièrement agréable », expliquera Johnny après avoir participé à plusieurs conférences de presse au sujet d'*Ed Wood*.

Les difficultés commencèrent dès son arrivée à l'hôtel. Rejeté du Carlyle, son point de chute habituel, parce qu'il n'avait pas réservé, il s'était rabattu sur le Mark. Ce ne fut pas le confort de la suite présidentielle du Mark qui déclencha l'affaire, loin de là, mais l'attitude du gardien de nuit, Jim Keegan. Ce dernier réussit à s'élever en bonne place dans la liste des problèmes de Johnny. Les événements prouveront plus tard à ce dernier que son instinct ne l'avait pas trompé.

– Il ressemblait à un gars qui n'aimait pas Johnny, se rappellera Jonathan Shaw, son ami et tatoueur. Cela n'a probablement pas aidé qu'il soit habillé en cuir et en jeans, pas du tout le genre chic de la clientèle habituelle.

– Le type était un petit fouille-merde, confirmera Johnny, et il avait décidé « qu'il allait entrer dans le lard du mec connu ». Je n'ai pas trop bien pris ça.

Kate resta avec Johnny du lundi aux premières heures du mardi. Il était très tôt, c'était juste avant l'aube et quelque chose se produisit qui fit à jamais changer l'image de Johnny dans le public.

Roger Daltrey, le chanteur des Who, le groupe de rock des années 60, occupait la suite voisine de celle de Johnny et Kate. Daltrey avait été, en son temps, tout aussi célèbre pour avoir saccagé des chambres d'hôtel que pour son rôle de leader de son groupe. Mais cela ne l'empêcha pas d'appeler la réception pour se plaindre des nuisances en provenance de la chambre voisine.

– La seule différence, expliquera Johnny plus tard, est que le membre des Who aurait fait un meilleur boulot et aurait été applaudi pour ça. J'ai été arrêté et incarcéré. L'âge est une merveilleuse chose, n'est-ce pas ? Keith Moon aurait eu honte de lui. Mais c'était sans doute son rôle d'avoir honte de lui.

La plainte de Daltrey fut prise au sérieux et Keegan se précipita pour voir ce qui se passait. L'agent de sécurité, selon Johnny, était gonflé à bloc dès le début de leur confrontation et avait contrôlé tous ses faits et gestes depuis son arrivée.

– Ce type avait probablement ingurgité trop de tasses de café pendant la nuit, se rappelle Johnny en riant, il était très agressif et il avait décidé d'imposer sa loi, ce qui n'était pas, je pense, nécessaire. Si dans un magasin d'antiquités je me penche pour regarder quelque chose et que je fais accidentellement tomber un pot d'une étagère, ça va me coûter trois mille dollars et je les paierai. Si je casse un bout de verre, si je brise un miroir ou quoi que ce soit d'autre, je paierai pour cela. Je peux absolument faire face à la facture. Voilà.

Mais ce n'était pas ça qui importait pour Keegan. Il était indigné par ce qui s'était passé dans la suite présidentielle et l'avait sommé de quitter la chambre et l'hôtel séance tenante, sinon il appellerait la police. Johnny, en s'excusant, proposa de payer pour les dégâts causés, mais n'estima pas devoir quitter l'hôtel. Mettant ses menaces à exécution, Keegan téléphona à la police et trente minutes plus tard Johnny, menotté, sortait de l'hôtel, escorté par trois officiers du 19e district.

Durant les quarante-huit heures suivantes, Johnny sera détenu dans trois cellules différentes à Precinct House, à Central Booking et dans les « tombes » situées derrière le quartier général de la police de New York. Il y fut apparemment assailli par une horde de femmes officiers. Sauf une. L'officier Eileen Perez paraissait peu impressionnée par la présence de Johnny.

– Je ne crois pas qu'elle m'aime, dira-t-il en souriant. Mais je parie que si elle me rencontrait dans la rue, elle me demanderait un autographe.

C'était fort possible. Pendant ce temps, Keegan dressait la liste des articles endommagés pour le rapport de police officiel : deux cadres du XVIIe siècle et leurs gravures, un pied de lampe en porcelaine, un pot chinois, auxquels s'ajoutaient le bris d'un dessus de table en verre, celui des pieds d'une table basse et d'étagères en bois, sans compter des brûlures de cigarettes sur le tapis et une chaise de bureau, couleur rouge, fendue.

David Breitbart, l'avocat de Johnny et l'avocat criminel de New York chargé de l'affaire, annoncèrent que : « La somme exorbitante demandée au titre des dommages et intérêts englobe le prix de la chambre pour les deux nuits précédant l'affaire et les trois nuits suivantes, quelque chose comme ça. »

Même Marlon Brando apporta sa pierre à l'édifice. Selon Breitbart : « Il a dit être très soucieux du bien-être de Johnny et que s'il y avait quoi que ce soit qu'il puisse faire, il le ferait. »

Très intéressant à noter, ni Keegan ni le directeur de l'hôtel, Raymond Bickson, ne parleront de l'incident. Pas avec les journalistes en tout cas.

Johnny ne nie pas les faits et propose une explication :

– Ce n'était pas une bonne nuit pour moi. Je ne cherche pas à me trouver des excuses, parce que ces choses étaient la propriété que quelqu'un d'autre et que je devais les respecter. Mais parfois vous avez un passage à vide, c'est humain.

Les photos de l'arrestation de Johnny qui trônaient en première page ne firent que renforcer son image de fauteur de trouble. Une fois encore, les journalistes ne pouvaient pas le rater. « J'étais juste stressé » voilà l'explication donnée par Johnny pour son comportement :

– Je suis humain et je me mets en colère comme tout le monde. J'étais agacé et j'ai juste envoyé quelques coups de poings. La belle affaire. Nous parlons d'un acteur qui pourrait avoir attaqué un meuble. Je me suis retrouvé à la une de tous les journaux comme si cet incident était plus important que l'invasion d'Haïti. Premièrement, on devrait vous permettre d'être un être humain, deuxièmement, on devrait vous permettre de ressentir des émotions et troisièmement on devrait vous permettre d'avoir une vie privée.

Apparemment, avoir une vie privée était hors de question. Même Betty Sue, la mère de Johnny, désormais la femme de son troisième mari, Robert Palmer, fut choquée.

– Elle n'a pas aimé me voir à la télé avec des menottes, se rappelle Johnny, mais elle sait que je ne suis pas un voyou.

Elle n'apprécia pas non plus la manière dont Johnny était attifé, particulièrement le chapeau vert tricoté et les lunettes de soleil. « Elle a pensé qu'elle m'avait appris à m'habiller mieux que ça. »

John Waters est d'un autre avis :

– Il avait un chouette look pour une arrestation. J'ai aimé le coup des menottes, ça fait toujours son petit effet. Star de polar, cela va très bien à Johnny. Le succès du saccage de la chambre devrait se calculer en prenant la somme des dégâts divisée par la taille des colonnes dans les journaux.

Plus grave, cependant, fut l'ostracisme que subirent sa nièce adolescente et son neveu, à qui leurs amis et les élèves de leur lycée lançaient déjà des réflexions du genre : « Votre oncle Johnny est un foutu dingue. » « Ils devaient aussi vivre avec ce truc », dira Johnny.

Suite à la débâcle de l'hôtel Mark, ça empira. La consommation de drogue et d'alcool imputée à Johnny par le passé restait plus que jamais d'actualité, depuis qu'il avait rejoint les rangs du club des célébrités connues pour vandaliser les hôtels, et dont le premier membre fut Beethoven lorsqu'il jeta une chaise par la fenêtre de la chambre qu'il occupait dans un hôtel viennois.

Même la brève apparition de Leonardo DiCaprio dans le film de Woody Allen, *Celebrity* (1998), dans le rôle d'une idole des jeunes se battant furieusement avec sa petite amie et saccageant une chambre d'hôtel fut considéré comme une allusion à l'aventure de Johnny au Mark Hotel. Ce dernier ajoutera :

– Maintenant, ils peuvent dire qu'ils ont un petit bout d'histoire, un ridicule petit morceau d'histoire. Ils peuvent se vanter « Johnny Depp a été arrêté ici. » Les hôtels sont ma maison. Je vis dans les hôtels plus que chez moi. Si cela avait été vous, rien de tout cela ne serait arrivé. Ils seraient venus vous voir et auraient dit : « Que se passe-t-il ? » Vous auriez répondu : « Je paierai pour les dégâts, je suis terriblement désolé. »

Oubliant les aspects négatifs de l'incident, Faye Dunaway sera d'accord avec ce récapitulatif.

– Quelquefois vous avez juste besoin de ruer dans les brancards et le Mark en a profité. Une manière de se faire de la pub, c'est scandaleux. J'aurais probablement écrabouillé la direction après ça. Ils devraient remercier le ciel que Johnny ne l'ait pas fait.

Johnny, plus tard, trouvera toute cette histoire absurde :

– J'ai dû aller en prison pour avoir agressé le cadre d'une gravure et une lampe.

À propos des descriptions que les journaux firent de lui, ivre et se battant comme un chiffonnier avec Kate, il dira :

– Ce ne sont que des grosses conneries. Imaginez, disons... le type, là, au bar, il a eu une journée pourrie et il a besoin de se défouler. Il tape du poing dans le mur ou sur autre chose. Putain, je suis normal et je veux pouvoir agir comme tout le monde. Mais quelque part, on ne me permet pas de l'être. Pourquoi ne pourrais-je pas me comporter comme un être humain ? J'ai beaucoup d'amour en moi et aussi beaucoup de colère. Si j'aime quelqu'un, je l'aime. Et si je suis en colère et que je dois taper sur quelque chose ou quelqu'un, je le fais et je ne me soucie pas des répercussions que cela pourrait avoir.

L'incident de l'hôtel Mark ne sera pas le seul épisode sur lequel Johnny devra s'expliquer avec les autorités Son passé semble avoir été parsemé par de semblables écarts de comportement.

– Pourquoi, demandera Johnny, devrait-on me considérer comme différent de Joe l'éboueur ou du type qui vend des beignets en bas de la rue ? Pourquoi ne puis-je pas être un être humain comme les autres, avec autant d'émotions que les autres ? Nous vivons dans une société de vautours où règne cette mentalité toujours prête à salir les autres. Vous ne verrez jamais aucun de ces torchons écrire : « Dieu, que Johnny Depp est un type agréable ! » Parce que les gens ne seraient pas intéressés.

Il a raison. On avait déjà parlé de ses frasques par le passé, par exemple lorsqu'il avait été surpris dans un état d'ébriété avancé au cinquième étage du parking du Beverly Center de Los Angeles en compagnie de Nicolas Cage, essayant de cracher du feu. On l'avait aussi vu crier sur Kate dans la salle à manger de l'hôtel Royalton à New York.

Pendant le tournage de *21 Jump Street*, en 1989 à Vancouver, il aurait assailli un agent de sécurité. Aucune charge n'avait été retenue contre lui, mais l'histoire était vraie. Johnny la racontera ainsi :

– Je rendais visite à quelques amis dans un hôtel où j'avais déjà séjourné. Il était tard. Le personnel me connaissait mais l'agent de sécurité décida de ne pas me laisser entrer. Il avait des cheveux en broussaille jusqu'aux fesses et il n'arrêtait pas de parler, disant : « Je sais qui vous êtes mais vous ne pouvez pas entrer à moins que vous n'y soyez invité. » L'erreur qu'il a faite a été de poser les mains sur moi. Je l'ai repoussé, nous avons commencé à nous battre et j'ai fini par lui cracher à la figure.

Une autre fois, toujours à la même époque, Johnny et Gibby Haynes découvrirent la moto d'un type dans l'allée de la maison de Sherilyn Fenn, volèrent le casque puis le rapportèrent, repeint de couleurs voyantes, jusque sur la visière, avec un mot d'amour. Ce n'étaient là que des blagues de potache. Cependant, de temps en temps, ça dégénérait.

Une nuit après un concours de boisson avec Iggy Pop, se souvient Johnny, il a été poursuivi devant les tribunaux pour avoir brisé la fenêtre du Lone Star Roadhouse sur la 52e rue à New York, arrosant par là même une femme qui passait d'une pluie de bouts de verre. Cette dernière porta plainte. Et comme si cela ne suffisait pas, il fut verbalisé la même année pour avoir traversé en dehors des clous à Beverly Hills. Il avait même eu une altercation avec le policier qui rédigeait l'amende, quand celui-ci lui avait demandé d'éteindre sa cigarette. Johnny avait refusé. Le policier lui avait saisi le poignet pour lui faire lâcher la cigarette. Alors Johnny en avait allumé une autre.

– La seule chose que je sais, c'est que lui et son coéquipier m'ont passé les menottes et m'ont mis en cellule pendant quelques heures. Je n'ai pas peur de ces gens-là. Ils me mettent simplement en colère. Vous avez le sentiment d'être coincé. Mais je ne me laisse pas emmerder. J'ai connu quelques flics qui avaient trop vu d'épisodes de *Starsky et Hutch*.

Un autre incident se déroula alors que Johnny prenait un verre au Globe, un club underground de Londres. Comme le raconta le photographe Jonathan Walpole, descendant direct de Sir Robert Walpole, à l'*Evening Standard*, il avait accidentellement pris le verre de Johnny :

– Il m'a violemment tiré les oreilles. Je lui ai dit que ce n'était pas ainsi que l'on abordait les gens en Angleterre. Alors une sorte de grand singe m'a sauté sur le dos et a passé son bras autour de mon cou, en essayant de me mettre la tête par terre.

Dans le magazine *Icon*, quelques années plus tard, on lira que Johnny avait tiré les oreilles de Walpole « pour lui avoir demandé à plusieurs reprises une cigarette, avant de boire une petite gorgée de sa boisson ». On le voit, ce n'était pas la première fois que les actes de Johnny furent mal interprétés. Mais selon l'un de ses amis « Johnny, c'est Johnny ».

Tout de même, toutes ces pitreries n'étaient pas à son avantage. Nicolas Cage en frétillera d'aise quand un autre mauvais garçon réputé d'Hollywood, Mickey Rourke, dévastera sa suite au Plaza à New York deux mois seulement après l'incident du Mark : « Qui veut-il imiter ? Johnny Depp ? » Les commentaires de Sarah Jessica Parker sont bien plus flatteurs :

– Johnny a beaucoup de sagesse, il n'accorde pas d'attention aux choses sans importance. Il intériorise, mais d'une façon réfléchie, qui ne l'isole pas. C'est une personne douce et belle. Et quand je lis ce que l'on écrit de lui dans les journaux, j'ai l'impression qu'ils ne parlent pas de la même personne.

Depuis le cauchemar du Mark et les rumeurs qui hantaient toujours Hollywood, depuis la mort tragique de River Phoenix, Johnny, selon certains, était en danger de tomber dans la même ornière d'autodestruction. Mais il ne voyait pas les choses ainsi :

– Il y a eu un temps où je n'étais pas du tout à ma place, je perdais prise sur ce qui se passait autour de moi et j'étais tout le temps bourré. Ça va quand ça ne dure qu'un temps, mais si cela devient un mode de vie, ce n'est pas bon. C'est même carrément mauvais. Vous passez beaucoup de temps à tenter de retrouver les sensations que vous ressentiez quand vous aviez treize ou quatorze ans et que vous étiez bourré ou que vous aviez fumé un joint, ou que vous faisiez l'amour, ce qui est encore mieux. Mais vous ne les retrouvez jamais. Vous n'aurez plus jamais cette sensation de nouveauté. Le plus dur, ce sont les années que j'ai perdues à tenter de m'échapper. Mais je ne me suis jamais échappé, jamais. J'ai mes démons. L'alcool et la drogue peuvent déclencher ces démons, ouvrir la porte à ces démons et les faire tournoyer.

Pendant quelque temps, la presse reviendra sur le désastre de l'hôtel Mark, sans rien ajouter de nouveau. Quand plusieurs mois plus tard Johnny fournira aux journalistes de nouvelles variations sur ce qui s'était produit dans la suite présidentielle, son sens de l'humour très particulier passera au-dessus de la tête de la plupart d'entre eux. Selon le *Sunday Times*, il aurait raconté :

– J'étais assis sur le lit dans la chambre d'hôtel quand un très grand teckel a surgi du placard. J'ai pensé qu'il était de mon devoir de récupérer cet animal. Je l'ai donc poursuivi pendant vingt minutes mais il ne se montrait pas très coopératif. Finalement il a sauté par la fenêtre et là, de toute évidence, j'étais coincé.

Dans une interview qu'il donna au magazine *Empire*, l'histoire prend un tour plus sauvage :

– Je pense que c'était un tatou. Il me semble que cela ressemblait à un tatou. Mais c'était peut-être un éléphant.

Johnny connut un autre revers lorsqu'il récupéra ses affaires au Mark pour les emporter au Carlyle où une chambre s'était libérée.

Il retrouva l'autobiographie de Marlon Brando qu'il lisait à ce moment-là barbouillée d'inscriptions. Pour Johnny c'était clairement quelqu'un du Mark qui avait agi ainsi. « Va te faire foutre Johnny Depp » fut le premier message qu'il découvrit page 468 en feuilletant le livre au hasard. Ailleurs on pouvait lire : « Tu es un trou du cul » et « Je te hais ».

Ce fut la goutte d'eau qui fit déborder le vase, c'était allé trop loin. Johnny se mit en colère, ce qui était compréhensible. Mais le plus important, décida-t-il, était le besoin impérieux de sortir de tout ça avec le minimum de cicatrices.

Il alla même jusqu'à élaborer des plans complexes pour se retirer de toute cette folie et rattraper le temps perdu auprès de son groupe, Pee, dit « P. » Les cinq membres, Shane McGowan, Gibby Haynes, Bill Carter, Sal Jenco et Johnny avaient pour objectif de signer avec EMI Capitol Records dans le courant de l'année 1995 et de sortir leur premier album un an plus tard.

Avec des titres comme *Michael Stipe*, *White Man Sings The Blues* et la chanson de Daniel Johnston *I Save Cigarette Butts*, l'album des Pee déboula dans le monde du rock en y déversant une musique sans concession.

Les quatre instruments y retentissent de manière irrévérencieuse, impétueuse, crue et dure. Mélange de vision entre la pochette ironique du *Dancing Queen* de Abba et le provoquant Oklahoma, la compétence musicale de Carter et la vision excentrique de Haynes se mélangent avec la guitare fluide de Depp et la batterie cinétique de Jenco dans un brassage explosif.

Deux ans après, Johnny apportera sa contribution musicale à l'héritage musical britannique quand son ami Noel Gallagher, du groupe Oasis, l'invitera à jouer sur leur dernier album *Be Here Now*.

Gallagher se montrera alors élogieux :

– Johnny est l'un des meilleurs guitaristes que j'aie jamais entendu. C'est pourquoi nous lui avons fait jouer un solo de slide guitar sur *Fade In-Out*, parce que je ne pouvais pas le jouer moi-même. Lors des répétitions pour la tournée, ça m'a pris six mois de travail pour comprendre ce qu'il jouait en réalité.

Si, par-dessus tout, jouer avec « P. » et Oasis dévoilait ou rappelait aux gens ses aspirations musicales, les rôles qu'il allait tenir dans les deux films suivants s'avéreraient être les plus controversés et stimulants qu'il eût jamais acceptés jusque-là.

CHAPITRE - IX
RÔLES À RISQUES

« J'ai toujours été attiré par les perdants.
Je n'ai jamais joué le jeu d'Hollywood dans le but de réussir.
Je fais ce que je veux et si c'est bon pour ma carrière,
tant mieux, parce que sinon, je n'en ai rien à foutre.
Je ne veux pas devenir esclave du succès. »

Ce n'eut rien d'une surprise lorsque Johnny consentit à rejoindre Tim Burton sur son nouveau projet. Et ce n'était pas surprenant non plus que Burton fût si chaud pour confier à Johnny le rôle titre.

– Je me sens très proche de Johnny, expliquera Burton. Je pense que quelque part au fond de nous, nous avons des réactions semblables et c'est une chance après *Edward aux mains d'argent* de pouvoir travailler de nouveau ensemble.

Merveilleusement mise en scène par Tim Burton, *Ed Wood* est une biographie d'Edward D. Wood Jr, le très optimiste écrivaillon d'Hollywood, travesti occasionnel, doublé du « plus mauvais réalisateur du monde ». Elle pourrait avoir été écrite sur mesure pour faire vibrer la sensibilité si particulière de Burton et le rôle titre a été écrit pour Johnny. Denise Di Novi, la productrice d'*Edward aux mains d'argent*, le reconnaissait :

– Comme Johnny, Ed Wood était adorable et très bel homme. Tout aussi important, Johnny est un acteur qui prend des risques et traite les personnages hors du commun avec toute l'attention et la dignité qu'ils méritent.

Cependant, avant que le tournage commence, la Columbia gela le projet, quand Burton insista pour qu'on lui laisse une totale liberté artistique sur ce film, qu'il souhaitait tourner en noir et blanc. Ce fut la goutte d'eau qui fit déborder le vase et un mois avant le premier coup de manivelle, la Warner, la Paramount et la Fox disaient à qui voulait l'entendre qu'elles avaient envie de faire ce film.

Burton haussa simplement les épaules et se rendit chez Disney qui produisit le film avec un budget respectable de dix-huit millions de dollars. C'était la première fois que la Columbia abandonnait un projet avec Burton.

Avant *Ed Wood*, Burton avait été pressenti pour diriger *Mary Reilly*, une adaptation du roman envoûtant de Valérie Martin, avec Winona Ryder, son actrice favorite, dans le rôle titre.

C'était une magnifique reprise de *Docteur Jekyll et Mister Hyde*, le grand classique de Robert Louis Stevenson, raconté cette fois par une jeune servante employée par le médecin. Mais la Columbia évinça Burton et Ryder du projet.

– Ce qui s'est passé, c'est que le studio voulait que le film se fasse vite, se souvient Burton, alors qu'avant, je pouvais prendre mon temps pour décider. À Hollywood on vous pousse à faire du commercial. Ils veulent le film, c'est tout.

Mais ce fut le comble lorsque le studio, exaspéré par ce qu'il percevait comme un manque de diligence, lui annonça que cinq autres réalisateurs étaient prêts à prendre le relais, insinuant ainsi que s'il ne commençait pas ce film, un autre prendrait sa place.

Sans doute voulaient-ils juste bousculer Burton, mais le résultat fut que celui-ci se retira du projet. Le procédé le démotiva totalement et il le fit savoir au studio : « Eh bien, si vous avez cinq personnes qui veulent faire le film, peut-être devriez-vous les laisser faire. »

Avec le recul, Burton dira : « Ils m'ont essentiellement écarté du projet parce qu'ils avaient leur propre vision du film. » Et lui en avait une autre. Mais ce ne fut pas la seule raison qui lui fit quitter une entreprise qu'il avait été si désireux de voir aboutir.

Ils voyaient aussi Julia Roberts à la place de Winona et une fois que Stephen Frears eut pris la direction de la réalisation, c'est ce qui arriva.

Burton et Winona assumèrent leur déception avec stoïcisme. Burton ne resta pas longtemps à se morfondre, *Ed Wood* l'attendait déjà.

Il s'intéressa au projet dès que Larry Karaszewski et Scott Alexander, les scénaristes de *Junior le Terrible*, le lui firent lire. Depuis qu'ils avaient partagé la même chambre à l'Université de Californie du Sud, où ils suivaient des cours de cinéma, les deux hommes avaient joué avec cette idée d'écrire un film sur Wood.

Furieux de n'être considérés que comme des scénaristes de film pour enfants, ils développèrent l'idée en dix pages et les soumirent à Michael Lehman, avec lequel ils avaient passé beaucoup de temps à l'université. Ce dernier montra le projet à Denise Di Novi qui s'y engagea, avec Lehman à la réalisation et elle-même et Burton à la production. Ce fut seulement quand *Mary Reilly* avorta que Burton s'intéressa à la réalisation d'*Ed Wood*, mais à condition que le tournage commence rapidement. Karaszewski et Alexander, cet impératif en tête, s'attaquèrent à la rédaction d'un scénario qu'ils livrèrent à Burton six semaines plus tard.

À la lecture du premier jet, Burton jugea qu'il était parfait en l'état et qu'il n'avait besoin d'être ni réécrit ni modifié, ce qui est en soi très inhabituel.

Wood, réalisateur de classiques tels que *Glen ou Glenda*, *La Fiancée du monstre* et plus notoirement de *Plan 9 From Outer Space*, était mort en 1978 à l'âge de 54 ans, sans un sou et oublié. Tristement, il n'accédera à un statut de légende qu'au début des années 80, à l'époque où les magnétoscopes libérèrent les téléspectateurs de la tyrannie des programmes de la télévision. Les œuvres d'Ed Wood devinrent cultes et il fit une entrée permanente dans le livre de Michael et Harry Medved, *The Golden Turkey Awards*, dans lequel l'honneur douteux d'être « le plus mauvais réalisateur du monde » lui est décerné.

Né à Poughkeepsie, dans l'état de New York, en 1924, Wood a vécu toute sa vie à Hollywood en espérant devenir le nouvel Orson Wells, but dont il ne s'approcha pas, même de très loin.

Travesti célèbre, avec une affection particulière pour les pulls angora, personnalité séduisante, Wood s'entoura d'une curieuse cour formée d'admirateurs et de personnes aspirant à la célébrité, parmi lesquels sa petite amie Dolores Fuller, Maila Nurmi, présentatrice de films d'horreur à la télévision (dont le nom de scène était Vampira), le catcheur suédois Tor Johnson ou encore Criswell, le médium du petit écran. Tous croyaient dur comme fer qu'un jour Wood ferait d'eux des stars.

En 1953, Wood rencontra son idole Bela Lugosi. Cet émigrant hongrois était devenu célèbre en 1930 avec la version de *Dracula* d'Universal. Mais deux décennies s'étaient écoulées depuis la sortie de ce classique de l'horreur. Lugosi avait sombré dans un anonymat presque total et était devenu morphinomane. À l'époque où Wood le rencontra, il essayait des cercueils dans une entreprise funéraire.

Cela ne découragea pas Wood et il fit le vœu de relancer la carrière de Lugosi en l'engageant dans ses films. Il lui donnera des rôles dans *Glen ou Glenda*, un conte autobiographique sur un travesti du nom de Daniel Davis, dont il interprète lui-même le rôle titre, et dans *La Fiancée du monstre*. Même les quelques images qu'il tournera de Lugosi sortant de chez lui peu avant sa mort furent insérées dans le pire des films de Wood : *Plan 9 from Outer Space*, celui qui, espérait-il, allait lui faire un nom dans le cinéma. C'est effectivement ce qui se produira... mais pour de mauvaises raisons.

Le scénario de Karaszewski et Alexander était centré sur la vie de Wood vue à travers ces trois films-là et sur sa relation avec Lugosi. Burton a reconnu que cette relation n'était pas très éloignée de l'amitié qu'il entretenait avec Vincent Price :

– Il y a un aspect des relations de Wood avec Bela que j'ai aimé, expliquera-t-il. Il lui prête un appui amical à la fin de sa vie et, sans vraiment savoir ce qu'il en était, j'ai relié ça avec le genre de relation que j'ai avec Vincent Price et ce que je ressens pour lui. Rencontrer Vincent a eu un énorme impact sur moi. Ed a dû ressentir la même chose en rencontrant et en travaillant avec son idole.

Le premier acteur choisi par Burton fut bien évidemment Johnny, qu'il appela à la minute où il sut que le projet était sur les rails. Dès qu'il décrocha le téléphone, se souvient Johnny, Tim lui demanda de le rejoindre immédiatement au Formosa Cafe.

Vingt minutes plus tard ils parlaient ensemble du projet devant quelques bières. Et cinq minutes plus tard, avouera Johnny :

– J'étais emballé, complètement emballé. Je connaissais les films de Wood et je savais que personne mieux que Tim ne pourrait raconter son histoire. Sa passion est devenue la mienne. J'ai déjà refusé des rôles et je l'ai ensuite regretté, mais je crois que j'aurais été malade comme un chien si j'avais refusé celui-ci.

Ce n'était toutefois pas un rôle facile à préparer pour Johnny. On peut même dire que ce fut le plus difficile qu'il ait tenu. Il n'avait jamais jusqu'ici interprété le rôle d'une personne ayant existé et il savait que cela serait très différent de ce qu'il avait pu faire dans le passé avec les personnages de fiction :

– Je pense que ce serait stupide pour n'importe quel réalisateur de se dire qu'il va faire mouche en portant à l'écran la vie de quelqu'un, expliquera Johnny. Tim et les scénaristes ont voulu réaliser quelque chose qui capturerait l'essence d'une véritable icône hollywoodienne. Et je pense que nous avons réussi. Ce n'est pas de l'exploitation, c'est un hommage. Un véritable hommage, bizarre, certes, mais néanmoins respectable.

Johnny manquait de matériaux visuels pour se faire une idée de son personnage. En dehors de son apparition dans son propre film *Glen ou Glenda*, de quelques rares images filmées dans les coulisses des tournages et de quelques passages en noir et blanc, il n'y avait pas grand-chose. Johnny dut compter sur son instinct et sa perception personnelle du comportement de Wood dans la réalité. Cela ne l'empêcha pas de sauter sur le rôle sans hésitation :

– J'ai lu tout ce qui me tombait sous la main, raconte Johnny. Il est notoire que les détails que l'on possède sur sa vie sont flous. Tim voulait capturer l'esprit du gars et j'avais à l'exprimer à l'écran. J'ai visionné les films et j'ai regroupé tous les personnages dans mon esprit. J'ai voulu le montrer en même temps extrêmement optimiste, naïf et brillant organisateur de spectacles. C'était un homme qui aimait faire des films. C'était toute sa vie et il n'a jamais rien laissé le décourager.

Tout comme Johnny. Ils seront nombreux à considérer son interprétation de Wood comme la plus forte et la plus théâtrale que Johnny ait faite jusque-là.

Petit à petit, les autres acteurs se regroupèrent autour de Johnny. Martin Landau fut engagé pour tenir le rôle de Bela Lugosi et Bill Murray pour celui de l'ami travesti de Wood, Bunny Breckinridge, Jeffrey Jones, qui jouait dans le *Beetlejuice* de Burton, fut choisi pour le rôle de Criswell, Lisa Marie, un ancien modèle (et à l'époque la petite amie de Burton) devait jouer Vampira. George Steele, dit « L'Animal », un authentique catcheur, devenait Tor Johnson, Sarah Jessica Parker jouait la petite amie de Wood et Patricia Arquette fut appelée pour tenir le rôle de sa femme, Cathy.

Burton prouvera une nouvelle fois que son choix compose un excellent cocktail de talents. Et il avait lutté pour ça.

– Autour de Johnny, je voulais des acteurs connus et des inconnus, confiera-t-il. C'était un peu comme essayer de réunir des personnes très différentes, tout comme dans les films de

Wood. Je voulais que ce film irradie sa propre énergie mystérieuse comme *Beetlejuice* ou *Edward aux mains d'argent*.

Pour Burton, ce qui est bizarre est bon, tout ce qui est bizarre est recevable et le bizarre a du succès. Une de ses plus féroces croyances est que les conventions hollywoodiennes sont là pour être brisées et que le public sera ravi de vous voir les briser, aussi longtemps que ça le distraira. De son point de vue, *Ed Wood* ne devait pas être différent.

Certains trouvèrent toutefois singulier le choix de Johnny pour tenir ce rôle. Des rumeurs circulèrent dans Hollywood prétendant que Johnny avait déjà mené des recherches pour interpréter le rôle qui allaient bien au-delà de ce à quoi on pouvait s'attendre. Selon Scott Alexandre, il portait simplement des sous-vêtements féminins et des pulls angora au quotidien pour s'y préparer. Il demanda même à Alexander comment entortiller les petits poils qu'il avait sur la poitrine, petits poils qu'il essaierait d'enrouler distraitement autour de ses mamelons pendant qu'il marcherait à pas mesurés.

Burton était surtout concerné par la vraisemblance du personnage :

– Ed devait être travesti dans plusieurs scènes du film et les travestis sont des cibles faciles. Mais Johnny est si crédible qu'il l'interprète sans le rendre ridicule. En plus il est vraiment superbe dans ces vêtements.

D'autres acteurs avant lui étaient apparus dans des rôles de travestis. Les plus notables restaient Robin Williams dans *Madame Doubtfire* et Dustin Hoffman dans *Tootsie* (1982). Cependant, ces deux acteurs étaient déjà d'âge moyen quand ils apparurent ainsi dans ces films et s'inquiétèrent sans doute bien moins des conséquences possibles du fait de s'habiller en femme.

Mais Johnny n'avait pas besoin de s'en inquiéter non plus car son interprétation, dans les scènes de travesti et dans toutes les autres, enchanta le public et les critiques. Landau ne se posait pas de question non plus :

– Lorsque j'ai joué un homosexuel dans *La Mort aux trousses* de Hitchcock, on m'a demandé si j'étais gêné que les personnes puissent penser que j'étais gay. Bien sûr que non ! avais-je répondu. C'est pareil avec Johnny. Si vous êtes bien dans votre peau, il n'y a pas de problème. Autrement vous ne pourriez pas être acteur.

– Avant le début du tournage, se souvient Johnny, j'ai reçu un paquet de New York, de la Finishing School de mademoiselle Vera. C'est un endroit où ils apprennent aux hommes à se travestir et à se comporter comme une femme. Il y avait un tas de trucs, des livres, des photos. La lettre disait : « Nous avons appris que vous faisiez ce film. Nous pouvons vous aider à devenir une femme. » J'ai pensé un moment aller les voir.

Selon la costumière Colleen Atwood, ce n'était pas vraiment nécessaire. Restait le défi de transformer l'un des acteurs les plus sexy d'Hollywood en actrice. Atwood savait exactement comment procéder :

– Quand Ed est habillé en homme, il l'est de façon basique, avec une chemise, des pantalons sombres, un gilet et une cravate. Quand il est travesti la métamorphose est totale, la différence est claire et nette. Quand il était en femme, nous rembourrions ses hanches, nous lui modelions un buste et tout ce qui va avec. Johnny était vraiment génial en femme. La première fois que nous lui avons fait porter un pull angora nous n'arrêtions pas de dire : « Mon Dieu, qu'il est beau ! »

Johnny, lui, n'était pas très convaincu et il trouvait étrange de jouer un personnage habillé en femme :

– Quand je me suis regardé la première fois dans le miroir, confessa-t-il, j'ai pensé que j'étais la femme la plus horrible que j'avais jamais vue. J'avais l'air gros dans ces vêtements. Énorme ! En revanche c'était d'un confort inattendu. Cela m'a même aidé à comprendre mon personnage. C'est effrayant comme c'était confortable. Le seul moment où je me suis senti bizarre, c'est quand j'ai dû faire un strip-tease. Mais je n'avais pas peur de ce que pourrait penser le public. Cela aurait gâché l'effet escompté, si je n'avais pas été à l'aise. Cependant, j'ai amélioré ma démarche avec des chaussures à talon. J'avais de jolis slips, des bas, des jarretières et deux beaux soutiens-gorge, continuera-t-il. Et j'aime les pulls angora. Ils sont incroyables, mec ! On est vraiment bien dedans. Une fille avec laquelle je suis sorti quand j'étais ado avait un pull angora. Quand nous avons rompu, j'ai eu de la peine, pas à cause d'elle mais du pull.

– Il était très naturel, raconta Patricia Arquette qui lui donna quelques trucs sur la façon de se déshabiller. Il est étonnant, très strict sur les personnes devant qui il accepte de se déshabiller. Je pense qu'il donnait de l'énergie à tout le monde sur le plateau. En fait, c'était lui, plus que Tim, la force motrice du film. Nous avions des scènes très intimes ensemble, il pouvait se concentrer sur elles et le rester pendant des heures. Je n'ai pas cette discipline. J'ai toujours des crises de rires pendant une scène alors que Johnny pouvait la jouer du premier coup.

Johnny admettra qu'à la fin :

– L'idée d'avoir trente ans, de s'habiller en femme, de se balader sur le plateau, de parler aux techniciens, ces gros hommes de Cro-Magnon, et les voir mal à l'aise était assez amusant.

L'attention accordée aux détails fut essentielle sur ce tournage. Sous l'œil vigilant du décorateur Tom Duffield, construire des décors identiques à ceux des films à petit budget de Wood fut stimulant :

– Chaque décor, se souvient Duffield, a sûrement dépassé le budget que Wood a consacré à l'ensemble de ses films. Le plus difficile était de réussir à ce que les choses ne semblent pas parfaites. Ce que nous n'avons pas pu trouver nous avons dû le construire. Les décors d'Ed ont été montés avec des matériaux peu coûteux, mais tout était fait à la main, sur mesure, et c'était donc loin d'être bon marché.

Burton se donna aussi beaucoup de peine pour mettre en évidence la nature autobiographique du film, intégrant des éléments de soixante-huit lieux différents, dont beaucoup furent les lieux de prédilection de Wood.

– C'était un tournage très actif, raconta ensuite Johnny. Je veux dire qu'il était vraiment dur car nous avons tourné dans les endroits les plus clos, les plus mal aérés, les plus inconfortables d'Hollywood. Mon adrénaline montait en permanence. Toute l'équipe se donnait à deux cents pour cent. C'est le film avec la plus grande entente collective auquel j'ai participé. Je ne pense pas avoir travaillé sur un autre film où l'équipe ait été aussi soudée.

Kathy, la seconde femme de Wood, se montra élogieuse, en particulier à propos de l'interprétation de Johnny. Ils ne se rencontrèrent pas avant que Kathy ne se décide enfin à se rendre sur le plateau. Johnny se souvient à quel point il était nerveux qu'elle le regarde jouer le rôle de son mari :

– Ce fut une révélation. Elle me donna le portefeuille d'Edward et son carnet d'adresse. J'étais un peu dérouté au début parce que je ne savais pas comment le prendre. Mais cela s'atténue quand on rencontre quelqu'un qui a vraiment connu une personne que vous interprétez dans un film. Le portefeuille et le carnet sont finalement devenus très importants dans la manière dont j'ai étoffé le rôle.

Devant tant d'éloges, Johnny avait hâte de voir le film. C'était en fait la première fois qu'il se sentait à l'aise à l'idée de se voir à l'écran :

– J'étais nerveux comme si c'était vraiment une grande expérience. Tout au long du tournage, c'était comme si je m'éloignais de toutes les merdes que j'avais faites. Ed n'était pas quelqu'un qui avait peur de prendre des risques, précisera-t-il plus tard. Il faisait exactement ce qu'il avait envie de faire. Il faisait pour le mieux avec ce qu'il avait et il était capable de monter des images surréalistes avec des moments de génie. Je le pense vraiment. Ses films, c'était vraiment lui, ils étaient authentiques. J'espère que l'on se souviendra d'Ed comme d'un artiste. J'ai pensé que ce serait sympa de faire un film qui serait une déclaration d'amour pour lui. Nous avons essayé de laver son nom de la boue dans laquelle on l'avait traîné.

C'est certainement avec cette optique qu'il avait abordé le rôle.

Par une étrange ironie du sort, quelques mois seulement après la sortie du film, Johnny se joignit à Disney et aux autres principaux participants pour une campagne dans le but d'obtenir qu'Ed Wood ait son étoile sur Hollywood Boulevard, sur « The Walk of Fame », la Promenade de la Gloire :

– Parce que c'était important, confiera Johnny. Quelqu'un a dit qu'il y avait une étoile disponible près de Bela Lugosi. Ça serait vraiment parfait.

À sa sortie aux États-Unis en 1994, Ed Wood recueillit d'excellentes critiques mais son parcours au box-office resta plutôt médiocre.

Dans *Entertainment Weekly*, Richard Corliss déclara que Johnny était « un acteur exemplaire qui peut faire beaucoup plus que de sourire avec héroïsme face aux humiliations ».

Le magazine *Première* partagera ce sentiment : « Depp interprète Wood comme un naïf pris au piège des illusions du cinéma. C'est un autre Edward aux mains d'argent. Il semble pétrifié de joie tout le long du film. » Le *Village Voice* dira pratiquement la même chose ajoutant que le film est « impeccablement réalisé, aussi minutieux que les précédentes productions de Burton ».

Le film sortira en Grande-Bretagne au mois de mai suivant et la réception sera sensiblement la même. Le magazine *Empire* reconnaîtra les qualités de l'interprétation de Johnny : « Depp nous offre une performance hypnotique, qu'il soit travesti ou non, et remporte un succès avec ce rôle clairement farfelu qui donne une nouvelle fois la mesure des talents de ce jeune acteur. Un sublime plaisir. »

Ed Wood fut le troisième film pour lequel Johnny fut nominé au Golden Globe dans la catégorie meilleur acteur. Le film remporta deux Oscars en 1995, celui du meilleur maquillage et celui du meilleur acteur pour la prestation de Martin Landau dans le rôle de Bela Lugosi.

Sept mois plus tard, Johnny acheta l'une des anciennes maisons de Lugosi, surnommée « Le Château », pour 2,3 millions de dollars. Elle s'élève sur environ un hectare de terrain près de Sunset Trip à Hollywood. La propriété d'environ 8 000 m2 est entourée de murs et de barrières. La maison appartenait depuis 1980 à un célèbre avocat spécialisé dans les divorces, Marvin Mitchelson. Il était forcé de la vendre au bout de treize ans suite à une condamnation pour fraude fiscale.

– C'est génial, s'exclame Johnny dont l'enthousiasme pour la maison est toujours intact, Lugosi y a vécu pendant les années quarante, certaines scènes du *Magicien d'Oz* ont été tournées ici, c'est intéressant, c'est la cerise sur le gâteau. J'aime cette maison, elle est d'une conception si étrange, l'architecture est si inhabituelle. Elle ressemble à un petit château mystérieux en plein milieu d'Hollywood. Mais je n'y suis presque jamais.

Mais monsieur Pink, comme l'appelle Johnny, réside toujours sur place :

– C'est un ami qui vit dans la maison et qui s'occupe de la propriété. Je ne sais pas pourquoi on l'a surnommé ainsi. Depuis vingt-cinq ans c'est « monsieur Pink ». Il a travaillé pour les Pink Floyd, c'est peut-être à cause de ça. C'est un chic type. Si je vivais seul ici, l'endroit serait un vrai désastre. On ferait venir le service de salubrité. Je ne pourrais pas m'occuper de tous ces trucs tout seul. M. Pink est parfait, une sorte de bon ami qui s'occupe de tout.

M. Pink n'est pas le seul à résider sur les lieux. Plusieurs années auparavant Johnny était parti une fois encore en quête de meubles de jardins originaux. Il cherchait quelque chose d'inhabituel pour mettre à l'entrée de la propriété. En 1997, il découvrit la pièce idéale, un gorille jaune de plus de deux mètres de haut :

– Il provient du décor de *Las Vegas Parano*, racontera Johnny en riant. Il porte sur son estomac la phrase : « Vous pouvez courir mais vous ne pouvez pas vous cacher. » Quand je l'ai vu, j'en suis tombé amoureux, comme il se doit devant un gorille de cette taille. Et j'ai pensé : HAHA ! C'est une bonne idée. Je vais l'installer chez moi pour défier ces bâtards de voisins qui se sont plaints de la construction et des putains de feuilles qui tombent dans leur jardin. C'était une merde horrible. Ce sont des pinailleurs, des chicaneurs.

– Le gorille fait un « doigt d'honneur » et il a aussi une monstrueuse érection. Nous y avons intégré une pompe et désormais il pisse en permanence dans un seau. Les voisins n'ont pas encore fait de remarques, mais ils ont bien dû se douter que nous l'avions mis là pour eux. Je l'ai fait déplacer maintenant, et il fait face à la petite véranda dans laquelle ils boivent leur café chaque matin. Il est tout au bout de l'allée et lorsque vous garez votre voiture en arrivant il y a cet énorme gorille avec la gaule : Bienvenue chez Johnny ! En dehors de M. Pink il y a aussi Moo, le Pit-Bull Terrier, cadeau de Kate :

– Il ne mord pas. Quand on dit que les Pit-Bulls mordent, c'est juste de la propagande. Ça dépend de leur propriétaire. Je ne mords pas très fort non plus. Il me manque quand je suis loin. J'ai aussi deux rottweilers, Red et Black. Il y a donc Moo, Pink (rose), Red (rouge), Black (noir) et moi. Je ne me suis pas encore trouvé un nom de couleur, j'en cherche un.

Après *Ed Wood*, Johnny passa au tournage de *Don Juan DeMarco*, un film que des informations précoces présentaient comme aussi désopilant que son prédécesseur était scandaleux. L'idée avait germé dans le cerveau de Jeremy Leven. Le scénario écrit en 1990 s'inspirait du *Don Juan* de Lord Byron :

– J'ai toujours voulu faire un film sur les femmes, l'amour, la romance et le sexe, expliquait Leven. Et je me suis demandé si quelqu'un en avait fait un sur Don Juan. La réponse était non. Le poème de Byron est très long, avec des parties très politiques, mais aussi des scènes absolument merveilleuses. Je me suis approprié certaines de ces scènes et je les ai retravaillées et insérées dans un nouveau scénario à l'occasion d'une autre publication.

Cette autre publication était son expérience personnelle en tant que psychothérapeute et sa fascination pour Don Juan.

Né et élevé à Woodbridge dans le Connecticut, la carrière de Leven semblait prédestinée, depuis l'école primaire où il passait son temps à écrire sous une forme ou sous une autre. Persistant dans son intérêt pour l'écriture, il avait publié deux romans, *Creator, ni Dieu ni Diable* et *Satan*, sa psychothérapie et sa guérison par l'infortuné docteur Kassler, L.P.C.V.

Plus tard il fonda et dirigea The Proposition, une troupe de théâtre satirique qui joua à Cambridge, Massachusetts, pendant dix ans et Off-Broadway pendant un peu plus de quatre ans. Les années suivantes il eut différents emplois : metteur en scène à la télévision, professeur, psychologue dans un hôpital d'état, psychologue clinicien. Il devint même membre de la faculté de Harvard. Il s'orienta ensuite vers l'écriture, puis la réalisation de films, en 1980, avec l'adaptation de son roman *Creator* et de *Playing for Keeps*.

Dans le scénario de son *Don Juan*, il introduisit le personnage du psychiatre Jack Mickler, interprété par Marlon Brando, en tant que catalyseur de l'exploration de cette zone grise qui existe entre fantaisie et réalité.

Après trente ans à écouter, supporter et démêler les misères d'autrui, ce dernier est à bout. Il ne lui reste que trop peu de temps à consacrer à ses collègues ou à sa femme si patiente, jouée par Faye Dunaway. Il attend que sonne l'heure, imminente, de la retraite. C'est alors que *Don Juan DeMarco* lui apporte le cas le plus étrange et le plus fascinant de sa carrière. Les contes de DeMarco au sujet de ses amours et de ses passions sont exactement ce dont Mickler a besoin pour retrouver sa réputation professionnelle et tenter de sauver son mariage qui bat de l'aile.

La première scène ne perd pas de temps pour présenter le personnage principal, un jeune homme perché de façon précaire sur une passerelle étroite au sommet d'un panneau publicitaire à plus de cent mètres au-dessus du niveau de la rue. Le visage dissimulé sous un masque, enveloppé dans une cape flottant gracieusement et brandissant un sabre, il clame être Don Juan, le plus grand amant du monde et avoir séduit au moins mille cinq cents femmes. Mais là, pour le moment, il semble bien désemparé. Et il a plusieurs raisons de l'être. Bien qu'il ait aimé un certain nombre de femmes, celle qu'il aime vraiment l'a rejeté. S'étant convaincu qu'il n'y a plus rien et qu'il ne reste personne à aimer, le suicide lui semble la seule option possible. Cela jusqu'à ce que le docteur Mickler fasse irruption dans son monde d'angoisse et d'auto apitoiement, et ne réussisse là ou la police a échoué : faire descendre l'homme à la cape de son perchoir.

Puisqu'il est au seuil de la retraite, Mickler décide qu'il n'a rien à perdre en s'intéressant pendant dix jours à cet individu, en évaluant, diagnostiquant et traitant ce nouveau patient apparemment désillusionné.

Mais autant Mickler se fait des illusions, autant son patient est désemparé et Don Juan entraîne son nouveau mentor à travers une série d'histoires qui ne sont, au mieux, que des histoires d'un érotisme sauvage. Il lui raconte tout, de son enfance dans une petite ville mexicaine à son voyage en Arabie où il s'est épuisé au service d'un harem, jusqu'à un ultime naufrage sur une île déserte où il a rencontré son véritable amour. Mais ce dernier l'a rejeté quand il a appris ses aventures passées.

Mickler, entraîné dans ces histoires d'amour, de passion et de romance – qui apparaissent filmées de façon remarquable, lors de flashbacks – s'en trouve régénéré et sauve son mariage grâce aux révélations que lui fait son patient.

Leven le confirmera, *Don Juan* est un film léger, fait de fantaisie. Qui pouvait mieux que Johnny tenir le rôle titre ? Pourtant, alors qu'il terminait son scénario, le réalisateur n'avait pas encore d'idée précise sur l'acteur qui pourrait incarner le rôle titre :

– On m'a dit que Johnny était intéressé. Johnny interprète Don Juan comme un être amoureux de l'amour. Peu importe que cela soit vrai ou non, il suscite en Mickler une métamorphose totale.

Le genre de beauté de Johnny fut aussi considéré comme suffisamment latin pour qu'il puisse jouer Don Juan. Mark Salisbury, du magazine *Empire*, ne put qu'être d'accord : « Depp est né pour jouer ce rôle. Ses sublimes regards, ses yeux de biche sont des ingrédients parfaits pour accompagner un style de vie fait de séduction et d'amour. »

Mais si Johnny était désormais fermement décidé à tourner dans Don Juan, il restait un obstacle. Il n'apparaîtrait dans ce film que si Marlon Brando acceptait de jouer le rôle du psychiatre. Leven s'est alors inquiété : « Je pensais que le projet était mort-né, jusqu'à ce que je reçoive un second choc en apprenant que Marlon était intéressé. » Il savait que Johnny aimait le scénario.

– C'est incroyablement écrit, proclamera Johnny, les dialogues de mon personnage sont si poétiques, si beaux. Le défi pour moi était de créer un personnage légèrement insolent et fier, mais sympathique. J'avais besoin de créer quelqu'un qui a un fort sens de ce qu'il est, ce qui ne l'empêche pas de s'égarer.

Autre paramètre de taille : si Johnny devait avoir un Dieu ou un héros ce serait Brando. La star, désormais âgée, était aussi l'acteur préféré de Johnny et avoir la chance de jouer avec lui était comme un rêve qui devenait réalité. Ce qui ne signifie aucunement qu'avec le seul nom de Johnny à l'affiche le film n'aurait pas eu le feu vert. Loin de là. Ce qui était incertain, cependant, c'était s'il aurait assez d'influence pour attirer un acteur de la trempe de Brando vers ce stéréotype : un film farfelu avec Johnny Depp. Apparemment, c'était le cas.

Brando, lui-même fort controversé durant ses quarante ans de carrière, avait trente-cinq films derrière lui et on pouvait dire qu'il avait eu le même charisme à l'écran que celui qui émanait de Johnny, comme d'ailleurs James Dean ou Elvis Presley.

Nominé sept fois aux Oscars en tant que meilleur acteur, Brando avait remporté le prix deux fois, en 1954 pour *Sur les quais* et en 1972 pour son interprétation remarquable de Vito Corleone dans *Le Parrain*, de Coppola.

Il pouvait être fier de son parcours et de la grande cohérence qui existait entre ses rôles, que ce fût dans *Un tramway nommé désir*, *Viva Zappata*, *Jules César*, *L'Équipée sauvage*, *Les Révoltés du Bounty*, en passant par son très controversé *Dernier Tango à Paris* et, bien sûr, son apparition de quinze minutes dans le *Superman* de Christopher Reeves.

Le choix de Faye Dunaway dans le rôle central de la femme du psychiatre (Brando) fut également fort judicieux. Elle aussi était pleine d'affection pour le vieil acteur : « C'est une idole, un rêve. C'est un mythe pour tous les acteurs du monde. Et Johnny est le second. »

– C'était terriblement stimulant de travailler avec Marlon et Faye, se souvient Johnny. Ils ont tous deux des carrières incroyables. J'ai été privilégié de travailler avec eux, cela m'a permis de me perfectionner.

S'il avait été assailli pour des raisons quelconques par un manque de confiance, après des heures de tension, la nervosité et peut-être l'éblouissement d'un garçon du Kentucky face à une star du calibre de Brando, cela s'était bientôt dissipé :

– Il faut juste se jeter à l'eau, dira-t-il. J'étais vraiment nerveux sur le chemin de sa maison. Et puis, dès que je l'ai vu, il m'a instantanément mis à l'aise en me disant « salut ». C'était magique. C'était très, très important pour moi qu'il fasse le film.

Le producteur Patrick Palmer remarqua : « Regardez ! Nous avons l'acteur de plus de soixante ans le plus doué et l'acteur de moins de trente ans le plus talentueux, et l'une des actrices les plus acclamées d'Hollywood. »

Les critiques pour le film ne pourraient pas avoir été meilleures si Leven les avait écrites lui-même.

– Je voulais que *Don Juan* mette l'accent sur ce qui est important dans la vie et les relations entre les gens. C'est une histoire qui parle de la vie sans cesse renaissante, de l'humanité, de comment, tous, nous vivons. Et plus important : de comment mordre la vie à pleines dents.

Les critiques, consensuelles, trouveront le film tout à fait délicieux. « Johnny Depp affronte Brando et joue sans narcissisme ou cabotinage », écrira Derek Malcolm dans *The Guardian*. Autre éloge : « Depp semble attiré en permanence par les personnages marginaux et est parfaitement à sa place dans ce rôle d'un homme qui tire un plaisir d'adolescent des occasions que lui offre la vie. »

C'étaient encore des compliments pour un rôle de marginal et certains insinuaient que Johnny était peut-être fatigué de jouer ce genre de personnage. On suggérait que peut-être le temps était venu pour lui de tourner dans un film d'action ou une superproduction, ce qu'il avait fièrement évité depuis ses débuts. Pourtant, certains critiques ne manquaient pas de le lui rappeler, parfois douloureusement. Mais Johnny restait inflexible :

– Je ne suis pas un mec à superproductions. Je n'ai jamais voulu l'être. Vous ne pouvez pas prévoir ce qui sera un succès commercial et j'ai besoin de me sentir stimulé par l'histoire pour donner le meilleur de moi-même. Je ne vais pas accepter de jouer un personnage ennuyeux en échange d'un gros chèque. C'est très facile de prendre cette voie, mais il n'y a juste... rien au bout. Tout a déjà été fait dix millions de fois, mais vous pouvez au moins essayer de faire quelque chose de différent, non ? J'ai juste envie de faire ce que je veux.

CHAPITRE - X
MEURTRE EN SUSPENS

« Je n'ai jamais aimé être exposé aux regards du public. Cela me met très mal à l'aise. C'est pourquoi j'aime tant être à Paris. Je peux faire ce que je veux sans être scruté, jugé, traqué. Je ne suis pas intéressé par le luxe. Je préfère une existence fertile en expériences originales. »

Johnny et Kate se rendirent au Festival de Cannes pour participer à la première du dernier film de l'acteur, *Dead Man*, de Jim Jarmusch. *Ed Wood* et *Don Juan DeMarco* étaient sortis peu de temps avant aux États-Unis, en mai 1995.

Comme Burton, Jarmusch peut être décrit comme l'un des rares réalisateurs visionnaires à avoir conquis Hollywood. Cet ancien étudiant en cinéma attira l'attention du public en 1984 avec un court-métrage en noir et blanc à petit budget intitulé *Stranger than Paradise* et deux ans plus tard avec *Down by Law*.

Il était plus connu toutefois pour *Mystery Train* (1989) où il posait un regard oblique sur des touristes à la dérive dans un Memphis hanté par le souvenir d'Elvis, ainsi que pour l'éblouissant *Une nuit sur la Terre*, trois ans plus tard. Ce dernier film entraîne le spectateur dans cinq virées en taxi se déroulant au cours d'une même nuit et durant lesquelles passagers et chauffeurs (dont l'un des rôles est tenu par Winona Ryder) se découvrent. Un film qui est pourtant l'un des moins connus de Jarmusch et de Winona.

Avec un tel pedigree, rien d'étonnant à ce que Johnny ait voulu travailler avec ce réalisateur très applaudi et déjà culte, même si à sa sortie le film laissera les critiques un peu perplexes. Il a été décrit par certains comme un western lent et hypnotique.

Il semble avoir plus de points communs avec *Le Septième Sceau*, d'Ingmar Bergman et *Silent Tongue* (1993), le western mystique de Sam Shephard, qu'avec les habituelles productions hollywoodiennes.

Ce fut sans doute la plus grande critique négative que l'on fit à *Dead Man*. C'est ce qu'écrira Derek Malcom dans *The Guardian* : « Ce qui aurait pu être une fascinante histoire courte est étiré par Jarmusch sur deux heures d'une lente combustion où l'humour cohabite avec une prodigieuse philosophie visuelle. »

Toutefois l'éblouissante photographie en noir et blanc, due à Robert Muller, en fait un western fascinant et agréablement cadencé, avec une pointe de film noir pour faire bonne mesure.

C'est l'histoire du voyage initiatique de William Blake (Johnny) qui voyage aux confins de l'ouest des États-Unis, un territoire qui lui est familier. Nous sommes aux alentours de la seconde moitié du XIXe siècle. Blake, perdu et grièvement blessé, rencontre un étrange indien marginal appelé Nobody (« Personne », joué par Gary Farmer) qui le prend pour son homonyme, le poète anglais Blake. Avec Nobody, Blake va se retrouver dans des situations tour à tour comiques et tragiques. Bien que cela soit bien loin de sa nature, les circonstances font de lui un hors-la-loi recherché, un tueur, un homme dont l'existence se délite avec le temps. Jeté dans un monde cruel et chaotique, ses yeux s'ouvrent sur la réalité de la fragilité de la vie humaine. C'est comme s'il était passé de l'autre côté du miroir, dans un monde inconnu.

Johnny a adoré le film et le personnage qu'il jouait, mais il espérait que ce soit son « dernier rôle de personnage plein d'innocence. C'est encore une fois un gars naïf qui tente de réussir sa vie. Il travaille dur pour ça et il finit par mourir lentement, en étant conscient qu'il est en train de mourir. Cela reste cependant une belle histoire. »

Jarmusch avait écrit le rôle de William Blake en pensant à son ami Johnny :

– C'est l'une des personnes les plus minutieuses et les plus aptes à se concentrer avec qui j'aie travaillé, déclarera le réalisateur en parlant avec enthousiasme de Johnny. L'équipe entière en a été stupéfiée. C'est un de ses côtés que je ne connaissais pas vraiment. Je le connais surtout pour s'endormir sur le canapé en laissant la télé allumée toute la nuit. Mais quelque part, ça cadre, parce qu'il est bourré de paradoxes. Ce que j'aime chez lui en tant qu'acteur, c'est sa finesse et sa gestuelle pleine de retenue. Il a des yeux étonnants dont il sait jouer pour obtenir des effets superbes. Je n'avais jamais mesuré cette précision jusqu'à ce que je travaille avec lui. Son jeu ne sonne jamais faux et il ne surjoue jamais.

Un peu comme Robert Mitchum, l'un des acteurs de western des plus remarquables qui, quatre ans plus tôt, avait fait une courte apparition dans *Les Nerfs à vif*, de Martin Scorsese, un captivant remake du film de 1962.

Johnny a été enchanté de travailler avec lui, particulièrement en se rappelant des tatouages « Love » (Amour) et « Hate » (Haine) sur les phalanges de Mitchum dans *La Nuit du chasseur*, de Charles Laughton, le film que Winona lui avait fait découvrir longtemps avant qu'il ne soit restauré par l'Institut du Film britannique en 1999. Aujourd'hui Johnny reconnaît toujours la grande valeur de cette expérience : « Il mesurait plus de deux mètres, il était en pleine forme, c'était un dur. »

C'était une chose que Johnny comprendrait, rétrospectivement du moins. Douloureusement conscient que son image dans le public était tout d'abord celle d'une célébrité, ensuite celle d'un acteur et que sa carrière, son travail et même sa personnalité étaient jugés selon les mêmes critères.

La perception que le public a de Johnny est également due à des considérations telles que, par exemple, son intérêt pour la vie après la mort. Et rien ne saurait mieux exprimer cela que son séjour à Mackay Mansion, au Nevada, durant le tournage.

Mackay Mansion est une maison victorienne de trois étages que la rumeur publique dit hantée par une petite fille vêtue d'une robe de soirée en soie nouée d'une ceinture bleue.

– Je veux rencontrer les esprits, avait dit Johnny au magazine *Première*. Quand j'étais gosse, je faisais des rêves. Mais ce n'était pas des rêves. J'étais éveillé, mais je ne pouvais ni bouger ni parler. Un visage m'apparaissait. Quelqu'un m'a dit que c'était l'esprit d'un proche décédé, mais qui n'est jamais parvenu à dire ce qu'il voulait. Et je le crois.

Ce n'est pas la seule fois où il reconnaît avoir vécu ce genre d'expérience :

– J'ai séjourné dans un hôtel londonien qui fut autrefois un hôpital. Le visage malfaisant d'un chirurgien m'est soudainement apparu. J'étais juste allongé sur le lit, je ne dormais pas, je n'avais pas pris de drogue. Cela m'a vraiment effrayé, ça m'a glacé.

Une autre expérience vécue à Paris dans la pièce où était mort Oscar Wilde fut angoissante :

– Je ne l'ai pas vu. Mais il y avait le lit dans lequel il était mort. Cela peut sembler un peu parano, mais je craignais que son fantôme ne vienne me niquer à quatre heures du matin.

Un des plus grands frissons de Johnny reste toutefois sa visite de la maison du maître de l'évasion, Harry Houdini, dressée au-dessus du Laurel Canyon. Elle est désormais en ruines :

– Les habitants du coin racontaient que des phénomènes étranges se déroulaient au sommet de la colline. Il n'y a rien, là-haut. Je parie que c'est un endroit très romantique la nuit. Je pense parfois que je pourrais avoir été Houdini.

C'est pour cette raison que Winona Ryder lui offrait des cadenas anciens, pour ce qu'il appelle son « passe-temps Houdini ».

Il pensait aussi qu'il était temps d'élargir l'éventail de ces rôles. C'était une pensée qui avait émergé à la fin de *Don Juan DeMarco* et il désirait maintenant la concrétiser. Le dernier projet de John Badham semblait idéal pour cela. Johnny avait été séduit dès qu'il en avait entendu parler. Même s'il semblait étrange que Badham se lançât dans un troisième remake de *L'Homme qui en savait trop*, d'Alfred Hitchcock. Surtout si on considère qu'il s'agit de l'un des films d'Hitchcock que les spectateurs préfèrent et qu'il avait déjà engendré une autre version étoffée et colorisée par le réalisateur lui-même, vingt-deux ans après la première.

Pour le public d'Hitchcock, cette histoire est centrée sur l'enlèvement d'une jeune fille, kidnappée pour empêcher ses parents de révéler qu'ils ont eu connaissance du projet d'assassinat d'un homme politique.

Dans sa tentative de trouver un nouvel angle à cette histoire, la version de Badham, *Meurtre en suspens* (1995), a légèrement détourné le sujet en transformant le rôle central en celui d'un jeune comptable contraint d'assassiner une personnalité politique pour sauver la vie de sa fille.

Déjà, en pré-production, *Meurtre en suspens* promettait d'être un remake terriblement attirant de l'original.

L'histoire commence par un banal après-midi. Pour le comptable Gene Watson (Johnny) le temps s'écoule paisiblement. Cela ne va pas durer. Il est sur le point de se trouver embarqué dans l'une de ces aventures poignantes et dramatiques qui tiennent en général les spectateurs en haleine devant la télé à l'heure des infos.

Le destin s'abat sur Gene lorsqu'il arrive avec Lynn, sa fille de six ans (Courtney Chase), à Union Station à Los Angeles et que la fillette est enlevée par deux faux policiers, Christopher Walken et Roma Maffia (M. Smith et M. Jones). On apprend à Gene qu'il a quatre-vingt-dix minutes pour commettre un meurtre sinon sa fille mourra.

Tout ce que pourrait envisager Gene pour avertir les autorités est paralysé par sa certitude que les kidnappeurs mettraient immédiatement leur menace à exécution.

Dans sa course frénétique contre la montre, chaque instant peut avoir des conséquences immédiates et mortelles.

Être au mauvais endroit au mauvais moment est le thème principal du film. C'est la vérité pour le personnage de Gene Watson. Il est confronté à la situation la plus inimaginable et la plus terrifiante qui soit, celle d'un homme ordinaire, d'un père attentionné dont le courage et l'intelligence sont mis à l'épreuve d'une façon horrible.

Il s'avère également que le plan indiscutablement fou des kidnappeurs implique Watson de façon convaincante, par le biais d'une cassette vidéo dans laquelle il apparaît comme un être solitaire, dérangé, acharné et qui cherche à accomplir une vengeance.

Comme le dira John Badham, plus connu pour *La Fièvre du samedi soir* et *Tonnerre de feu* :

– Presque chaque jour les journaux nous rapportent des incidents incroyables, mais réels, aussi énigmatiques que tragiques. Ces histoires ne cessent de démontrer que la réalité est souvent plus étrange que la fiction. La plupart des gens s'attendent à ce que tous les jours de la semaine se ressemblent. Mais chaque jour, il y a des gens qui se retrouvent en face de quelque chose d'inattendu ou d'insoutenable, et ils ne parviennent pas à accepter que cela leur arrive, à eux. C'est à cette situation que doit faire face le personnage de Johnny, celle d'un homme ordinaire entraîné dans un tourbillon de situations extraordinaires particulièrement horribles et sur lesquelles il n'a aucun contrôle. Cela peut nous arriver à tous. *Meurtre en suspens* pose au spectateur la question : « Que feriez-vous si cela vous arrivait ? »

Il est facile de comprendre l'attrait de Johnny pour le rôle. Non seulement cela lui offrait l'occasion de prendre de la distance avec les rôles d'excentriques ou de dingues qu'il avait joués au cours des cinq années précédentes, mais cela semble avoir été une tentative calculée pour se débarrasser des derniers vestiges de ce que les critiques avaient baptisé ses « excentriques stéréotypés ».

Le producteur exécutif DJ Caruso précisait :

– Ce rôle diffère beaucoup de ceux dans lesquels nous avons vu Johnny par le passé, mais le public le soutiendra, même s'il se demande s'il peut être le héros.

Johnny a réalisé lui-même quatre-vingts pour cent des cascades, des scènes très élaborées de bagarres jusqu'à l'audacieux saut au bout d'un câble de vingt-sept mètres. Le coordinateur des cascades, Shane Dixon, reconnaît à Johnny le statut d'acteur de film d'action, devant sa résistance et sa détermination à réussir et le fait qu'il y parvienne.

Un autre facteur expliquait l'attrait de Johnny pour ce rôle. Il avait découvert qu'il avait un désir intense de fonder une famille. C'était un aspect de sa vie privée qui avait apparemment soulevé des difficultés dans ses relations avec Kate Moss et Winona Ryder.

– Pour jouer ce rôle, j'ai puisé dans ce qui était à ma portée, dira Johnny. La famille est vraiment importante pour moi. J'ai des nièces et des neveux que j'adore. Si quelque chose leur arrivait, je deviendrais fou et je ferais n'importe quoi pour les sauver.

Tout aussi étonnante fut l'idée de réunir Johnny et Christopher Walken. C'était un coup de génie de la part de Badham et une autre des raisons qui fit accepter le rôle à Johnny. Cela l'aiderait à surmonter les difficultés qu'il avait pour jouer un homme d'action. Jusqu'à présent il avait toujours pensé qu'il aurait l'air d'un imbécile dans la peau d'un homme d'action, à moins de porter une chemise sur laquelle serait imprimé « homme d'action ».

Le tournage commença le 2 avril 1995 au Westin Bonaventure, un hôtel au cœur de Los Angeles, à quelques pâtés de maison d'Union Street. L'hôtel avait été réquisitionné pour le tournage de plusieurs scènes, on construisit l'éventaire d'un cireur de chaussures et une boutique de fleuriste et des pendules furent stratégiquement disposées pour rappeler au personnage de Johnny que le temps s'écoulait.

Johnny arrivait sur le plateau à sept heures, parfois loin d'être au mieux de sa forme. Le réalisateur ne lui demanda pourtant jamais ce qu'il faisait de ses nuits.

– Nous commencions par mettre en place une scène et je pense qu'il ne tenait en l'air que par ses bretelles, raconta Badham. Il restait debout et semblait un peu secoué mais totalement concentré. Pourquoi lui demander ce qui était évident ? Ce que j'ai vite compris, c'est que ce n'était pas important s'il ne s'était pas couché la nuit d'avant, parce qu'il était tout de même au top.

Il est évident que ce jeune et extraordinaire acteur était de plus remarquablement instinctif. Gloria Reuben, sa partenaire, le confirme : « C'est un Gémeaux. Très sensible, un peu timide et très drôle. S'il voulait saccager une chambre d'hôtel avec moi, je serais partante. »

Johnny doit faire également face à un tournage qui se déroule de façon chronologique, ce qui est opposé à la pratique usuelle qui consiste à tourner les séquences dans le désordre pour les mettre dans l'ordre au moment du montage.

– Le film, expliquera Badham, était tourné comme si nous venions juste de rencontrer ces gens et d'apprendre ce qui leur était arrivé. Les acteurs ont été filmés caméra à l'épaule, sans maquillage, pour avoir un sentiment de quelque chose de pris sur le vif, de réaliste. Dans le cas d'un documentaire vous ne faites généralement qu'une seule prise et elle doit être bonne, donc vous ne pouvez pas toujours mettre la caméra exactement où vous le souhaiteriez. Elle n'est pas toujours bien positionnée. Parfois, vous être trop loin ou trop près de l'action. La lumière n'est pas toujours parfaite ou flatteuse pour le sujet. C'est cette illusion que nous avons tenté de recréer.

Pour Johnny ce procédé était instructif et lui donna de l'inspiration :

– Nous avons fait plusieurs scènes qui nécessitaient deux ou trois caméras, ce qui réduisait le nombre de prises et permettait aux acteurs de garder leur fraîcheur et leur spontanéité. Du coup, vous n'êtes pas prisonnier de la barre de cadrage et vous pouvez aller partout et faire ce que vous voulez.

– Vous ne pouviez pas sauter ou prendre des raccourcis, dira Badham, afin de garder la continuité de l'histoire, comme quand on voit un gars quitter son bureau dans une scène et marcher ensuite vers la porte dans la suivante. Dans notre situation nous devions rester en compagnie du personnage de Johnny où qu'il aille et dans le même temps que lui, à la même allure.

Son enthousiasme pour cette interprétation et son acceptation des défis qu'il devait relever durant ce tournage prouvèrent à Johnny qu'il était désormais capable de tenir sa partie avec n'importe quel partenaire et dans n'importe quel film. Il semblait naturel qu'ayant désormais joué dans un film d'action, il y reviendrait.

Certains furent étonnés, voire choqués, à l'annonce de son projet suivant.

Enchanté de la liberté dont il jouissait entre les tournages, Johnny orienta son attention vers un aspect de sa carrière qu'il n'avait pas encore exploré, diriger son propre film. C'était quelque chose qu'il voulait faire depuis longtemps. Et nulle part ce désir ne s'exprimait mieux que dans les vidéos qu'il avait réalisées pour et avec ses amis et collègues.

Il avait d'ailleurs partagé avec Gibby Haynes l'honneur de diriger un petit film, *Stuff*, pour le premier album de John Frusciante, ancien des Red Hot Chili Peppers. Il en avait dirigé un autre avec Shane MacGowan et les Pogues et il apparaît à leurs côtés dans Top of the Pop. Il avait même trouvé le temps de diriger deux courts-métrages, un de douze minutes qui racontait un voyage d'une journée dans une maison pleine de bric-à-brac, le tout soutenu par une bande son très rock, et un documentaire anti-drogue de huit minutes. On pourrait les considérer comme des apéritifs pour Johnny, qui attendait de pouvoir mettre en route son propre projet en tant que réalisateur, acteur et auteur, *The Brave*.

Il n'en était pas exactement l'auteur. Le scénario qu'il avait écrit avec son frère Dan s'inspirait du roman éponyme de Gregory MacDonald.

– C'est l'histoire d'un homme qui se sacrifie pour sa famille, expliquera Johnny. Et je joue cet homme. Je me suis imbibé, j'ai volé tout ce que j'ai pu aux réalisateurs avec qui j'ai eu la chance de travailler, Tim Burton, John Waters, Lasse Hallström, Emir Kusturica, Jim Jarmusch. J'ai pensé que j'allais essayer d'en diriger un moi-même. Je ne sais pas pourquoi, je sens que quelque chose m'y pousse.

Malheureusement, beaucoup désapprouvaient carrément son projet. Même si Johnny avait atteint avec le temps une réputation d'acteur très respecté, c'était son premier grand projet en tant que réalisateur. C'était aussi un regard unique porté sur l'état lamentable dans lequel se trouvait la culture amérindienne dans l'Amérique contemporaine. Les critiques restaient partagés.

Son idée, comme l'une des critiques le souligna « était de dénoncer un problème et il le fait sans prendre de gants. *The Brave* est conçu pour que le spectateur se sente comme assis sur une planche à clous, même s'il se tortille et change de position, il ne peut échapper à toutes les douloureuses petites piqûres. »

Le film est bâti autour du thème classique et intemporel de la rédemption. Un Indien au chômage, Raphael (Johnny), a désespérément besoin d'argent. Il décide de vendre sa vie en échange d'une importante somme d'argent à un producteur (Marlon Brando) de « snuffs », ces films dans lesquels sont commis des meurtres réels et extrêmement brutaux. Raphael accepte un « rôle » pour que sa femme (Elpidia Carilli) et son enfant puissent connaître à l'avenir une vie plus confortable. Il dispose d'une semaine de sursis avant de se rendre sur le plateau pour y être torturé et tué.

Le film se concentre sur ces sept jours que Raphael passe avec sa famille, les premiers et derniers bons jours qu'ils passeront ensemble. Avec seulement quelques dollars en poche et quelques jours à vivre, Raphael va couvrir sa famille de cadeaux. La scène la plus réussie est celle où, au milieu de la nuit, il construit une sorte d'énorme fête foraine, une scène sans contestation possible inspirée par celle de la construction de la machine volante dans *Arizona Dream*. Dans une autre scène, Raphael est confronté à l'assistant du producteur, un être vil, interprété de façon mémorable par Marshall Bell, qui lui plante une pioche dans la main. Dès la séquence d'ouverture, quand Raphael pénètre dans un entrepôt désert, l'ambiance se veut inquiétante. Le même individu déplaisant l'interroge et le conduit ensuite dans une pièce en sous-sol où l'attendent une chaise électrique et Brando assis sur un fauteuil roulant, s'essoufflant sur un harmonica.

La vision de Johnny est obsédante, le malaise du spectateur croît à mesure que l'histoire se déroule. Puis vient la fin brutale et inévitable de Raphael. Il apparaît que pour un Indien d'Amérique, pratiquement un clochard, vendre son corps et mourir dans un « snuff movie » est la seule solution possible pour assurer à sa famille une vie plus décente. Le thème du film est là. Raphael boit, passe son temps à entrer et sortir de prison et ne peut même pas se payer une voiture. Sa famille survit au milieu de nulle part, dans un bidonville au pied d'un gigantesque dépôt d'ordures. Comme les autres laissés pour compte de la société, elle a bâti sa maison avec des matériaux de récupération et le bric-à-brac déniché dans les monceaux d'ordures qu'ils exploitent pour s'en sortir.

Une nouvelle fois, Johnny était aux anges de travailler avec Marlon Brando, même si ce dernier ne faisait qu'une courte apparition. Ce qui était le plus important, c'est que Marlon l'avait fait par amitié.

– Marlon qui venait faire ce film pour moi, c'était une incroyable bénédiction, commentera Johnny. C'était plus qu'un rêve. J'avais la chance d'avoir travaillé avec lui et d'avoir conservé son amitié. Quand nous nous sommes retrouvés pour travailler ensemble, cela a été très agréable. Nous avons discuté et rigolé sans arrêt.

Diriger Brando n'a pas posé de problème à Johnny.

– Personne n'a besoin de le diriger. Vous pointez la caméra vers lui et vous tournez et prenez ce que vous pouvez. Ce qu'il a fait pour moi va au-delà de tout ce que j'espérais. Il a vraiment creusé son personnage.

Mais même avec Brando au générique le film ne fera rien d'autre que prendre la poussière sur les étagères des distributeurs. Deux ans plus tard, pourtant, en mai 1997, il fut programmé à Cannes.

Mais, comme le fruit d'une conspiration contre le film, les critiques après la première furent décevantes. Ce fut choc important. Beaucoup étaient décevantes. « Le film rêvé de tout lycéen sensible et morbide », écrira un critique américain. Un autre le qualifia de « curieuse hantise » en raison de son excentricité. « Il y a des erreurs dans *The Brave*, comme sa lenteur destinée à évoquer l'ambiance languide du désert, mais c'est souvent d'une lourdeur de plomb. Ce n'est cependant pas le film le plus narcissique réalisé par un réalisateur se mettant lui-même en scène. »

Certains se montrent tout de même plus cléments, comme Jonathan Romney dans *The Guardian* : « Il semble que Depp cherche à créer son propre style cinématographique. Les sifflets de Cannes n'étaient pas mérités, il faut l'encourager et lui donner un autre film à diriger. »

– J'ai été très naïf, expliquera Johnny de son côté. J'ai pensé que réaliser un film serait facile alors que c'est un truc de fou. Complètement dingue. Vous ne dormez pas quand vous êtes supposé dormir et quand vous travaillez vous mourez d'envie de dormir. Les gens vous posent des questions du genre : « De quelle couleur voulez-vous que soient les chaussures rouges ? », alors que « rouge » aurait suffi. C'est le truc le plus dingue que j'aie jamais fait.

Il était tentant de faire une comparaison avec *Danse avec les loups*, de Kevin Costner. Si on avait loué Costner pour l'aspect « écolo » de son film, Johnny ne s'était pas montré moins compétent en la matière. Dans *The Brave*, les Indiens d'Amérique recyclent les matériaux, prennent les transports en commun, fabriquent les jouets de leurs enfants de leurs propres mains. Pourtant, pour eux, c'est une tragédie. Principalement parce que deux cents ans plus tôt ils étaient écologistes, certes, mais par choix et par tradition. De nos jours c'est une attitude induite par la pauvreté.

Il y a une chose que son ex-fiancée Winona Ryder, élevée dans un village de Californie avec des Indiens de Caroline du Nord comme voisins, comprenait autant que Johnny. Elle disait que les deux cultures, développées autour de l'idée d'une communauté soudée, de la simplicité et du respect de la terre, étaient si similaires que la ligne de démarcation entre les deux était floue.

– La culture amérindienne est la culture américaine, affirmerait Winona. Et nous pouvons beaucoup apprendre d'elle. Il est vraiment important de conserver l'ensemble de la culture de notre pays.

C'est ce qui la poussa à s'investir avec l'American Indian College Fund pour lever des fonds et maintenir l'intérêt pour l'héritage culturel commun. Elle demandera même à Johnny de lui montrer le film. D'après le magazine français *Première* de décembre 1997, Winona avait supplié Johnny, lors de leur dernière rencontre, de lui montrer son film, mais cela avait été impossible car il était enfermé dans un coffre. Winona savait que ce film avait une signification particulière pour Johnny.

D'une façon étrange, il en est fier : « C'est une sorte de parallèle avec ce qui est arrivé aux Indiens il y a cent ans. »

Les ingrédients du film renvoient l'écho de sa vision d'une société américaine gloutonne, avide de gains et de résultats. Il accuse de nouveau Andrew Jackson, le président dont l'effigie orne les billets de vingt dollars, d'être le responsable du génocide des millions d'Indiens.

La venue de Johnny à Cannes confirma les rumeurs insistantes qui couraient dans Hollywood depuis quelques semaines : Johnny et Kate avaient rompu.

On lira dans *The Sun*, le journal britannique : « Le top-model Kate Moss à finalement rompu avec le démon d'Hollywood, Johnny Depp. Chacun suit désormais sa voie après une liaison orageuse de quatre ans. Une source sûre affirme qu'ils espèrent rester amis et que Kate ira aux premières des films de Depp. Kate avait une fois évoqué un possible mariage avec Edward aux Mains d'Argent. Il y a quelque temps, Johnny s'était installé dans l'appartement de Kate à New York. Au lieu de cimenter leur couple, l'expérience a montré que Johnny et Kate se tapaient sur les nerfs. »

Le *New York Post* y alla aussi de ses commentaires : « La situation était déjà chaotique dans le couple lorsqu'il se rendit en mai au Festival de Cannes. Ils avaient chacun loué une villa. Kate était accompagnée d'un de ses amis d'Oasis. Ils ne se sont pas rendu visite. Des amis racontent que Kate souhaitait que la relation perdure mais que Johnny ne voulait pas changer pour elle. Quand Depp est venu récemment à New York, ils ne se sont pas vus une seule fois. »

Le porte-parole de Johnny à l'époque déclara qu'à sa connaissance, ils n'étaient pas séparés. Peu importe la vérité pour le magazine *People* qui suggéra : « Selon ses amis, Moss veut continuer à sortir avec Johnny de temps en temps, mais Depp n'est pas d'accord. »

Quant au *New York Magazine* il laissera filtrer que : « Kate a annoncé la semaine dernière à des amis qu'elle quittait l'idole trop colérique, parce qu'il y avait trop de bagarres. Il y a eu de courtes séparations auparavant, mais cette fois c'est une vraie rupture. »

Les révélations de Janet Charlton dans le magazine *Star* étaient plus douteuses. Elle racontait que Winona avait appelé Johnny parce qu'elle se souciait toujours de lui. Winona ne réagira pas à cette spéculation et la suggestion paraissait absurde, de toute façon. Le *New York Post* ne tarda pas à remarquer que Moss n'était pas restée seule longtemps et qu'elle s'était liée avec Tarka Cordell, 32 ans. Cordell aurait même déjà séjourné dans l'appartement new-yorkais de Moss l'année précédente. Mais Paul Rowland, directeur de l'agence à laquelle appartenait Kate Moss, dira : « À ma connaissance, ils sont amis depuis un moment. Mais je ne crois pas qu'il y ait une histoire d'amour entre eux. »

Johnny, lui, n'était pas pressé de voir quelqu'un s'installer dans sa vie. Bien que Jennifer Love Hewitt (de la série *La Vie à cinq*) ait le béguin pour lui, aucune rumeur n'était venue suggérer qu'ils étaient en couple. Même pas quand il apparaîtra sur le plateau de la série. Sa venue était en fait plus en rapport avec une lettre qu'elle lui avait envoyée en tant que fan quelques années plus tôt.

– C'était un jour où j'étais en survêtement et pas maquillée, racontera Jennifer. J'étais affreuse. J'étais dans ma caravane quand soudain j'ai entendu une costumière crier : « Johnny Depp est dehors. » Je ne pouvais pas le rencontrer dans cet état ! Je suis sortie en courant de la caravane, hurlant à pleins poumons jusqu'à ce qu'il parte. J'étais humiliée.

En parlant de Kate, Johnny dira à cette époque :

– Nous serions toujours ensemble si je ne m'étais pas comporté comme un imbécile. Elle était la meilleure chose qui me soit arrivée, mais j'ai tout gâché parce que mon humeur était trop instable et mes pensées trop noires pour que je me sente bien. Je me détestais et elle ne pouvait plus le supporter. Je ne la blâme pas. Je donnerai tout pour qu'elle revienne. J'en avais mal à l'estomac. Je pense que ceux qui ont rompu avec une fille qu'ils aimaient peuvent le comprendre. Vous restez couché, regardant fixement la télé, fumant votre cinquième paquet de cigarettes en vous demandant comment vous avez pu faire un tel gâchis d'une aussi belle histoire. C'est toujours ce que je pense au sujet de Kate. Elle sait ce que je pense d'elle. Mais nous savons aussi qu'il n'y a pas de retour en arrière possible. Si j'avais mieux pris les choses, si je n'avais pas été si déprimé à cause de mon travail et d'autres saloperies, nous aurions pu être heureux. Je ne sais pas, peut-être que je ne pouvais pas supporter l'idée que les choses aillent si bien entre nous, j'ai agi comme un idiot, je l'ai repoussée.

The Brave à peine terminé, Johnny commença à travailler sur un autre film. Il retrouva Marlon Brando, Debra Winger et John Hurt, son partenaire dans *Dead Man*. Le tournage de *Divine Rapture*, une satire noire de Thom Eberhardt sur le thème des miracles religieux, se déroulait dans le comté de Cork, sur la côte irlandaise.

C'était assez amusant et assez ironique de voir Johnny dans le rôle d'un journaliste menant des investigations sur une série de miracles dans lesquels le prêtre local, Marlon Brando, semblait impliqué. Winger jouait le rôle d'une femme de pêcheur qui mourait puis ressuscitait. Hurt interprétait le médecin du village.

La vie sur le tournage ne se déroula pas sans complication. La huitième semaine de tournage à peine entamée, la production rencontra ses premiers soucis avec l'Église catholique d'Irlande. Deux de leurs églises, croyait Eberhardt, étaient des éléments sociologiques essentiels au réalisme du film. Malheureusement, le clergé local ne l'entendait pas ainsi. Pas plus que l'évêque de Clyne, qui déclara que les églises n'étaient pas des décors de cinéma et que les églises de Ballycotton, Star of the Sea et de Immaculate Conception ne pouvaient être utilisées. Et pour faire bonne mesure, il ajouta que le personnage de Brando était une insulte au catholicisme.

Les lieux de tournage ne furent pas les seuls problèmes contre lesquels Thom Eberhardt dut lutter.

– Je suis ici depuis huit semaines, dira-t-il à l'époque. Le temps a été le plus souvent magnifique. Et dès que j'ai commencé à tourner il s'est mis à pleuvoir.

On ne peut blâmer personne pour le fait que tout avançait aussi lentement. Bien au contraire, les habitants de Ballycotton les avaient accueillis avec enthousiasme. Pour eux, l'arrivée d'une équipe de cinéma en provenance d'Hollywood signifiait aussi l'arrivée de dollars dans leurs poches. Marlon Brando, avec son cachet de quatre millions de dollars, allait, croyaient-ils, aider l'économie locale. Ce fut partiellement vrai. L'acteur avait commencé par chercher un logement et pour la mi-juillet 1995, date à laquelle commençait le tournage, il avait déniché une vaste gentilhommière à Shanagarry, demeure que la production loua quatre mille dollars par semaine.

– Je n'ai jamais été aussi heureux, avouera Brando. Dès ma descente d'avion j'ai été submergé par l'émotion. Je ne me suis jamais senti autant chez moi qu'ici. Je réfléchis sérieusement à demander la nationalité irlandaise.

Malgré toutes les difficultés rencontrées, Johnny tourna néanmoins deux à trois jours. Entre les prises il était heureux de signer des autographes ou de rester assis dans la chambre du luxueux Ballymaloe House où il logea pendant toute la durée du tournage. Alors qu'on s'attendait à ce que Kate le rejoignît, elle ne le fit pas. À la fin, son ami, Val Kilmer (devenu depuis la vedette de *Batman*), s'envola pour le retrouver. Il ne voulait pas rester longtemps. Et Johnny ne le voulait pas non plus. Trois jours plus tard et vingt minutes de tournage en plus, le film était interrompu totalement. Des bruits couraient sur le plateau que le budget de seize millions de dollars était épuisé ou que le producteur, Cinefin, se retirait.

Brando avait déjà perçu un million de dollars. Johnny, les autres acteurs et les techniciens avaient moins de chance. Eberhardt était très inquiet.

– En fait, vous avez une salle pleine de points d'interrogation et au-dessus, une salle pleine de producteurs et c'est là que se trouve le problème du moment.

Malheureusement, au cours de la joute verbale qui s'ensuivit, il n'y eut pas de gagnant. Le tournage fut officiellement arrêté. Les chèques remis la semaine précédente avaient de fortes chances de ne pas être honorés et le travail des sept années qu'Eberhardt avait passées à développer son film était réduit à néant en une seule semaine. Une déclaration fut publiée :

– C'est avec de profonds regrets que nous devons arrêter la production de *Divine Rapture*. En dépit de l'assurance des producteurs, les fonds n'ont pas été mis à notre disposition. Avec les acteurs et les techniciens, nous sommes choqués et profondément tristes de ne pas avoir la possibilité de mener à bien ce projet. Nous tenons à remercier la population de Ballycotton qui nous a tant aidés et nous ferons le maximum pour les indemniser de leur temps et de leurs efforts.

Mais les acteurs et les techniciens n'étaient pas les seuls à en être de leur poche. Les pêcheurs, les hôteliers et les magasins d'alimentation présentaient tous des impayés qu'il faudrait bien régler, comme par exemple le Bay View Hotel, dans lequel l'équipe occupait vingt chambres.

Les conséquences de l'arrêt du film furent encore préjudiciables bien après le départ des acteurs.

– Nous avions espéré que le succès du film dans le monde nous garantirait de remplir nos hôtels et nos chambres d'hôtes pendant des années, expliquera l'hôtelier John O'Brien.

Adrian Kwoles, le propriétaire de la gentilhommière de Shanagarry louée pour Brando était non seulement déçu mais souffrait de problèmes financiers :

– J'ai reçu un chèque qui, si je comprends bien, ne peut pas être honoré, mais j'ai été assuré que je serai payé.

C'était une promesse faite par Brando avant son départ, bien après que Johnny eut déjà renoncé, et cela dès le premier arrêt du tournage, à voir le film aboutir.

Après le succès d'*Edward aux mains d'argent,* de Tim Burton, Johnny accueillit avec plaisir l'opportunité d'une nouvelle collaboration avec lui, pour un film biographique sur *Ed Wood*, travesti occasionnel et plus mauvais réalisateur de séries B de tous les temps.

– *Divine Rapture* ! Vous voulez que je vous parle de cette expérience ? s'exclame Johnny aujourd'hui en riant. J'ai reçu un scénario de la part de Marlon. Il m'a dit : « Hé, viens avec moi en Irlande. On va faire ce truc, ça va être marrant. » J'ai répondu oui. Je suis parti. Nous avons commencé à tourner et nous passions vraiment un bon moment. Tout était vraiment bien. Et puis, ensuite, ils nous ont dit : « C'est fini. » Et ça l'était. C'était comme si vous étiez en train de faire l'amour, que la lumière s'allumait et que quinze personnes armées de mitrailleuses entraient et disaient : « Arrête ça ou t'es mort ! »

Barry Navidi, l'un des producteurs, avait prédit des années de procès entre les producteurs et les financiers au sujet de l'écroulement du projet. Tout comme Mark Crowdy, un autre producteur, il pense que cette affaire est une tragédie :

– Nous avons des rushes qui montrent l'incroyable travail d'interprétation réalisé par les acteurs.

Le rôle suivant de Johnny frappa à sa porte alors qu'il commençait à savourer d'être ainsi libre entre deux rôles. Lorsqu'il lui remit le scénario de *Donnie Brasco*, écrit par Paul Attanasio d'après le livre de Joseph D. Pistone, l'agent de Johnny pensait que le rôle de Donnie était parfait pour lui. Johnny l'acceptera rapidement.

CHAPITRE - XI
JOHNNY BE GOOD

« Il n'y a rien de pire que quelqu'un qui se considère comme un acteur sérieux, parce qu'un acteur est essentiellement un menteur.
Je gagne ma vie. Et je ne me qualifierais jamais moi-même de star du cinéma.
Je suis plus sur le terrain qu'en train de briller. »

Dans moins d'une semaine, courant févier 1997, devait officiellement sortir le dernier film de Johnny Depp. Tandis qu'il lisait les premières critiques, il se sentit pleinement rassuré par les retours d'audience ainsi que par les réactions positives de la presse grand public. Le critique de films du *Daily Star* publia à cette occasion l'une des synthèses les plus concises du sentiment partagé par la plupart des critiques. Le film *Donnie Brasco*, de Mike Newell, était « le meilleur film de gangsters depuis *Le Parrain* ».

Il s'agit de l'histoire authentique de l'agent secret du FBI Joe Pistone, alias Donnie Brasco, qui, à la fin des années soixante-dix, infiltra la pègre au cours ce qui allait devenir l'une des opérations les plus réussies de toute l'histoire du gouvernement américain dans sa lutte contre le crime organisé.

Cela n'en demeura pas moins une mission payée au prix fort, dévastatrice pour l'homme qui avait réussi à construire une amitié tout à fait inattendue avec le criminel qu'il était censé combattre, et cela au cours d'un processus qui le détruisit presque lui-même.

L'idée de Mike Newell était d'utiliser le mythe du gangster américain pour plonger à fond dans le drame moral et émotionnel qui peut surgir chez un « dur » devant la remise en question de sa loyauté, le socle même de son système de valeurs.

L'effet fut semblable à celui que produirait la sortie d'une adaptation par Quentin Tarantino d'un roman de Danielle Steel.

C'était compréhensible car jusqu'à présent, rien dans la carrière de Mike Newell, depuis *Quatre mariages et un enterrement* en passant par *Avril enchanté* et *Le Cheval venu de la mer*, ne laissait supposer qu'il s'intéresserait un jour à filmer l'histoire vraie de l'agent Brasco et de son infiltration au cœur du système de la mafia. Ce fut pourtant le cas.

Encore plus remarquable était l'intérêt du producteur Lou DiGiaimo pour ce projet. Il avait connu Joe Pistone durant ses études secondaires et avait continué à le fréquenter à l'âge adulte. Toutefois, il n'a jamais su la vérité concernant la véritable profession de son ami jusqu'au jour où ce dernier fit les gros titres.

– Je n'avais pas la moindre idée qu'il travaillait pour le FBI, admettra DiGiaimo. Nous avions pris l'habitude de jouer ensemble au basket deux à trois fois par semaine et un jour, il a disparu sans laisser de traces. Six ou sept ans plus tard tous les journaux new-yorkais se mirent à faire leurs unes sur cette taupe du FBI qui s'était introduite au cœur de la mafia locale et s'appelait Pistone. Au début, je croyais presque à une blague. Je me demandais : peut-il réellement s'agir de Joe ? Quelques jours plus tard, il m'appela et nous avons dîné ensemble. Lorsqu'il m'a confirmé qu'il s'agissait bien de lui, je lui ai affirmé tout de go que cette histoire pourrait donner lieu à un récit incroyable, et probablement à un film. Il n'y avait encore jamais songé et me répondit : « Eh bien, nous devons au moins attendre jusqu'à la fin des procès. » Cela prit quatre ans.

Le producteur Mark Johnson se souvient du moment où il s'engagea :

– Nous étions en plein tournage de *Rain Man* lorsque Lou DiGaiamo nous apporta ce livre fascinant. Il y avait là tout ce qu'il fallait pour en tirer un scénario.

Johnson commença par proposer à son partenaire Gail Mutrux de devenir coproducteur. Il l'appela dès qu'il eut terminé la lecture du livre. Gail Mutrux à son tour appela Paul Attanasio, connu surtout pour avoir écrit le scénario, en 1994, de Quiz Show. Et, bien entendu, ce dernier saisit immédiatement la chance de s'atteler au scénario.

Engager Mike Newell pour la réalisation se fit tout aussi naturellement :

– Il nous semblait évident, racontera Mark Johnson, que Mike pourrait comprendre ce qui était le plus important dans cette histoire, le côté authentique et vivant des personnages plongés au sein de situations tour à tour drôles et tragiques. Je trouve qu'il y avait aussi quelque chose de tout à fait approprié dans le fait qu'un Anglais dirige ce film, parce que parfois quelqu'un d'étranger peut remarquer et mettre en valeur des aspects du style de vie américain dont les autochtones ne se rendent plus compte. Lorsque je me rendis pour la première fois en repérage à Brooklyn en compagnie de Mike, j'ai eu l'impression de participer à une enquête sociologique.

– Cela aurait pu tourner différemment, expliquera Newell. J'ai passé du temps à Brooklyn, là où les gars continuent à gérer le genre d'affaires qu'ils ont toujours menées, les paris, les prêts, et ainsi de suite. Je m'y rendais durant les week-ends, je buvais, mangeais et passais du temps en leur compagnie, à traîner autour de leurs clubs. Bien entendu, il y avait un tas de choses qu'ils ne me montraient pas, mais je vis tout ce que j'avais le droit de voir. Ils se comportaient comme si je faisais partie du clan. Ils se montraient généreux à mon égard et je me mis à les aimer vraiment, au point que je devais me remémorer le fait qu'ils pouvaient aussi commettre des choses épouvantables.

Que ces hommes auprès desquels je passais tant de bons moments étaient aussi… Je ne voulais pas vraiment savoir ce qu'ils étaient.

Newell allait travailler avec la même précision pour ce qui était de la distribution. Pour beaucoup, Johnny était un choix peu habituel, il s'avéra être le bon.

– Ce rôle l'intéressa précisément, je pense, à cause du personnage chez qui tout n'est qu'apparences, dira Newell plus tard.

Et autant les mordus de cinéma auraient dit à juste titre que nul ne pouvait songer à égaler Marlon Brando ou Al Pacino quand il s'agissait d'interpréter les parrains de la pègre, autant Johnny s'en approcha plus qu'aucun autre. D'ailleurs, chacun des deux anciens du *Parrain* décrivait Johnny comme le meilleur acteur de sa génération.

– Il est très poli, une personne vraiment gentille, à de nombreux titres, s'enthousiasme Newell, mais je pense aussi qu'il y a un démon en lui. Sous son aspect posé il y a une violence contrôlée. Il faut donc posséder une incroyable force mentale pour préserver la balance entre ces deux pôles antagonistes. C'est cela qui vous fait y revenir.

Si on lui demandait pourquoi il avait choisi Johnny plutôt que quelqu'un comme Keanu Reeves, Newell répondait aussitôt :

– Eh bien, je voulais quelqu'un qui puisse vous tenir dès le début. Et Johnny est de ces acteurs qui déploient leur jeu sur une sorte de long terme. Il vous maintient dans son jeu durant la totalité du film parce qu'il choisit de raconter son histoire à son rythme et, plus important que tout, vous êtes disposé à attendre.

Heureusement, Johnny ne supporte pas les imbéciles. Il tend d'abord vers des rôles qui vont l'intéresser intellectuellement. Il a toujours dit que sa carrière passait en second.

Denise Di Novi, productrice d'*Edward aux mains d'argent* et d'*Ed Wood*, le confirmera :

– J'étais très impatiente de voir *Donnie Brasco*, parce que Johnny y évoluait à un autre niveau. Le rôle était d'un genre différent. Il s'était déjà créé une niche en interprétant des individus bizarres, mais avec *Donnie Brasco*, on sortait des rôles habituels. Je pense que nous nous trouvions déjà dans un contexte plus large, tant en ce qui concerne le personnage qu'en ce qui concerne le film.

Johnny fut toutefois assez surpris lorsqu'il prit connaissance des commentaires élogieux de Marlon Brando et Al Pacino :

– Je ne sais pas pourquoi des gens d'un tel niveau disent cela, mais évidemment, c'est merveilleux. Je suis heureux de pouvoir dire que ce sont mes amis, mais ils sont aussi mes héros et j'ai tellement de respect pour eux.

Sur le plateau de *Donnie Brasco*, d'autres comprenaient très exactement ce qu'il avait voulu dire. Ils savaient aussi ce que signifiait pour Johnny le fait de venir jouer en Floride, sur la terre de son enfance. Comme Jefferson Sage, le directeur artistique, en ferait la remarque, il s'agissait de la terre promise, et cela faisait partie intégrante du film :

– C'est plein de lumière et de couleurs, et c'est un lieu qui marque un nouveau départ pour le héros du film. Il s'agissait littéralement d'un tout nouveau terrain de jeu qui leur était proposé pour qu'ils l'exploitent. C'était exotique, chaud, et facile. Mais quand ce fut terminé et qu'il a fallu retourner à Brooklyn en plein milieu de l'hiver et tout le bataclan, ce fut deux fois pire.

La décision d'offrir à Al Pacino le rôle du vieux tueur à gages Lefty Ruggerio fut inspirée, tout autant inspirée que son acceptation par l'acteur. Comment aurait-il été ensuite possible de faire fausse route avec un acteur qui avait imposé l'archétype du mafioso avec autant de réussite que Bela Lugosi avait imposé celui du vampire ?

– Travailler avec Al, dira Johnny, c'était tout ce à quoi je m'attendais et même beaucoup plus. C'était un vrai cadeau et un honneur. J'en ai profité pour apprendre tout ce que je pouvais, mais il est difficile de raconter un détail en particulier tellement la liste est longue. Je m'attendais à trouver quelqu'un de très sérieux, ni détendu ni joueur. Mais ce ne fut pas ça du tout. Il était constamment en train de raconter des blagues et de faire rire les gens.

Un sentiment partagé.

– Al était très détendu et ne se sentait pas d'une quelconque manière en compétition, analysa Newell par la suite. Au début du tournage, Johnny et Al se trouvaient tous deux dans une voiture. Soudain, il y eut distinctement un énorme pet foireux. « Je suis terriblement, vraiment terriblement désolé », s'exclama Johnny. Un petit silence, puis on entendit un autre pet très sonore… Johnny reprit : « Que pourrais-je encore ajouter, je suis franchement désolé. » Al ouvrit alors la fenêtre. Puis il en eut un troisième à la suite de quoi Al risqua une sorte de regard vers lui, et là, il vit le coussin de farces et attrapes. Al trouva qu'on n'avait pas fait mieux depuis l'invention du fil à couper le beurre.

Ce fut d'abord cette relation entre Pistone et Ruggiero qui avait probablement attiré Newell. Cet élément, plus que tout autre, avait sans doute fasciné le réalisateur. Comment cet agent secret du FBI avait-il pu parvenir à prendre l'identité de Donnie Brasco, voleur de bijoux à la petite semaine venu de Floride, et amener Ruggiero, homme de main modeste et désabusé de la mafia, à se porter garant pour lui, jusqu'à lui ouvrir les portes arcanes du Milieu. L'histoire, en somme, d'une relation vouée à la trahison.

Plusieurs mois avant le début du tournage, Johnny passa du temps en compagnie de l'ancien agent du FBI :

– Je parlais de tout ça avec Joe. Il me dit qu'il était impossible de rester quelque six ans à passer tout votre temps, comme ça, avec quelqu'un, sans rien éprouver à son égard. D'une part vous pouvez haïr ces gens, voire les mépriser. D'autre part, vous ne pouvez vous empêcher de ressentir une sorte d'amour pour le mec. Il est faux de dire que Joe les a trahis. S'il avait fait partie de la mafia depuis le début et avait ensuite trompé la confiance de ses amis et associés, alors on pourrait parler de trahison. Mais le fait est que Joe s'est introduit dans le Milieu en tant qu'agent du FBI. Il n'a rien fait d'autre que son boulot. De plus, il a fait un énorme sacrifice. Il n'a pas vu grandir ses enfants, son existence se trouvait quotidiennement menacée et il devait en permanence faire déménager sa famille afin de la protéger. Il est peut-être la personne la plus forte que j'aie jamais rencontrée au cours de toute ma vie.

Pistone était aussi absolument sous le charme de Johnny.

– Tout ce que je savais de lui avant de le rencontrer était ce que j'avais pu lire dans les journaux. Des histoires où il détruisait sa chambre d'hôtel et tout le mobilier. Mais nous avons passé beaucoup de temps ensemble. Il m'a accompagné à la salle de gym. Je l'ai même emmené jusqu'à l'école du FBI en Virginie. Il voulait tout savoir. Il a même été jusqu'à téléphoner à ma femme pour lui poser des questions. Il disait : « Je veux faire les choses correctement par égard pour vous, parce que vous allez désormais avoir à vivre avec ce film tout le restant de votre vie. » Alors il faut que cela soit fait justement. Et il a agi selon ce qu'il avait annoncé. Il est allé jusqu'à faire un tee-shirt me représentant. Il intègre tellement de choses sans faire d'effort. Ça lui vient comme ça. Il se souvient de tout. Une véritable éponge. Il ne se déplaçait jamais à une projection sans moi. Beaucoup d'acteurs ne montrent pas une pareille délicatesse ni un tel approfondissement de leur sujet. Nombreux sont ceux qui viendraient gagner leur cachet puis s'en iraient. C'est un garçon formidable.

Newell était du même avis. Mais il ajouta que c'était aussi la nouveauté du regard porté sur la manière dont les choses se passent dans le Milieu qui l'avait attiré. L'idée que Brasco est « un homme violent et brutal » opérant sur un terrain qui ne lui laisse aucune solution convenable pour s'échapper, aucune possibilité d'échapper à son destin. Plus que tout, Newell se focalise sur la création d'une épopée douloureuse qui va jusqu'à provoquer chez le spectateur la pulsion cynique d'attraper Donnie à la gorge et de lui crier : « Espèce de taré ! »

Brasco se voit forcé d'abandonner sa propre famille au profit de la famille de la pègre. La patience de sa femme, lasse de ses absences, finit par s'épuiser. Il doit, à la fin, se résoudre à trahir le seul véritable ami gagné dans ce clan de criminels afin d'obéir à la consigne des bureaucrates. Ces derniers s'avèrent incapables d'éprouver une once de compréhension face à ce qu'il traverse, ni un iota de compassion pour ce que l'âme torturée de Brasco a supporté pour leur service.

C'est cela qui donne à *Donnie Brasco* sa moralité à deux vitesses, une lame qui peut couper en deux l'amitié et la confiance. Brasco n'est donc rien d'autre que le portrait conjugué de la dissimulation, de l'observation aiguë et prudente, du danger, de la duplicité et du camouflage.

Même avec une préparation très précise des scènes, il y avait encore des moments où Pistone montrait une résistance devant ce qui se filmait. Newell se souvient qu'à une occasion :

– Nous tournions la scène dans laquelle Johnny, en tant que Pistone, giflait sa femme. Pistone se trouvait près du plateau et on entendit à ce moment un incroyable : « Non mais ho ! » Le producteur a dû passer la matinée à le calmer. Pistone déclara qu'il n'avait jamais giflé sa femme et bien entendu je l'ai cru. Mais je dus lui faire comprendre qu'il s'agissait aussi d'une fiction.

Un autre événement se produisit lors du tournage à New York sur l'un des quatre lieux retenus pour plusieurs scènes.

– Une femme se précipita vers moi dans la rue et me cracha en plein visage, racontera Newell. « Vous croyez que c'est une blague, dit-elle, mais ce n'est pas une blague. Ce bâtard a mis mon mari en taule. Il lui a collé toutes ces saloperies sur le dos. Il a donné un faux témoignage. » Du coup, j'ai demandé à Pistone si c'était vrai. Et il me répondit : « En aucune manière. J'ai prouvé tout ce que j'ai dit dans tous les cas. »

Il faut se rappeler que les preuves rassemblées par Donnie Brasco ont permis de dresser plus de deux cents actes d'accusation et ont abouti à plus de cent condamnations. Et si Pistone continue à vivre avec son épouse sous un nom d'emprunt dans un lieu tenu secret, il y a toujours un contrat de cinq cent mille dollars sur sa tête.

Pourtant, Pistone ne semble pas redouter un danger particulier. Selon Newell :

– Il dit qu'il n'est pas ouvertement en danger parce que ceux qui seraient à même d'exécuter le contrat sont soit encore en prison, soit trop âgés. Il faut aussi considérer que les chefs ne sont plus les mêmes dans le Milieu. Mais là où il sent qu'il pourrait éventuellement y avoir du danger – il voyage d'ailleurs sous un déguisement et reste armé en permanence – c'est du côté d'un petit débutant débile qui pourrait s'approcher de lui un beau jour dans un bar et lui faire passer le goût du pain. Pour le scalp. Par bravade. Pour se faire valoir et recevoir des félicitations.

Ils appartenaient, après tout, à la pègre de Brooklyn. Les mêmes que ceux que Johnny avait rencontrés tandis qu'il travaillait son rôle.

– Je trouvais que la majorité d'entre eux avaient l'apparence de braves types, de vrais gentlemen, des gens qui s'occupaient de leur famille, de bons pères, de bons maris. J'éprouvais le plus grand respect pour ceux que je rencontrais – mais ils n'étaient pas du tout comme on les montre dans les films, pas exactement cette sorte d'imitation d'hommes sages.

Newell allait dans le même sens :

– Ce sont des gosses indisciplinés. Ils sont capables des meilleures comme des pires choses. Parfois en l'espace d'un instant.

Johnny analysait les choses de la manière suivante :

– Je ne les vois pas comme des tueurs en série. Mais je pense plutôt qu'ils vivent à l'intérieur d'un cercle. Et, dans ce cercle, c'est le jeu de la survie. Mais vous pouvez aussi bien plaquer cela sur tout un chacun, que vous connaissez, qui vit et qui a des pulsions. Ce qui se résumerait à dire « si c'est sa peau ou la mienne, ça va être la sienne ». Voilà, on ne peut pas dire les choses plus clairement. Et c'est comme ça que ça marche. Si quelqu'un veut te faire la peau, tu vas essayer de l'avoir en premier.

Lorsqu'il était enfant, sa mère Betty Sue lui avait donné un conseil :

– Elle m'a enseigné, alors que j'étais encore tout petit, que si je me retrouvais à me bagarrer avec des gens bien plus forts que moi, il me fallait ramasser la plus grosse putain de brique qui me tombait sous la main et leur en filer un bon coup, histoire de les mettre hors service une fois pour toutes. Je n'ai jamais oublié ce qu'elle m'avait dit.

Peut-être n'était-il pas assez grand à l'époque pour comprendre précisément ce qu'elle voulait dire, mais désormais il le comprenait parfaitement. C'est pour ça qu'il considère aujourd'hui encore sa mère comme l'une de ses meilleures amies.

L'autre tactique pour se défendre, c'était, bien entendu, les armes à feu :

– J'en possède quelques-unes à la maison pour le cas où il se produirait l'un de ces cauchemars. Parfois je vais m'entraîner au tir. À l'extérieur, dans le désert, je prends pour cibles des canettes de bière pleines. Parce que lorsqu'il se met à faire vraiment très chaud, si vous arrivez à en toucher une, ça produit une énorme explosion. Et c'est chouette. Par contre, je ne tire jamais sur des cibles mouvantes. Et encore moins sur des cibles vivantes. Mon père a tenté de m'entraîner avec lui à la chasse pendant des années. Il chassait le sanglier. Mais je n'ai jamais pu tirer sur un animal. Je peux arriver à manger un tout petit peu de gibier. Mais je ne peux pas tirer dessus.

Si Pistone partageait sans aucun doute cette approche, il n'était probablement pas heureux de la suggestion selon laquelle il avait trahi des gens après avoir infiltré leur groupe : « En vérité, argumentait-il, je faisais mon travail. » Lorsqu'il a regardé le film pour la première fois, l'émotion l'a submergé.

– Il était en larmes, vraiment en larmes, dira Newell, et je peux deviner ce qui se passait en lui. Nous avions placé le maximum d'intensité sur l'aspect éthique et émotionnel de cette affaire et cela l'a évidemment touché. Si vous fréquentez des gars pendant sept ou huit ans d'affilée et qu'ils disparaissent dans des morts atroces, ces fins tragiques ne peuvent pas ne pas toucher quiconque a le cœur à la bonne place. D'un autre côté, Pistone s'était montré impressionnant lorsqu'il racontait sa vie avec eux.

Karen Schoemer de *Newsweek* trouva l'interprétation de Johnny remarquable, en particulier de la part « de quelqu'un qui admettait avoir consommé de la drogue lorsqu'il était adolescent et qui avait été arrêté trois années auparavant pour avoir mis à sac la chambre d'un hôtel de luxe de New York ».

Alors n'est-il pas vraiment surprenant que Johnny et surtout Al Pacino aient été complètement négligés par les comités respectifs des Golden Globe et des Oscars, alors même qu'Hollywood bruissait de prédictions quant à une nomination d'Al Pacino aux Oscars.

Il n'était pas pensable qu'un tel film pût ne pas être remarqué parmi la pléthore de ceux présentés à ces deux grands festivals.

Ce n'était pourtant pas la première fois que le travail de Johnny se trouvait ainsi complètement méconnu. Mais *Newsweek* reconnut que :

– Depp n'était pas devenu l'un des meilleurs acteurs de sa génération en jouant des rôles de gars gentils, entièrement normaux, un rien candide, qu'on s'attend à trouver à chaque coin de rue. Ses pairs, tels que Brad Pitt ou Keanu Reeves, ont sans doute déjà fait une meilleure carrière au box-office. Mais Depp a une chose de plus... Il prend des risques et il a créé son propre univers, dont l'ensemble est cohérent, et où son travail prend tout son sens. Le garçon brisé sorti d'un conte de fées dans *Edward aux mains d'argent*, le chef de famille débordé dans *Gilbert Grape* ou encore l'agent du FBI moralement déchiré de *Donnie Brasco* ont tous un point commun. Ce sont des gens tout à fait normaux, bons, qui se retrouvent dans des situations où ils ne sont plus capables de maintenir le contact avec ceux qu'ils aiment.

C'était l'une des choses que ses personnages exprimaient le mieux.

CHAPITRE - XII
L'ATTRAIT DE LA RÉPUGNANCE

« Peut-être ferai-je un jour un film qui décoiffera vraiment. Le genre de film dont je pourrai parler un soir, quand je serai devenu vraiment vieux et que je regarderai la télé. Je dirai alors à mes petits enfants : 'Vous ne trouvez pas que papi était plutôt pas mal dans ce film, non ?' Ouais, j'aimerais certainement pouvoir dire ça de moi un de ces jours. »

Après cinq jours passés chez Hunter S. Thompson, dans sa retraite isolée d'Aspen, Johnny n'avait plus qu'une seule envie, dormir.

Thompson, le soi-disant roi du journalisme Gonzo, un style qui brouille les pistes entre la fiction et la réalité, était l'auteur réputé de *Fear and Loathing in Las Vegas.* Ce n'était pas un homme connu pour vivre selon des horaires réguliers. Comme une sorte de vampire, il s'activait la nuit et il se jetait sur son lit vers la fin de l'après-midi, exténué, avant de se relever quelques heures plus tard.

C'est le moment que choisissait Johnny pour s'échapper vers la pièce en sous-sol, encore appelée « le cachot », épuisé par les excès sans fin de Hunter, conscient que dans très peu de temps l'écrivain viendrait cogner à la porte et lui hurlerait de se lever.

– Le sommeil devenait de plus en plus mon ami. J'habitais dans le cachot, la pièce la plus sombre de la maison. J'allais là et je m'allongeais sur le lit, je me reposais, je lisais, je fumais une cigarette. J'avais vraiment besoin de ce temps pour moi, pour recharger les batteries avant de retrouver Hunter. Il était incroyablement généreux de me permettre de séjourner dans son sous-sol. J'ai passé la première semaine en m'imprégnant autant que je le pouvais de l'atmosphère, en restant terré avec pour seule compagnie ses livres et mes cigarettes roulées. Le sixième jour j'ai soudain réalisé que la pièce était pleine de caisses de poudre et que je fumais. J'avais de la chance de ne pas avoir fait sauter toute la maison. Ça a juste fait rire Hunter quand je lui en ai parlé.

Ça se passait deux ans après la première rencontre des deux hommes à la Woody Creek Tavern d'Aspen, dans le Colorado. C'était l'endroit préféré de Thomson pour boire un verre. Celui de Johnny aussi.

Vers Noël, durant une coupure lors d'un tournage, Johnny s'était rendu à la station de ski avec Kate, sa mère et quelques autres amis. Il ne s'attendait pas, se souvient-il, à voir Thompson entrer dans la taverne :

– Il portait un pistolet électrique Taser dans sa main gauche et un énorme aiguillon à bétail dans sa main droite, les agitant à la ronde pour écarter les gens sur son passage.

Johnny ne s'attendait pas non plus à ce qu'il vienne s'asseoir à sa table afin d'y échanger des histoires sur leur Kentucky natal, sur Owensboro pour Johnny et Louisville pour Thompson.

Il fut encore plus surpris quand ce dernier l'invita à venir avec ses amis pour continuer à boire dans « son enceinte fortifiée ». Le lieu s'avéra assez bien équipé en explosifs, en armes à feu de petit calibre, en boîtes de conserve, en bouteilles d'eau minérale et d'alcool… De quoi survivre à une guerre nucléaire.

Ce fut là que l'intense intérêt que portait Johnny à un fusil de chasse nickelé accroché sur un mur se mua en pur délice.

– À ma surprise, se souvient Johnny, Thompson l'a décroché et m'a conduit jusqu'à la cuisine. Il avait là deux grosses bouteilles de propane. Il m'a tendu des capsules de nitroglycérine et nous les avons attachées avec du ruban adhésif sur l'une des bouteilles et nous sommes sortis avec. Puis je me suis mis à tirer dessus. Je tirais au fusil depuis l'âge de huit ans. Je savais que je pouvais atteindre ma cible. La cible elle-même, un tube de nitroglycérine, était vraiment petite, mais un fusil de chasse pulvérise sa cible, aussi je savais que réussirais. Mais je me disais quand même « j'espère que je ne vais pas louper ça ». Le coup partit, bang ! Bordel ! Dans le mille ! Je l'avais eue du premier coup. Il y eut une flamme de plus de sept mètres, une explosion énorme. C'était fantastique. J'ai bien eu quelques angoisses à propos des éclats, mais Dieu merci, personne ne fut touché. Madame Moss piqua une petite crise mais, somme toute, elle réagit bien. Elle garda son calme, et en partant, elle avait une attitude du genre « mais qui est ce mec ? »

Ce mec s'avéra être le modèle sur lequel Johnny allait construire le personnage de Raoul Duke, l'alter ego de Thompson. *Fear and Loathing in Las Vegas*, le roman de Thompson devenu le livre préféré de Johnny, allait devenir un film sous le titre de *Las Vegas Parano*.

Le livre racontait un voyage que Thomson avait entrepris avec un ami, l'avocat Oscar Zeta Acosta pour couvrir, pour *Sports Illustrated*, la Mint 40, une course mythique se déroulant à travers le désert américain.

– Mon idée, expliqua Thomson plus tard, consistait à acheter un gros cahier assez épais, d'y raconter tout ce qui se passait, puis d'envoyer ensuite les notes brutes directement pour la publication, sans passer par la phase rédactionnelle. Mais c'était difficile et j'en suis venu à ajouter un cadre essentiellement imaginaire sur ce qui avait commencé comme une pièce de bravoure, dans la tradition stupide du journalisme d'investigation pur et dur. Comme le véritable journalisme « Gonzo » [un style de reportage basé sur l'idée de William Faulkner selon laquelle la meilleure fiction est bien plus vraie que toutes les autres sortes de journalisme], cela ne marche pas du tout, et même si ça marchait, je ne pourrais vraiment pas l'admettre. Seul un fou furieux pourrait écrire une chose comme celle-là et affirmer qu'elle est vraie.

Ce fut d'abord publié dans le magazine *Rolling Stone* sous le pseudonyme de Raoul Duke, le magazine abandonnant rapidement la partie de cache-cache et révélant que Thompson en était l'auteur.

L'article initial et le livre qui suivit marquèrent une étape importante. Il s'agissait d'un commentaire idiosyncrasique et sombre sur ce que Thompson appelait « 1971, l'An répugnant de Notre Seigneur ».

À cette époque-là, les années soixante étaient bien terminées. Nixon était à la Maison-Blanche, la guerre au Vietnam continuait à broyer des vies, les affres de la séparation des Beatles se prolongeaient et la Californie du Sud connaissait l'un des plus violents tremblements de terre de son histoire. Il semblait bien que l'idéologie qui mettait en avant la pensée libre, l'amour libre et les drogues libres était morte et enterrée avec le passage de la génération.

Les acteurs des années soixante-dix avaient commencé à détruire tout ce pour quoi leurs prédécesseurs avaient lutté avec acharnement... L'idéologie « peace and love » fut déclarée morte à Altamont, lors d'un concert gratuit des Rolling Stones qui se tint sur un circuit de courses automobiles, tout près de San Francisco. Un jeune noir y fut poignardé à mort par un Hell's Angel chargé de la sécurité. Cela se passa non loin de la scène centrale, sur l'air de *Sympathy for the Devil*. L'événement, filmé, apparaîtra dans *Gimme Shelter*, un film sorti en salles en 1971. L'esprit de paix, d'amour et d'innocence de Woodstock était devenu de l'histoire ancienne.

Jimi Hendrix, Janis Joplin et Jim Morrison, ces trois icônes du rock, étaient mortes la même année, toutes trois à 27 ans, toutes trois d'overdose. Lors d'une rencontre secrète avec le président Nixon, Elvis Presley offrit d'infiltrer personnellement le milieu de la drogue comme agent secret des Narcotiques.

Nombreux furent ceux qui accueillirent avec un certain soulagement la nouvelle de la condamnation à mort de Charles Manson et de trois des filles de son gang pour les meurtres de Sharon Tate, Leno et Rosemary LaBianca, meurtres qui avaient inauguré, en 1969, la fin apocalyptique du « flower power ». L'idéalisme des années soixante s'était fait cynique et le rêve américain était devenu le cauchemar américain.

Johnny se sentait à l'aise avec les thèmes abordés par Thompson :

– Cela montrait ce que l'Amérique avait été, ce qu'elle aurait pu devenir et ce qu'elle était devenue maintenant. Le livre était sérieux, mais le contenu était à la fois hystérique et drôle. Il s'en dégageait une sorte de mélancolie. Ce livre aborde la mort du rêve américain, la mort de l'espoir. À cette époque-là, Martin Luther King avait été assassiné, Robert et John F. Kennedy avaient été assassinés, et le maître de la Maison-Blanche était un gangster. L'ambiance était pour le moins étrange. Et cela ne faisait que commencer… Je veux dire que nous en sommes même venus récemment à étudier les détails de l'utilisation de son pénis par un président en exercice.

Thompson devait penser que c'était la seule orientation sensée et il l'a prise. Y aller à fond et appeler cela « Gonzo ». Et c'était certainement la route qu'il avait consciemment choisie lorsqu'il avait écrit *Fear and Loathing in Las Vegas* en 1971.

– C'est là que tout a commencé, dira Thompson, la première fois que j'ai quitté Vegas, sans régler la note d'hôtel, m'enfuyant seul dans la décapotable rouge, saoul et dingue. Je suis retourné à Los Angeles. Voilà exactement ce que je ressentais : à la fois de la peur et du dégoût. (Le titre orignal en anglais peut se traduire par *Peur et Dégoût à Las Vegas*. Ndt.)

Bien que ce succès littéraire ait été largement confirmé par la critique pendant près d'un quart de siècle, il avait été curieusement ignoré par Hollywood.

D'autant plus curieux, si l'on considère le nombre d'œuvres remarquables portées à l'écran par le même Hollywood.

Mais il est très vraisemblable que les hommes d'argent considéraient qu'il était plus difficile de porter à l'écran « Peur et Dégoût » de Thompson que d'autres histoires.

Comment voulez-vous, après tout, restituer un tel rythme, qui s'attache page après page à communiquer l'ambiance de folie et de paranoïa alimentée par la drogue, comment voulez-vous rendre une chose pareille sur la pellicule ? Et plus que tout, bien sûr, où trouver le réalisateur à la hauteur pour un tel film ?

Presque vingt-cinq ans plus tard, le réalisateur britannique Alex Cox, connu pour ses films *Repo Man* et *Sid and Nancy*, pensait avoir trouvé la réponse.

Armé de son scénario et d'un budget respectable de cinq millions de dollars, il approcha d'abord Johnny afin de lui demander s'il était intéressé pour interpréter le Duke du roman de Thompson. Johnny fut intéressé. Mais il était important pour Johnny que Thompson donnât son approbation. Il l'obtint.

Cox fit aussi appel à Benicio Del Toro, connu pour son rôle dans *Usual Suspects*, pour interpréter le Dr Gonzo, le compagnon de route de Thompson. Il partit enfin pour Aspen afin d'y rencontrer Thompson en personne. La rencontre échoua lamentablement.

L'idée que se faisait Thompson d'une excellente journée incluait la présence d'une poupée gonflable couverte de faux sang placée au bord de la route afin d'indiquer l'endroit où il fallait tourner. Cela n'enthousiasma pas du tout Cox. Pas plus que les saucisses que Thompson prépara ou le match de foot qu'il voulut absolument suivre à la télévision.

– Mon Dieu ! C'est l'exemple même de la manière dont il ne faut pas se comporter avec des écrivains quand on va les voir en tant que réalisateur, se souvient l'auteur. D'abord, il détestait le foot et refusa de regarder le match avec moi. Et, d'autre part, j'avais préparé des saucisses vraiment délicieuses, un plat que j'adore, il n'a pas voulu les goûter parce qu'il était végétarien.

Peu de temps après, Cox baissa les bras en s'appuyant sur l'argument couramment utilisé de l'incompatibilité artistique.

Cependant, une autre version veut que Johnny ait agi dans l'ombre. Les choses ne s'améliorèrent pas avant l'arrivée du réalisateur Terry Gilliam.

Gilliam apparut tout de suite comme l'homme de la situation. Le choix pouvait, par ailleurs, se comprendre. Son parcours professionnel le rendait plus que crédible.

Il avait déjà été un interprète audacieux des mœurs du vingtième siècle, et d'autres siècles, depuis *L'Armée des 12 singes*, jusqu'au *Roi Pêcheur*, en passant par *Les Aventures du baron de Münchhausen*, *Brazil*, *Bandits bandits*, et bien entendu, la trilogie des *Monty Python*.

Le plus important était peut-être sa capacité de rendre possible cinématographiquement ce qui paraissait impossible, dans une vision qui rappelait la manière dont Tim Burton défiait la logique. Il n'était pas surprenant que Gilliam voulût travailler avec Johnny, ni Johnny avec Gilliam.

Il apparut que la présence de Johnny fut la première raison pour laquelle le réalisateur accepta le projet.

– Je crois, dira-t-il, que Johnny est le meilleur acteur de sa génération. Ce fut réellement la combinaison de la densité du contenu du film et la présence de Johnny qui me décida à accepter. Je ne pense pas qu'à ce niveau, il y ait quoi que ce soit qu'il ne puisse faire. Il est très inventif, très éveillé, plein d'humour, et il possède une capacité de travail incroyable.

Ce sentiment était apparemment réciproque, si l'on en croit Johnny :

– Terry est arrivé et a pris les choses en main. Il a organisé le travail et l'a mené de bout en bout. Il est l'un des meilleurs réalisateurs parmi ceux avec lesquels j'ai travaillé. Il m'a offert l'une des expériences les plus créatives, les plus pures, les plus palpables que j'aie jamais traversées. Il commence par vous donner juste quelques directives et cela suffit à allumer une étincelle, et puis, boum, c'est parti ! Il se produit alors une grosse explosion où la créativité se met à souffler en rafales.

– La manière dont les choses se sont agencées est quand même assez amusante, notera Gilliam. Au départ, ils partaient sur un budget de cinq millions de dollars pour un film dirigé par Alex Cox, mais Johnny s'est ensuite pris au jeu et a déclaré : « Il n'y a pas assez d'argent pour faire ce film. » Alors le budget a grimpé jusqu'à sept millions. Ils avaient donc le scénario, ils avaient Johnny, et ils disposaient de sept millions de dollars. Mais ils n'avaient plus de réalisateur. Et alors ils vinrent me trouver. Et j'ai dit : « D'accord, je viens, mais il va falloir écrire un nouveau scénario, et puis je pense que vous feriez bien de doubler le budget... » Je crois qu'à la fin nous avons fait le film avec environ dix-huit millions et demi de dollars.

Johnny était enthousiaste. Il avait trouvé un film qu'il avait envie de faire, le réalisateur avec lequel il avait envie de travailler sur ce film, et maintenant il avait décidé qu'il resterait à observer Thompson au travail et pendant ses loisirs, en passant trois mois avec l'écrivain dans sa maison du Colorado à Woody Creek.

Il se mua même une fois en « Ray », organisateur de tournées et garde du corps, pour accompagner Hunter Thompson lors d'un circuit de promotion. Moins excitante était la corvée qui consistait à préparer la bouteille de Chivas avec de la glace, ce qui lui était, entre autres, réclamé à chaque halte. Mais Johnny avoua en fin de compte : « Je ne souhaite à personne, même à mon pire ennemi, d'avoir la responsabilité de réveiller Hunter Thomson. »

Thompson ira jusqu'à faire un bœuf au Viper Room, comme tous héros personnels de Johnny par le passé : Johnny Cash, Timothy Leary, le parrain de Winona, Allen Ginsberg, le phare de la contre-culture, ou Michael Horowitz, un autre ami du père de Winona.

– Je me suis senti extraordinairement sous pression, confessera Johnny plus tard, j'étais terrorisé à l'idée de décevoir Hunter. Aussi ai-je fait de mon mieux pour m'imprégner de lui. Mon objectif était de voler son âme. C'était ce que je désirais. Je voulais essayer de saisir un maximum de choses de lui et les mettre dans mon corps. Je sais que ça paraît plutôt délirant, mais je me sentais comme si j'étais lui, surtout quand nous tournions. Dans un sens je commençais à trouver plutôt difficile de comprendre Johnny car je me sentais davantage Hunter que Johnny. Même lorsque je ne travaillais pas, pendant les week-ends, je me sentais dans la peau de Hunter.

Mais Johnny n'avait émis aucune réserve en acceptant le rôle et à la fin, il s'extasiait de constater à quel point l'expérience avait été stimulante. Ceci à un point tel qu'il se trouvait encore fasciné par Thompson des mois après la fin du tournage et alors qu'il se préparait à rejoindre le plateau du film suivant.

Mais par la suite il se posa des questions :

– Peut-être que j'ai passé trop de temps avec lui. Peut-être que ça a été trop loin. Je ne sais pas. C'était étrange. Hunter est une bestiole incroyable et ça vaut vraiment le coup de l'observer. D'un côté, il reste ce grand gentleman du Sud, très attentif et très sensible. Mais d'un autre côté il sait être très tranchant, voire blessant. C'est un grand observateur. Dans un sens, le fait que Hunter soit encore parmi nous est un miracle. La manière dont il a vécu, l'existence qu'il a construite, c'est totalement différent de tout ce que j'ai pu rencontrer par ailleurs.

Le fait que Johnny appelle Thompson tous les jours pendant quatre heures n'avait probablement pas arrangé les choses. Gilliam s'en souvient :

– Je faisais le moins de choses possibles avec Hunter. Certes, il possédait une intelligence et une énergie incroyables. Mais il arrivait aussi à vous rendre dingue. J'étais du genre : « Au large ! » Je voulais, bien entendu, que les choses marchent. Mais je ne voulais pas rester assis à me demander en permanence ce qu'il pourrait bien en penser ou ne pas en penser. Il fallait que je fasse les choses à ma guise.

La question la plus cruciale était, bien entendu, de savoir si le film ne donnerait pas une vision fausse de l'usage des drogues. Dans le livre, Duke et le docteur Gonzo utilisent des quantités

Al Pacino et Johnny furent encensés par la critique pour leur prestation dans *Donnie Brasco*, un film sur la mafia, dont beaucoup ont affirmé que c'était le meilleur dans le genre depuis *Le Parrain*.

phénoménales de chaque drogue connue au fur et à mesure qu'ils croisent des personnages réels ou imaginaires, au cours de leur voyage surréaliste et halluciné vers Vegas. Des critiques se demandaient si *Las Vegas Parano* ne pouvait pas être interprété comme une apologie de la consommation de drogues.

– Sûrement pas, soupirera Johnny qui ne croyait pas un instant que le film pût inciter à goûter à la drogue. Lorsque vous regardez ce film, que vous voyez tout ce que ces gars absorbent et ressentent, ce qu'ils traversent et ce qu'ils vomissent, je ne crois pas que vous pensiez : « Mon Dieu, quelle super idée ! Montons au septième ciel et gerbons ! » ou : « J'aimerai voir des gens se balader dans le coin avec six seins poilus sur le dos. » Allons, soyons sérieux, il s'agit d'un cauchemar dû à la drogue. À quoi les gens s'attendaient-ils ? À voir *Peter Pan* ? C'est bien de « peur » et de « dégoût » qu'il s'agit ici.

À l'autre extrémité du spectre, bien sûr, cela démangeait les mêmes journalistes de lui demander s'il avait éprouvé le besoin d'expérimenter personnellement les effets de plusieurs drogues afin de se préparer pour le rôle :

– Il y a des personnes qui n'ont pas besoin d'en passer par là. Je pense que j'en fais partie, et prends ainsi plus de plaisir à jouer.

Johnny savait exactement où ils voulaient en venir. Ils voulaient faire ressortir une grande partie de ce qu'il avait autrefois inconsidérément confié à la presse, à propos de son passé.

– C'est clair, j'y ai touché un peu dans ma jeunesse, dira-t-il des années plus tard, j'ai goûté quelques-unes de ces substances abjectes. Je sais ce qu'on peut ressentir avec certaines d'entre elles. Malheureusement, à une certaine époque, j'ai eu une attitude un peu suicidaire. Le cerveau vous joue des tours étranges. Je ne sais pas si c'était en réaction à la notoriété, ou bien si c'était la croissance. Vous n'êtes plus anonyme et vous ne vous y habituez pas, du moins pas moi.

– C'est peut-être à cause de ces expériences passées, racontera le producteur Laila Nabulsi, mais il comprenait la sensibilité de Hunter, ce que nombre de gens ne peuvent pas ou ne veulent pas voir. L'image courante de Hunter, tout son délire, son égarement, son attitude macho, sont juste une partie de l'iceberg. Hunter est aussi une personne sensible, profonde et réfléchie. Johnny possède toutes ces qualités-là. Il a ces mêmes yeux, cette même profondeur d'âme.

Toujours est-il qu'il aurait pu paraître étrange à Johnny d'interpréter le rôle de quelqu'un qui, dans une autre vie, ou du moins un autre film, aurait pu être lui.

– C'était plutôt bizarre, expliquera Johnny, de se retrouver en tant que personnage dans un film tiré de son propre livre paru vingt-sept ans auparavant. Le livre était sorti au tout début de la mort du rêve américain. Mais Hunter était toujours là, en train de chercher à comprendre le pourquoi, cherchant comme un fou, espérant malgré tout que ce rêve pût encore exister. Et, tout ce qu'il découvrait en fin de compte, quelle que soit la direction vers laquelle il se tournait, c'était la folie, la tragédie et l'avidité. Ce livre représentait une grande quête pour Hunter, et en même temps, une sorte d'exorcisme. C'est un livre qui parle d'espoir, qui parle de folie. Il parle d'essayer de trouver quelque chose en quoi on puisse éventuellement croire.

On peut seulement imaginer ce que les parents de Johnny durent penser lorsqu'ils regardèrent leur fils interprétant un Raoul Duke en train de bâtir un rêve similaire au leur.

– Je pense, dit Johnny, qu'il s'agit d'une grande histoire qui fera rire les gens, qui les fera réfléchir, mais aussi qui les affolera et les scandalisera. Quelques-uns ne verront Duke et le docteur Gonzo que comme deux tarés se bourrant de substances chimiques abominables. Mais cette histoire ne parle pas de loisirs. Elle parle de misère.

La communication s'établira spontanément entre Johnny et Hunter.

– Je me souviens d'avoir ri en permanence, se souvient Johnny. Car il pointe immédiatement les erreurs et distribue des bons points. J'étais avec Kate, et je crois qu'il balaya d'entrée de jeu toute cette merde romantique, lorsqu'il me demanda si je la battais suffisamment. Je crois que je lui ai répondu en plaisantant : « Ouais, elle se prend de bonnes trempes. »

Je lisais pratiquement tout ce que Hunter avait déjà publié et de nombreux textes qui ne l'avaient pas été. Je pense, par ailleurs, qu'un des éléments qui a contribué à notre entente dès notre première rencontre était que nous étions tous deux originaires du Kentucky. Hunter est, en cela, un véritable gentleman du Sud.

Le plus difficile pour Johnny fut de coller à son personnage, non seulement émotionnellement, mais aussi physiquement.

– J'ai essayé de lui ressembler le plus possible, dit-il, je me suis rasé en partie le dessus du crâne, en laissant juste une sorte de couronne de cheveux courts. Les oreilles de Hunter étant plus grandes que les miennes, j'ai installé des petits dispositifs sur mes propres oreilles pour leur permettre de dépasser davantage. Et puis, Hunter possède son propre langage corporel que je me suis surpris à imiter, dès le début.

Ce fut ce langage corporel qui permit dans un premier temps à Johnny de se rapprocher facilement du physique de son personnage. Ses hochements de tête et ses louvoiements constant, son immuable porte-cigarettes fonctionnant comme une sorte d'antenne le rendaient comparable, selon certains, à un danseur gracieux et hautement excentrique, constamment en danger de dégringoler de la scène. Johnny s'appropria facilement cette gestuelle.

Pourtant les choses auraient pu tourner tout à fait différemment.

– Déjà, avoir Hunter sur le plateau fut très intimidant la première fois, expliqua Johnny. Pour vous donner une idée, ce fut aussi intimidant que lorsque la vraie femme d'Ed Wood m'avait rendu visite sur le plateau. C'était effrayant, parce que je craignais que ça soit trop bouleversant pour lui. Mais il a été génial. De plus, il a soutenu entièrement le projet. Il s'est engagé afin de me donner les moyens de devenir comme son ombre, que ce soit dans sa maison, sur la route, vingt-quatre heures par jour, pendant des mois. J'ai vraiment eu de la chance qu'il m'offre ça. Je suis devenu lui dans ce film. D'ailleurs, presque trop… Car il est tout ce que je veux être, à la fois sensible, sec, brutal, et très observateur. Lorsque je vivais avec lui, je voulais avant tout absorber ses pensées et ses émotions.

L'acteur Bill Murray (qui joua le rôle de Thompson en 1980 dans *Where the Buffalo Roam*, littéralement : Là où erre le bison) m'appela avant que nous commencions le tournage et me dit :

– Je t'avertis, Hunter ne te lâche jamais, tu vas mettre des années à t'en débarrasser.

Il avait raison.

Las Vegas Parano fut programmé, après la première au Festival de Cannes, pour une sortie en mai 1998 aux États-Unis, et en septembre en Grande-Bretagne. À Cannes, il faisait partie des œuvres soumises au jury dirigé, cette année-là, par Martin Scorsese. Jury qui comptait également Winona Ryder parmi ses membres.

Les réactions de la critique furent modérées, pour ne pas dire perplexes. Tout le monde était d'accord pour trouver que dans le film, comme dans le livre, l'intrigue faisait défaut. Mais les louanges pour la prestation de Johnny dépassèrent de loin celles espérées pour le film lui-même.

La critique décocha pourtant la flèche du Parthe. Que Johnny eût été bon ou mauvais, cela semblait finalement assez peu important car son rôle était perçu comme « un autre de ses rôles d'excentriques, dont il semble avoir fait sa spécialité, au cours d'une carrière délibérément tenue à l'écart des films grand public ».

Mais pourquoi, demandaient ces mêmes critiques, pour quelle raison évite-t-il ainsi les films grand public ? Johnny tentait de répondre en expliquant :

– Cela pourrait être de l'incompétence mais, ajoutait-il, cela voudrait dire que je suis incroyablement lourdingue et stupide. Ça n'est pas la bonne explication. Je m'implique beaucoup dans les rôles que je choisis, ils m'intéressent. Je les trouve stimulants et je pense aussi que je peux les rendre de façon un peu différente. C'est trop facile de prendre des voies toutes tracées et c'est surtout ennuyeux.

Il va même jusqu'à rejeter sur son travail la responsabilité de sa rupture avec Kate Moss. Leur liaison indéfectible semblait tomber à l'eau pour de bon et Johnny savait exactement pourquoi :

– J'ai laissé ma carrière prendre toute la place et je n'ai pas accordé à Kate toute l'attention qu'elle méritait. Nous avions tant de choses pour nous au départ, mais je me suis montré très stupide. Cela m'aurait fait mal au cul de vivre avec elle. Croyez-moi, parfois je peux être un crétin fini. Nous avons fini par vivre chacun de notre côté et par nous téléphoner seulement tous les quinze jours. Je sens que j'ai tout raté avec Kate. Elle me manque énormément et je me demande toujours pourquoi nous ne sommes pas ensemble en train de penser à fonder une famille.

Il y avait peut-être une autre raison pour expliquer l'échec de ses relations avec Kate et Winona. Les carrières des deux femmes étaient en plein essor et avoir des enfants n'était peut-être pas au premier rang de leurs priorités. Pour Johnny, ça l'était.

La récente rupture n'empêcha pas Kate de le rejoindre à Cannes pour la première de *Las Vegas*. Cela déclencha de nouvelles rumeurs au sujet d'une éventuelle réconciliation. Le fait que Johnny portait la grosse bague en argent ornée d'une tête de mort qu'elle lui avait offerte ne semblait pas s'opposer à ces spéculations. En fin de compte, ils n'étaient désormais rien de plus que de bons amis, expliqua Johnny :

– Elle était en ville et de toute manière elle serait allée voir le film. Tout le monde pensait : « Oh mon Dieu, ils sont à nouveau ensemble. » Mais ça n'était pas le cas.

Trois mois avant Cannes, la présence de Johnny et de Kate au concert des Rolling Stones au Madison Square Garden

(1998), en compagnie d'Ethan Hawke et Uma Thurman, aboutit à des rumeurs du même type :

« Johnny Depp et Kate Moss à nouveau ensemble », afficha le *New York Daily News*, et le magazine de poursuivre : « Depp était en pleine forme en rentrant du concert. Quand le paparazzo John Barrett a laissé tomber les clés de chez lui, Depp les a ramassées et a ensuite exigé que Barrett lui 'prouve' qu'elles étaient bien à lui. Barrett s'est exécuté et Depp les a balancées sur le trottoir. »

Le rôle suivant de Johnny se présenta alors qu'il achevait *Las Vegas Parano*. Tracy, son agent, pensa probablement qu'il s'agissait d'un rôle parfait pour lui, ou pour le moins, qu'il apporterait un changement de bon augure.

Le tournage d'*Intrusion*, de Ran Ravitch, devait commencer le 14 janvier 1998 pour une sortie prévue à la fin de l'année suivante. La pré-production avait déjà l'air prometteur.

« Imaginez, annonça l'un des nombreux journalistes qui visita le plateau à New York, Johnny Depp poursuivi par des aliens. Lunettes de soleil, manteau noir, cigarillo planté dans la bouche, cheveux courts comme jamais il ne les a encore portés, c'est le super look de Depp lorsqu'il arpente les rues de New York. Arrivé en haut de l'escalier du métro, il s'arrête brutalement et empoigne l'attaché-case noir qu'une jeune femme a posé sur la rampe quelques secondes auparavant. Avec ces documents explosifs sous le bras, il disparaît dans la foule. »

Selon un communiqué de la société de production New Line, il s'agissait d'un thriller psychologique à vous glacer le sang. L'histoire d'une femme sur le point de sombrer dans la folie lorsqu'elle se rend compte que le père des jumeaux qu'elle attend n'est pas l'homme qu'elle a épousé et que le géniteur pourrait même ne pas être humain.

Jillian et Spencer Armacost, interprétés par Charlize Theron et Johnny, représentent le couple parfait, vivant le rêve américain, jusqu'à ce jour fatal ou Spencer, un astronaute travaillant sur une mission de routine de la Navette, perd mystérieusement le contact avec le centre de contrôle de la mission pendant deux minutes. Que s'est-il produit pendant ces deux inquiétantes minutes de silence ? Jillian ne le saura jamais.

Même si Spencer retourne à la maison sain et sauf et est décoré par le président, Jillian commence à réaliser qu'elle est témoin d'une terrifiante métamorphose.

Lorsque Spencer lui annonce qu'il quitte le programme spatial pour un travail de fournisseur pour la Défense, à New York, une ville qu'il a toujours détestée, Jillian se plie à contrecœur à sa décision.

À New York, Jillian et Spencer retrouvent une existence apparemment normale. Lorsque Jillian découvre qu'elle est enceinte de jumeaux, Spencer est ravi. Pourtant l'heureuse nouvelle est éclipsée par des visions récurrentes de l'espace ainsi que par des sons étranges qui se glissent dans les rêves de Jillian. Elle commence à ressentir un certain trouble et de la frayeur. D'autant que ses rêves ressemblent de plus en plus à la réalité et que son existence en compagnie de Spencer se délite, au cours de journées étranges passées dans la solitude et dans la confusion.

Ses craintes et ses soupçons vont aller en augmentant, lorsque Sherman Reese, un employé renvoyé de la NASA en raison de « bouffées paranoïaques » consécutives à l'incident qui s'est produit dans l'espace, la retrouve.

Il partage avec elle ses craintes sur le fait que quelque chose se soit effectivement produit pendant ces deux minutes, quelque chose d'horrible qui a transformé Spencer et a fait de lui l'allié involontaire d'extraterrestres qui veulent envahir la Terre.

Spencer est de plus en plus dérangé, ses actions et ses allées et venues devenant totalement incompréhensibles. Jillian sait qu'elle est désormais impliquée dans une course contre la montre afin de découvrir la vérité concernant son mari, avant que ce dernier ne change pour toujours le sort de l'humanité.

Une fois son travail sur *Intrusion (The Astronaut's Wife)* terminé, on aurait pu penser que Johnny ferait une pause. Mais il s'était déjà engagé dans un autre film auquel il tenait vraiment.

Le magazine *Empire* suggéra, en établissant son compte à rebours des films à venir, que dans *La Neuvième Porte* : « Depp reste dans le même registre qu'*Intrusion*, comme pour lui donner une suite. Il a revu à la baisse ses exigences financières pour saisir sa chance de travailler avec Roman Polanski. Ce film est une adaptation du roman *Le Club Dumas*, signé du journaliste et romancier espagnol Arturo Perez-Reverte et paru en 1997. Depp interprète dans le film le personnage de Corso, l'un des rares experts en livres anciens qui travaille sur commande. Contacté pour retrouver deux copies d'un traité de démonologie du Moyen Âge, Corso est entraîné dans une conspiration surnaturelle sur laquelle il n'a pas le moindre contrôle. Ajoutez à cela le sceau de Polanski, la distribution à plusieurs millions de dollars incluant, cette fois-ci, Frank Langella, Emmanuelle Seigner et Lena Nolin, et des décors pittoresques, choisis sur le Vieux Continent pour donner plus de réalisme à des événements inexpliqués. Une perspective sans nul doute destinée à satisfaire ceux qui préfèrent aborder l'horreur par le biais de l'intelligence plutôt que par celui de la seule émotion brute. »

Ce fut là, sur le lieu de tournage à Paris, que Johnny remarqua Vanessa Paradis, sans même savoir qui elle était. Douze ans auparavant, le premier single de Vanessa, *Joe le Taxi*, avait pris d'assaut les hit-parades internationaux. Elle n'avait alors que quatorze ans.

Elle avait ensuite posé sa marque sur le cinéma français avec des débuts dans *Noce blanche* en 1989. Au cours des dix années suivantes, elle continua avec quatre autres films, notamment avec le très apprécié *La Fille sur le pont* (*The Girl on the Bridge*), en 1998. Avec son look de lolita, elle se fit aussi une place dans le monde de la mode et de la photographie, apportant un nouveau visage aux parfums Coco Chanel ainsi que des silhouettes à Jean-Paul Goude.

Lorsque Johnny l'aperçut au bar de l'Hôtel Costes, il en savait très peu sur elle. Cela ne l'empêcha cependant pas de lui offrir à boire et, comme un fait exprès, Kate Moss l'invita à venir les rejoindre à la table de Johnny. S'il ne se sentait pas du tout prêt à aborder une nouvelle relation, Johnny sous-estima encore la puissance de ses émotions.

Quelques mois seulement après leur rencontre, ils partageaient un appartement à Montmartre. Encore quelques mois et Vanessa attendait leur premier enfant. Et tout se passa comme prévu. La fille de Johnny et de Vanessa, Lily-Rose Melody Depp, naquit le 27 mai 1999, à Paris.

« Je veux porter un enfant, le concevoir et aussi le nourrir », avait-elle répondu dans une interview l'année précédente. Johnny, de son côté, avait souhaité exactement la même chose alors qu'il se trouvait à Cannes, un an auparavant.

– Il y a une part de moi-même qui aimerait se poser, avoir deux enfants, une femme, un poisson rouge et regarder la télévision tous les soirs jusqu'à onze heures. Je veux devenir un vieux monsieur, assis sous son porche à boire une bière. Une partie de moi aimerait qu'il en soit ainsi, mais une autre partie de moi a besoin de se rouler dans la boue.

Les parents de Vanessa étaient enchantés. « Elle a présenté Johnny à toute la famille et ils l'ont trouvé adorable, révéla l'un de leurs amis. À l'évidence, il est fou d'elle. »

Mais, selon quelques autres témoins, ces nouvelles furent un brise-cœur pour Kate Moss. À cette époque, elle sortait à peine d'une phase d'épuisement extrême et s'était fait soigner à la London Priory Clinic, cette clinique dans laquelle on traite généralement les dépressions, les désordres alimentaires, les problèmes liés à la drogue et aux abus d'alcool.

Ce fut peu après avoir signé son autorisation de sortie que Kate faillit provoquer un incendie, exactement comme Winona quelque cinq années plus tôt, dans sa chambre d'hôtel, au Portugal, quand elle s'était endormie avec une cigarette allumée entre les doigts.

Toutefois, selon Jess Hallett de l'agence de Kate, Storm Models : « Le feu était circonscrit avant que n'arrivent les trois véhicules de pompiers dépêchés sur place. Il fut très vite éteint et cela ne donna pas lieu à d'autres inquiétudes. Kate ne fut vraisemblablement pas trop gênée par cette affaire. Elle a dû trouver ça amusant plus qu'autre chose. »

Cependant la presse ne put s'empêcher d'écrire que Johnny était la cause de cet incident. Il avait apparemment décidé d'aider Kate à s'en sortir et lui avait offert une BMW pour lui souhaiter un prompt rétablissement. « Elle était si contente, nota le *New York Daily Post*, qu'elle demanda au chauffeur de l'emmener faire un tour dans les environs. » Ce qu'il fit bien entendu. Malheureusement, Kate avait laissé brûler l'une des bougies qu'elle utilisait pour ses séances de méditations trop près du foulard offert par sa mère. Celui-ci s'enflamma et le feu se propagea dans toute sa chambre. Ce fut, nota l'*Evening Standard* de Londres : « La deuxième des ex-compagnes de Depp à provoquer accidentellement un incendie lors de sa rupture avec l'acteur. »

Malgré tout, cela n'empêcha pas à la rumeur selon laquelle le couple se trouvait à nouveau réuni de se propager. Selon Dominic Mohan, dans le *Sun* du mois suivant : « Ils ont passé une soirée ensemble à une réception privée à Notting Hill, dans l'ouest de Londres, et mes sources m'ont informé qu'ils sont restés des heures à discuter. Et bien qu'ils aient quitté la réception séparément, la voiture de Johnny a été repérée avec son chauffeur non loin de la maison de Kate, cela en dépit de la naissance imminente du bébé de Johnny et de Vanessa Paradis. »

Johnny laissa passer la rumeur… et les ragots autour de cette réconciliation continuèrent. Un autre commentaire dans le *National Enquirer* américain alla même plus loin en suggérant : « Il n'y a aucun doute dans le fait que Johnny aime toujours Kate et qu'elle l'aime aussi. » Selon un autre initié s'exprimant dans le même journal : « Quand Vanessa apprit par les médias britanniques que Kate et Johnny étaient de nouveau ensemble, elle pensa devenir folle. »

C'était la même chose lorsque Johnny et Winona étaient ensemble. À l'époque, les rumeurs selon lesquelles ils allaient se quitter pour partir chacun de leur côté avec une autre jeune star se multipliaient. Maintenant, et comme autrefois, Johnny, Kate et Vanessa ignorèrent ces commérages et refusèrent même de se donner la peine d'y répondre, de peur de leur donner la moindre crédibilité.

Quoi qu'il en fût, Johnny, tout juste âgé de trente-six ans, n'avait jamais abandonné l'idée d'avoir un jour des enfants.

– Je pensais que le moment était venu. Je me sentais papa poule. L'idée que je pourrais ne pas avoir d'enfants un jour m'avait fait peur jusqu'à présent. Mais je suis désormais prêt à assumer une descendance. J'ai aussi en moi l'idée d'un mariage traditionnel, d'une maison à la campagne, avec sa clôture et deux chiens. C'est l'un de mes grands rêves.

Moins d'un mois après avoir terminé *La Neuvième Porte*, Johnny se retrouva à bord d'un avion pour Londres. Son vieil allié Tim Burton avait attendu qu'il soit libre. Il avait déjà travaillé deux fois avec lui et savait très précisément qu'il avait désormais affaire à l'un des acteurs américains les plus respectés.

Il n'y eut donc aucune surprise lorsque Johnny accepta de se joindre à Burton, cette fois-ci pour l'adaptation, signée par le scénariste Andrew Kevin Walker, de *Sleepy Hollow, la Légende du cavalier sans tête,* une nouvelle écrite par Washington Irving et publiée pour la première fois en 1919. *Sleepy Hollow, la Légende du cavalier sans tête*, titre un peu long, fut ramené au plus concis Sleepy Hollow. Le film ferait, selon *Entertainment Weekly*, beaucoup d'entorses au récit initial. De bien des manières, ce film reprend les pistes là où le conte classique semble les abandonner et fait bien davantage ressortir des images de sang et d'entrailles. Il s'agit d'une sorte d'hommage direct aux productions de la Hammer, à ces films d'horreur de la fin des années cinquante et du début des années soixante.

Créée dans les années 30, Hammer Film Productions était une petite compagnie de production britannique. Elle a tourné des films de série B alimentaires pendant près de vingt ans. Elle n'est devenue mondialement célèbre qu'à la fin des années cinquante lorsque *The Curse of Frankenstein* (*La Malédiction de Frankenstein*) et *Dracula* sortirent de ses studios. Le signal de départ d'un genre complètement nouveau, le film d'horreur, venait d'être donné et les films de la Hammer se différencièrent des autres productions par leur style et leur panache.

Avec plus de soixante-dix films de science-fiction, d'aventures préhistoriques et de thrillers, la Hammer finit par s'imposer, au cours des deux décennies qui suivirent, comme une société de production passée maître dans tous ces genres-là.

Avec cela à l'esprit, et le halo de fans qui entourait tout ce qui touchait de près à la Hammer, il est probablement exact de penser que le plus excitant, tant pour Burton que Johnny, fut le recrutement de Christopher Lee, l'acteur anglais qui, encore aujourd'hui, est l'un des méchants favoris du cinéma.

Cela remontait à sa plus fameuse interprétation, celle du comte Dracula, en 1958, qui marqua la naissance du film d'horreur marqué du sceau de la Hammer.

Avant sa récente incursion dans le rôle de Saruman, dans *Le Seigneur des Anneaux*, il avait charmé et terrifié les spectateurs au cours d'une carrière longue de cinquante-six ans et riche de non moins de trois cents films.

Mais ce fut bien *Sleepy Hollow* qui le remit d'actualité et le fit sortir d'une retraite au cours de laquelle, selon le *Guardian*, il était désormais devenu l'acteur le plus gentil de la planète.

Dans son autobiographie datant de 2003, Lee se souvient que Burton souhaitait qu'il fît une apparition de cinq minutes au début du film. Et cela paraissait apparemment suffisant « pour évoquer la bonne série » qui avait duré pour lui jusqu'à aujourd'hui.

La première scène se passe à l'hôtel de ville, le maire de New York, en l'occurrence Christopher Lee, ordonne à l'agent de police Crane (Johnny Depp) de se rendre dans les montagnes, à Sleepy Hollow, une ville où plusieurs personnes ont eu la tête proprement tranchée. Ce fin limier a ordre d'employer son intelligence scientifique à la résolution du mystère.

– C'est du gothique humoristique, écrit Lee. Johnny, qui est devenu un ami, a fait un excellent travail en tentant de résoudre ce mystère du cavalier sans tête qui surgissait de derrière un arbre et frappait les membres terrifiés de la communauté néerlandaise. La légende tournait autour de l'idée du cadavre tourmenté d'un soldat de la Hesse qui errait là depuis la guerre de la Révolution. Apparemment, les soldats de la Hesse se taillaient les dents en pointe comme on le voit sur la tête qui est découverte, et de mon point de vue, c'est plus inquiétant que l'absence de tête.

Même si le film était un hommage personnel que rendait Burton à l'aventure de la Hammer, le cadre général portait bien la marque de fabrique de Burton, en l'occurrence cette bizarrerie inattendue que l'on s'attend étrangement à ressentir en regardant un de ses films.

– Imaginez l'ancienne forêt un peu terrifiante dans laquelle vous aviez l'habitude de traîner quand vous étiez enfant. Imaginez-vous en train d'exhumer tous les éléments de cette vieille forêt, les arbres, les collines, les ambiances et tout ce qui s'ensuit, pour les replanter au cœur d'un studio. Eh bien c'était un peu ça. Mais en mieux. Vous comprendrez aisément qu'au moment où j'arrivais à me persuader que tout cela était réel, il en découlait un sentiment voulu d'irréalité.

– Vous vous souvenez, dans les premières images de *Beetlejuice*, le truc dérangeant dans le paysage ? Eh bien, c'est exactement cet effet qui a été obtenu ici. Les arbres ont été dépouillés de leurs feuilles et ont été peints pour accentuer un effet fantomatique, les fonds étaient presque tous impressionnistes et la

Johnny, en compagnie de Hunter S. Thompson, lors d'une lecture publique de *Las Vegas Parano* au Virgin Megastore de Times Square à New York, le 28 mai 1998.

plupart du temps monochromes. Plus vous regardiez cette forêt, plus elle devenait inquiétante.

Et ce fut certainement aussi l'impression qu'en tirèrent la série de comédiens engagés par ailleurs. Johnny avait donné son accord pour jouer Ichabod Crane bien avant que le choix de tous les comédiens ne fût arrêté.

Christopher Walken interpréta la macabre apparition à cheval avec une tête qu'on ne voit pas, Michael Gambon et Miranda Richardson jouèrent respectivement les personnages de Baltus Van Tassel et de Old Crone.

Martin Landau, le distingué acteur américain, passe un peu inaperçu dans sa modeste apparition sous les traits d'un passager apeuré de la diligence poursuivie par le cavalier sans tête. Depuis son rôle de Bela Lugosi dans *Ed Wood*, il était devenu l'un des piliers des films de Burton (et par la même occasion des films de Johnny).

Michael Gough, un autre habitué de la Hammer, de quelques années plus âgé que Christopher Lee, sortit aussi de sa retraite pour assurer une courte prestation. Le choix de Christina Ricci, la partenaire de Johnny dans *Las Vegas Parano*, pour interpréter le premier rôle féminin, Katrina Van Tassel, fut spontané. Christina se souvient parfaitement de sa première rencontre avec Johnny sur le plateau de *Deux Sirènes* (*Mermaids*), en particulier parce qu'il était avec Winona Ryder à cette époque.

– J'avais neuf ans, et je ne savais pas ce que « gay » voulait dire, et lorsque je posai la question à Winona, elle répondit : « Je ne sais pas quoi dire, demande à Johnny. » Johnny m'a alors expliqué qu'il y avait différentes théories pour comprendre pourquoi des gens étaient homosexuels, ce que c'était que d'être homo, et il m'a aidé à envisager ce que j'étais incapable d'imaginer, comment des homos pouvaient avoir des relations sexuelles. Il était extraordinaire. Et huit années plus tard, alors que je me rendais à une répétition pour *Las Vegas Parano*, il se souvenait de moi, de nos discussions, et il a reconnu ma mère, Sarah. Il lui a dit : « Comment vas-tu Sarah ? » Et il a pris aussi des nouvelles de mes frères. Il était vraiment gentil, attentionné et reposant.

Alors qu'il travaillait sur le film de Tim Burton et qu'il attendait la sortie du film français d'art et d'essai *I Love L.A.*, dans lequel il faisait une courte apparition dans son propre rôle, un bruit courut que Johnny allait avoir son ancien amour Winona Ryder pour partenaire sur le tournage du dernier film de Michelangelo Antonioni, *Just To Be Together*. L'agent de Johnny n'en avait pas entendu parler. Winona non plus. Mais selon le magazine *Now*, ce fut Matt Damon, à l'époque l'ami de Winona, qui se sentit le plus concerné par cette rumeur.

« Il adore Winona », confiera l'un de ces « amis » toujours prêts à agrémenter de leurs commentaires les affaires de cœur des gens du showbiz. « Johnny a toujours dit qu'il aimait encore Winona, et elle a toujours gardé dans son cœur une place spéciale pour lui parce qu'il fut son premier vrai amour. »

Cela n'apportait rien à personne, et à la presse moins qu'à quiconque.

– Ce n'est pas du tout comme si Johnny et moi étions seulement copain-copain, affirma Winona, mais en tout cas, il est bon de savoir que nous avons conservé une amitié. Il est bon de pouvoir penser à lui sans avoir une horrible impression dans le creux de l'estomac, ou avoir envie de rentrer sous terre ou encore me sentir le cœur brisé comme s'il me haïssait. Après une rupture vous traversez toutes ces sensations.

Les ruptures font mal à tout le monde, mais c'est particulièrement dur lorsque votre existence est disséquée, exposée, et que vous voyez partout des images de votre ex. Beaucoup de gens ne connaîtront pas ces problèmes, qui viennent d'ailleurs s'ajouter à ceux inhérents à toute rupture. La nôtre fut une histoire sans fin parce qu'elle était entretenue par le public. Nous ne savions pas comment faire pour rompre. C'est avec Johnny que j'ai eu ma première véritable liaison. Ce fut un amour extrêmement profond que je ne sais pas si je retrouverai…

Le premier amour, c'est ça, non ? C'était une folle époque que cette époque-là.

Les deux stars avaient déjà été associées sur des projets par la rumeur, mais cela n'avait jamais reposé sur rien. Et ça recommençait.

De récents bruits de couloir attribuaient le rôle féminin de *Sleepy Hollow* à Christina Ricci. S'ils s'avéraient et si Winona n'obtenait pas le rôle, c'était simplement parce qu'elle était déjà engagée sur *Une vie volée*, à la fois comme actrice et comme productrice. Et elle ne voulait rien qui pût entrer en conflit avec ce projet dont certains disaient qu'il était devenu pour elle une obsession.

Un autre racontar courait à Hollywood depuis que Johnny et Winona avaient participé à *Edward aux mains d'argent*, à propos d'une version filmée de *Dream Lovers*, la véritable histoire de Bobby Darin et Sandra Dee. Une histoire adaptée du livre de Barry Levinson, le fils de Darin. À l'époque, Barry contacta à la fois Johnny et Winona pour leur proposer les rôles principaux. Selon Internet, huit années plus tard Johnny était encore dans les rangs pour le rôle. Et Winona, assez intéressée, avait lu le livre pendant quelle tournait *Boys* deux ans plus tôt.

Johnny fut pressenti pour le rôle principal dans *Empire* : la vie, légende et folie de Howard Hugues, rôle dont beaucoup pensaient qu'il serait le plus difficile qu'il ait endossé jusque-là.

Millionnaire depuis l'âge de dix-huit ans, Hugues était un playboy qui naviguait dans l'univers des stars et était devenu célèbre en produisant des films tels que *Les Anges de l'Enfer* et *Le Banni*. Il était aussi connu pour son amour de l'aviation, au moins autant si ce n'est plus que Charles Lindberg. Ses liaisons avec quelques-unes des plus belles femmes d'Hollywood, dont Jean Harlow et Katharine Hepburn, avaient également contribué à asseoir sa réputation. Plus tragiquement, bien sûr, il passa à la postérité à cause de sa descente dans un enfer misanthropique. Cela commença après qu'il survécut à un accident d'avion qui aurait dû lui être fatal. Il devint dépendant des médicaments, tout comme Elvis Presley des années plus tard.

Au moment de sa mort, il avait les cheveux et les ongles très longs et restait enfermé dans sa chambre le plus clair de son temps. Il avait développé une crainte morbide des microbes et de la maladie. Selon le livre dont le film s'inspirait, ses bras étaient constellés de pointes cassées d'aiguilles hypodermiques implantées sous sa peau.

Johnny avait aussi le projet de se joindre à nouveau à Terry Gilliam pour une version filmée du classique de Miguel de Cervantès, *Don Quichotte*. Il devait jouer le rôle d'un homme de notre temps renvoyé au dix-septième siècle, où Don Quichotte le prend pour son valet Sancho Panza.

Avec pour titre *L'Homme qui tua Don Quichotte*, le film devait finalement recevoir le feu vert de la production début 2001 par la branche française du studio Canal Plus, avec un budget prévu de trente-deux millions de dollars.

Mais hélas, le film, le premier qui aurait réuni Johnny et Vanessa dans des rôles principaux, semblait dès le début voué à l'échec. Ce n'était pas seulement l'occasion de travailler ensemble qui était remise en cause, mais surtout la gratification supplémentaire de se retrouver à travailler tous deux non loin de Lily-Rose.

Bien que regrettant de ne pas avoir encore tourné une seule scène en compagnie de Johnny, Vanessa dira :

– J'aurais sans doute d'abord éprouvé une certaine hantise de jouer avec lui, dans le même film. J'aurais peur de décevoir le seul homme qu'il me tient à cœur d'impressionner par mon jeu. Il est beaucoup plus expérimenté que moi, mais je veux qu'il soit fier de moi dans tous les domaines.

Fier ou non, les similitudes avec *Divine Rapture*, tourné six ans auparavant, étaient nombreuses. Une fois encore, la production s'arrêta après seulement cinq jours de tournage. L'acteur français Jean Rochefort, choisi pour interpréter Don Quichotte, avait été obligé de se retirer en raison d'une double hernie discale. Et, apparemment, il ne pouvait pas être remplacé.

Une myriade d'autres raisons, notamment financières, mit le projet en veilleuse.

Pourtant nombre de personnes affirmaient que le tournage reprendrait deux mois plus tard, avec ou sans Rochefort. Après avoir vu le documentaire *Lost in La Mancha*, réalisé par Keith Fulton et Louis Pepe, cela semble peu probable.

Gilliam avait une vision parfaitement claire de son film. Il avait déjà passé plusieurs années à rassembler les fonds nécessaires à partir de sources européennes, de manière à éviter les dictats d'Hollywood. Il souhaitait pouvoir produire un film où rien ne lui serait imposé, du moins pas jusqu'au point où le résultat lui devienne étranger. Un film qui ne serait pas remonté différemment ou tout simplement enterré avant d'être terminé.

Une expérience que de nombreux réalisateurs avaient déjà vécue par le passé. Comme la réalisatrice Gillian Amstrong qui avait travaillé à Hollywood sur *Cruel Dilemme* (1991). Aujourd'hui Amstrong analyse avec philosophie les moments où elle dut défendre son projet :

– C'est une vieille façon d'agir à Hollywood, ça fait partie du jeu. Ils mettent un paquet d'argent sur la table et ensuite ils annoncent à ce même réalisateur qui leur a fait gagner une centaine de millions de dollars avec le succès d'un film précédent que ça n'est pas à lui de décider si celui-ci ira jusqu'au bout. C'est vraiment un coup de poker. Et Gilliam ne voulait pas prendre un tel risque.

Si Johnny et Vanessa se sentaient aussi désappointés que Gilliam à propos de cet abandon, ils ne restèrent pas longtemps à se morfondre, car Roman Polanski, le réalisateur de *La Neuvième Porte*, obtint pour Johnny un César, l'équivalent français de l'Oscar. Ce César d'Honneur récompensait sa contribution aux Arts.

Johnny réagit avec une grande joie et il prépara un message écrit, parce que son français, comme il l'admettait ouvertement, n'était pas à la hauteur.

– Je ne comprends pas vraiment, d'une manière générale, le concept de louanges et je déteste l'idée de compétition. La seule personne contre laquelle je me bats, c'est moi-même, afin d'aller, chaque fois, aussi loin que possible dans mon travail. Personne n'est le meilleur, nous sommes simplement tous différents. Mais c'est un grand honneur de recevoir ce cadeau de la France parce que j'aime et respecte votre pays, qui permet à l'art de rester vivant. À tous ceux qui m'ont suivi sur cette voie, je suis profondément reconnaissant. Merci beaucoup.

Prenant plaisir à goûter la liberté de week-ends loin des tournages, Johnny et Vanessa passaient leur temps ensemble, ignorant, tout comme les photographes qui les attendaient pour les mitrailler, ce qui allait leur tomber dessus, alors qu'ils sortaient de Mirabelle, un restaurant londonien, un soir de février 1999.

– Nous avions été avertis que Depp était au restaurant et lorsque nous sommes arrivés il s'y trouvait déjà, expliqua l'un des photographes. Il vint jusqu'à l'une des portes situées sur le côté et réclama l'un des appareils qu'il garda en disant qu'il ne voulait pas de photos. Il déclara que si nous prenions des photos, il nous défoncerait la tête, il nous tuerait. Nous pensions qu'il surjouait un peu. Peu après, sa compagne est sortie enveloppée dans son manteau et les photographes ont pris quelques clichés. C'est à ce moment-là, continua le paparazzo, que Depp a déclaré : « Vous voulez foutre la merde, c'est ça ? Je vais vous casser la gueule ! » Il est sorti en brandissant un bout de bois qui servait sans doute à maintenir la porte du restaurant ouverte et qu'il avait probablement ramassé à l'intérieur. Il menaçait de nous fracasser la tête, il nous bousculait et il s'est mis à nous poursuivre, toujours armé de son bout de bois. Il nous a poursuivis dans la rue. Et, pendant tout ce temps, aucun d'entre nous n'a pris une seule photo. Nous avons appelé la police au bout de cinq minutes. Alors le gars qui l'accompagnait est revenu vers moi et m'a lancé mon appareil au visage, me faisant une entaille à la tête. Je repartais vers le restaurant quand les gyrophares sont apparus. Depp s'est mis à me poursuivre à nouveau, le bout de bois serré sous son bras. Il devenait vraiment méchant. En quelques secondes la police l'a entouré et maîtrisé. Il tenait toujours son bout de bois. Même lorsqu'on l'a poussé sans ménagements à l'arrière du panier à salade, il a continué de me menacer avec, jusqu'à ce que la police le lui enlève.

Quelles qu'aient été les raisons de la fureur de Johnny, et elles étaient probablement en relation avec son rejet des médias, il ne fit, par la suite, aucun commentaire sur cet incident. Cela fut laissé aux bons soins du porte-parole de Scotland Yard : « Un homme de trente-cinq ans a été appréhendé puis relâché sans qu'aucune charge n'ait été retenue contre lui. Il n'est pas sous caution et n'est pas maintenu sous notre contrôle. »

Malheureusement, beaucoup critiquèrent ouvertement l'attitude de Johnny. Les unes, telle que NUIT DE HONTE AVEC LE FOU FURIEUX D'HOLLYWOOD, ne plaidaient pas en sa faveur. Les photographies de son arrestation qui illustraient les tabloïds, le matin suivant, n'étaient pas de nature à calmer les esprits.

Pourtant,Winona Ryder affirme :

– C'est un garçon tellement gentil. Je sais que la plupart des choses que j'entends à son sujet sont fausses. Vous savez, tous ces trucs de voyou. Ce n'est vraiment pas un voyou, au contraire, c'est un chic type qui ne cause jamais le moindre véritable problème. C'est vraiment un gars merveilleux. »

Johnny se joignit à Dawn French pour participer à un interlude comique dans la série britannique *The Vicar of Sibley*, fit une petite apparition dans le tout dernier épisode de son autre comédie préférée de la télévision britannique, *The Fast Show*, et décida de garder profil bas, plus encore qu'il ne l'avait fait depuis longtemps.

Son attitude récente avec les paparazzi londoniens suscita une surenchère de critiques négatives de la part de ceux qui ne portent pas dans leur cœur les célébrités trop exubérantes. Ça encouragea peut-être Johnny à réexaminer la nature de son succès. Bien qu'il eût construit son existence à partir d'Hollywood, rien ne l'obligeait à continuer à y vivre.

CHAPITRE - XIII
UNE CARRIÈRE QUI REDÉMARRE

« J'aimerais avoir l'occasion de continuer à travailler.
Je suis toujours étonné de donner encore des concerts,
d'avoir du travail. Je me sens très privilégié,
très veinard qu'il y ait encore des gens pour m'engager. »

Winona fut condamnée à 480 heures de travaux d'intérêt général, trois années de mise à l'épreuve et des milliers de dollars d'amende en octobre 2002, presque un an après avoir été surprise à voler à l'étalage chez Saks, sur la 5e avenue, à Beverly Hills.

Johnny, à qui rien n'échappait, fut horrifié par la manière dont les médias la traitèrent et en firent leur cible lors d'un procès surmédiatisé.

Même s'il n'avait pas parlé avec Winona depuis un moment et malgré cette histoire de « verre cassé », comme il l'appelait, il était sûr que son ex-fiancée ne tarderait pas à refaire surface : « C'est une brave fille et elle est aussi très forte. Elle va s'en sortir. »

Malgré cette situation, Johnny n'hésita pas à s'associer au combat que menait Winona pour faire libérer trois hommes condamnés pour meurtre, simplement parce qu'elle était convaincue qu'ils étaient innocents.

Elle portait même un bracelet sur lequel étaient inscrits les noms de ces trois condamnés.

Ce trio, connu comme les « Trois de Memphis », était composé de Damien Echols, Jason Baldwin et Jessie Miskelley. Ils n'étaient encore que des adolescents lorsqu'ils furent arrêtés pour le meurtre rituel de trois garçons âgés de huit ans à West Memphis, dans l'Arkansas, en 1993, l'année même pendant laquelle Winona avait mené campagne pour retrouver l'assassin de Polly Klaas, l'enfant kidnappé.

Ce fut probablement le documentaire télévisé de 1996, *Paradise Lost : The Child Murders at Robin Hood Hills* (*Paradis perdu : Les meurtres d'enfants dans les collines de Robin Hood*), qui souleva un certain nombre de questions au sujet de la culpabilité des trois hommes. Cela incita plusieurs célébrités, parmi lesquelles Johnny, à rejoindre la croisade de Winona.

À cette époque, Johnny connaissait une série de succès qui avait commencé au Festival du Film de Venise en 2000, lorsque *Avant la nuit* était sorti sur grand écran et avait remporté le Grand Prix spécial du Jury. C'était le second long-métrage de Julian Schnabel, l'artiste new-yorkais devenu cinéaste. Il s'était fait un nom en réalisant son premier film en 1996. Le sujet en était Basquiat, l'artiste de Manhattan, un sans-abri devenu célèbre pour ses graffitis, avant de sombrer dans la folie.

Avant la nuit aborde en partie le même thème. Tiré des mémoires posthumes du poète cubain Reinaldo Arenas, le film examine certains aspects de la vie de l'auteur exilé, depuis son enfance jusqu'à sa mort à New York.

Arenas était né à Cuba dans un milieu épouvantablement pauvre, avant Castro. Depuis son plus jeune âge il possédait, selon son maître d'école, un don pour la poésie. Lorsque son grand-père avait entendu parler de ce don, il avait battu l'enfant, arrêtant ainsi plus ou moins le schéma de son existence future. En dépit de ses tentatives pour exercer ses talents comme poète et romancier, la société avait poursuivi le travail entamé par son grand-père en l'humiliant continuellement. Son homosexualité n'arrangeait certes pas les choses.

Dans sa vie réelle, comme dans le film, Arenas croyait que la plus grande trahison de son existence était Fidel Castro. Adolescent, il avait rejoint en stop le mouvement révolutionnaire dans les collines mais, quand Castro avait pris le pouvoir et répandu son message à la fois anti-intellectuel et anti-homosexuel, Arenas était devenu un hors-la-loi et s'était retrouvé étranger dans son propre pays. Il avait été finalement jeté dans une prison cubaine.

Il y était resté sept ans, jusqu'en 1980.

Il s'était alors embarqué sur le bateau de l'exil réservé aux criminels, aux homosexuels, aux malades mentaux et à tous ceux considérés comme indignes d'être des Cubains. Il avait vécu dix ans à Manhattan. Malade du sida, il s'était suicidé en avalant des barbituriques et pour être certain de ne pas se louper il avait enfilé sur sa tête un sac en plastique portant l'inscription « I love New York ».

Le critique de films, Robert Eber, écrivit : « *Avant la nuit* raconte la vie d'Arenas avec les mots tirés de son œuvre et les images sorties de l'imagination de Schnabel. Schnabel, le peintre, tisse sur l'écran une toile riche d'une suite de rêves, piquetés de souvenirs d'enfance et d'images du demi-monde sauvage de Cuba dans lequel vivaient Arenas et d'autres marginaux. »

Peut-on imaginer scène plus prenante que celle où Arenas tombe par hasard sur une communauté de réprouvés et découvre qu'ils construisent, dans la ruine sans toit d'une vieille cathédrale, une montgolfière, pour s'enfuir en Floride.

Javier Bardem, un acteur espagnol plutôt spécialisé dans les personnages d'hétérosexuels machos, jouait le rôle d'Arenas. « Il n'interprète pas Arenas comme un homosexuel mais plutôt comme un homme habillé du mauvais costume » écrira le critique Eber. Les spectateurs acceptent, bien sûr, Arenas comme un personnage homosexuel dans le film parce que l'histoire le décrit comme tel et aussi parce que, après tout, il n'y a pas fondamentalement de règle qui dicte comment un homosexuel devrait se comporter où ce à quoi il devrait ressembler. Il se dégage plutôt le sentiment que le personnage du film n'est pas, au fond de lui-même, homosexuel, mais qu'il a peut-être choisi cette forme de vie par défi, afin de provoquer un peu plus Castro.

Le film intègre deux rôles plus convaincants d'homosexuels, tous deux interprétés par Johnny. Le lieutenant Viktor, un élégant moulé dans son pantalon d'officier, et « Bon Bon », un travesti flamboyant qui traverse la prison de Castro en se pavanant et s'avère incroyablement précieux. En effet, il fera sortir l'un des manuscrits d'Arenas en le dissimulant dans un endroit que la plupart d'entre nous trouveraient des plus inconfortables pour dissimuler un roman.

Selon les notes de production, Bardem était ravi de pouvoir travailler avec Johnny :

– Je trouve qu'il a fait un travail extraordinaire et qu'il a été à la fois très généreux et très utile. Il est vraiment entré dans la peau du personnage de Bon Bon. La scène où il incarne le lieutenant Viktor restera gravée dans ma mémoire. Je l'admire énormément comme acteur et aussi comme être humain.

En dépit de sa courte apparition auprès d'un Sean Penn aisément identifiable et du bourreau des cœurs français Olivier Martinez, plus connu pour avoir donné la réplique à Diane Ladd dans le film *Infidèle*, de Richard Gere, Schnabel était enchanté d'avoir Johnny à son bord.

Ainsi qu'il le dit lors de l'émission de Christopher Heard *Reel to Real*, au Festival du Film de Toronto :

– Johnny n'aurait pas pu être plus sympa. Je lui disais ce que je voulais qu'il fasse et il le faisait. Je l'admire vraiment pour ça et je lui suis vraiment reconnaissant qu'il ait pris le temps de travailler avec moi sur ce film.

Cette courte apparition dans un film n'était pas la seule de Johnny. Avant de tourner dans *Avant la nuit*, il avait déjà tenu un second rôle dans *The Man Who Cried*, à ce jour peut-être le film le moins connu auquel il ait participé.

L'histoire se passe à Paris, à l'aube de la Seconde Guerre mondiale. Il s'agit d'un drame romantique racontant la vie de quatre étrangers dont les existences finissent par se croiser en raison des choix que chacun est obligé de faire pour sa survie. Suzie, une jeune chanteuse juive, interprétée par Christina Ricci, se lie d'amitié avec un prestigieux danseur russe qui l'aide à trouver sa voie et la guide à travers la magie de la Ville Lumière.

Fascinée par les mœurs mystérieuses d'un énigmatique gitan (joué par Johnny), elle découvre les joies de l'amour mais aussi le danger engendré par la duplicité d'un chanteur d'opéra italien obstiné.

Dans ce contexte historique, Suzie doit choisir entre rester avec son seul amour ou fuir Paris pour sauver sa vie. C'est finalement au fond de ce creuset amer que Suzie puisera la force de réaliser ses rêves en partant pour Hollywood.

Johnny avait trouvé tellement de plaisir à jouer ces deux seconds rôles qu'il décida de répéter l'expérience dans son film suivant, *Le Chocolat*, une fable comique décrivant à quel point goûter les petits plaisirs de la vie peut changer une personne, une relation, une ville...

Il s'agit d'un conte sur la tentation, la répression et le pouvoir libérateur des sens. C'est une comédie qui parle de la guerre provoquée par les passions et les peurs qu'alimente l'ouverture d'une mystérieuse boutique de chocolats, dans une petite ville.

Le personnage central est Vianne Rocher, une femme aux pouvoirs particuliers. Elle arrive dans le village français de Lansquenet pour y ouvrir une échoppe de chocolatier. Elle vend des friandises délicieuses capables non seulement de procurer une émotion gustative, mais aussi de remédier aux espoirs perdus et de réveiller des émotions inattendues. L'effet sur le village est immédiat et extraordinaire. Les anciens retrouvent la saveur d'un amour de jeunesse, des couples en difficulté retrouvent leur premier éclat et des voisins hargneux deviennent les meilleurs amis du monde. Les confiseries extraordinaires de Vianne réveillent également d'autres sentiments : le combat s'intensifie entre passion et indignation morale.

Tandis que certains habitants du village commencent à laisser faire, d'autres, emmenés par le vertueux comte de Reynaud, adoptent une attitude beaucoup plus rigide. Ils désignent Vianne comme l'ennemi public numéro un. Sur le point d'abandonner, elle éprouve un amour inattendu pour un étranger. Elle devra choisir entre quitter cet entourage hostile ou tenir tête à ses détracteurs et marquer ainsi clairement sa différence aux yeux des habitants.

Adapté du roman de Joanne Harris, *Le Chocolat* est aussi l'histoire des batailles que Vianne, femme à l'esprit libre, doit mener au nom de la liberté de vivre selon ses convictions.

Comme les lecteurs du roman, les critiques ont été séduits par l'utilisation du chocolat comme métaphore des puissances libératrices du plaisir.

Le réalisateur suédois Lasse Hallström fut l'un de ceux qui se laissèrent charmer par la fable de Harris.

À cette époque, il était connu pour *Ma vie de chien* (1985), et avait acquis une reconnaissance universelle pour ses multiples nominations aux Oscars pour *L'œuvre de Dieu, la part du diable*, avec Michael Caine, ainsi que pour avoir dirigé *Gilbert Grape* (1983).

Ce qui fascinait Hallström dans cette fable peu commune était cette qualité qu'il cherchait toujours à atteindre dans ses films, ces mille facettes tour à tour drôles, excentriques et merveilleusement imprévisibles du comportement humain.

Il était enchanté par la manière dont l'histoire explorait les moments les plus délectables de l'existence et la façon dont ils peuvent parfois surgir au détour de l'amertume, de la noirceur ou du clair-obscur de la vie.

Par bien des côtés, cette histoire n'est pas seulement un plaidoyer pour les petits plaisirs complaisants tels que le chocolat, c'est un appel à la tolérance. Elle appelle aussi à explorer plus en profondeur le vaste spectre des petites manies et des caprices humains :

– Pour moi, il s'agit d'une fable très amusante à propos de la tentation et de l'importance de ne pas se priver des bonnes choses de la vie. C'est le perpétuel conflit entre la tradition et le changement. Le thème central de l'histoire traite de la tolérance ainsi que des conséquences que présente le fait ne pas laisser vivre les gens comme ils l'entendent, suivant leurs croyances et leur propre vision de la vie.

Ce qui fascinait encore plus Hallström, c'était les ingrédients qui permettaient à la magie de ce conte de fées d'opérer. En effet, l'histoire met en scène toute une galerie de personnages dont les émotions et les préoccupations, des mariages ratés jusqu'aux malhonnêtetés familiales, sont palpables et souvent d'une réelle drôlerie. Autre chose entrait aussi dans cette fascination :

– C'était la vaste palette d'éléments qui composaient cette histoire : le drame, la comédie allant à certains moments jusqu'à l'absurde, la poésie... C'est une fable humoristique qui ne se contente pas de stéréotypes, mais s'enracine dans la réalité. Je crois que le fil rouge commun à tous mes films reste que je m'attache à dépeindre l'irrationalité de l'humain sous tous ses aspects, aussi bien merveilleux qu'attachant. *Le Chocolat* offrait une nouvelle occasion d'explorer une autre gamme d'excentricités. Dans cette histoire, les personnages sont pleins de contradictions et apparaissent donc vraiment réels, ils parviennent à nous toucher. L'héroïne de l'histoire est Vianne, un esprit vraiment libre mais, en même temps, prisonnier de sa destinée. Son adversaire, le comte de Raynaud, apparaît comme quelqu'un qui se maîtrise, mais qui est en fait prisonnier de son respect des traditions. Il regarde la ville et voit les pêcheurs et les échecs. Vianne, elle, ne voit que des êtres humains avec quelques défauts qui peuvent être corrigés.

Le producteur Kit Golden savait qu'il n'y avait qu'un seul candidat pour diriger ce film, en l'occurrence Hallström. En réalité, il fut le premier auquel elle pensa. Elle ne pouvait pas croire qu'elle aurait la même chance lorsqu'elle demanda à Juliette Binoche si le rôle de Vianne l'intéressait. Pourtant cette dernière sauta sur l'occasion. Kit Golden eut alors la sensation de « vivre un rêve qui devient réalité ».

Il est intéressant de noter que Hallström avait aussi pensé à Binoche pour ce rôle :

– Juliette avait toujours été en tête de liste et ce fut un plaisir absolu d'avoir la chance de travailler avec elle. Son personnage est le pivot de l'histoire et Vianne doit apparaître comme bonne, tolérante et portée librement par les ailes de l'amour. Juliette était à même de saisir cela parce que son approche dans son travail consiste à toujours se trouver émotionnellement engagée dans la scène qu'elle interprète. Elle respecte la caméra et sait donner juste ce qu'il faut pour transmettre une émotion. Je trouve qu'elle avait vraiment la capacité de se dépasser dans ce rôle différent de tout ce qu'elle avait fait auparavant.

L'autre choix évident fut Johnny pour le rôle de Roux, le vagabond voyageur, un rôle romantique dans lequel on l'avait rarement vu. Johnny fut attiré à la fois par l'histoire d'amour iconoclaste que le film raconte et par l'envie de travailler une deuxième fois avec Hallström :

– J'ai fait tout ce que Lasse m'a demandé de faire, dira Johnny. C'était un scénario tellement bien écrit, correspondant tellement bien à Lasse et à son désir de raconter des histoires qui s'efforcent vraiment de dire quelque chose d'une manière divertissante, amusante et différente.

Ce fut aussi l'occasion pour Johnny de créer le personnage d'un voyageur avec une passion à la Django Reinhardt pour le blues joué à la guitare hawaïenne. Ce qui lui convenait parfaitement. Expliquant avec enthousiasme son attirance pour le personnage qu'il incarnait, il disait :

– Je voyais bien Roux avec du vieux blues et ce fut la première fois que j'ai réellement joué de la guitare dans un film.

Mais il admet qu'une autre de ses inspirations fut Juliette Binoche :

– Elle est si belle et si profonde, elle vous rend instantanément amoureux d'elle. Elle s'investit intensément dans son travail de comédienne, et si l'art était possible au cinéma, je pense qu'elle serait celle qui s'en approche le plus.

Même si Johnny n'apparaissait que pendant dix-sept minutes à l'écran, il trouvait le temps d'apporter une présence merveilleuse et une qualité de leader dans le film, affirmera un Hallström dithyrambique. Ses choix sont toujours précis et de bon goût et, au-delà de ça, c'est un homme extraordinairement sympathique.

Un autre des bons choix de Johnny et la preuve, s'il en était besoin, qu'il est un acteur tout à fait digne de confiance qui s'investit toujours dans des projets intéressants, fut *Blow*.

La première eut lieu à Londres en mai 2001. Pour s'y rendre, Johnny emprunta l'Eurostar au départ de Paris.

Blow raconte l'histoire vraie de George Jung, un Américain moyen issu d'une petite ville, qui décide de vivre le rêve américain en devenant le premier Américain à importer à grande échelle de la cocaïne aux États-Unis.

En seulement quelques courtes années, durant les années 70, la cocaïne passa du statut de drogue illégale relativement inconnue à celui d'un business international. Un trafic qui rapportait des milliards de dollars et avait un pouvoir tel qu'il était à même de faire des nations ou de les briser.

La plupart des gens savent que derrière la montée en popularité de la cocaïne se trouvent les cartels colombiens de la drogue, déterminés à s'imposer pour faire de l'argent à n'importe quel prix.

Ce que la plupart des gens ignorent, c'est que les chefs colombiens du trafic des narcotiques disposaient sur le sol américain d'un réseau qui rendait tout possible.

En un temps extraordinairement court, Jung se mit à dormir sur de l'argent, à en respirer et à en manger, vivant l'existence fantastique et entièrement en dehors des règles dont beaucoup rêvent. Mais, malgré tout ce qu'il pouvait faire, il n'obtint jamais la seule chose qu'il voulait vraiment : un amour que personne ne pourrait lui enlever.

Comment se faisait-il que le premier venu ait pu devenir le bras droit de Pablo Escobar, un homme qui jouait un rôle clé dans l'importation de la cocaïne aux États-Unis durant les années soixante-dix et quatre-vingt ?

Blow cherche à apporter la réponse à cette question. Il révèle aussi la fascinante histoire intérieure qui accompagna la montée et la chute de George Jung. Le récit de la manière dont un homme s'y est pris, exploitant chaque parcelle de son ingéniosité, de son ambition, de son courage et de son habileté pour réaliser la totalité de ses rêves vénaux.

En offrant une vue détaillée de la traversée des frontières, des combats illicites, des négociations impitoyables, des exécutions brutales, du blanchiment d'argent en grandes quantités et de la guerre acharnée contre le système judiciaire, qui finit par lâcher prise, le film révèle dans les moindres détails l'autre côté du faste et de l'éclat des années soixante-dix.

Au moment où le problème de la drogue faisait toujours les gros titres en Amérique, *Blow* apportait une réponse à la fois variée et humaine à la question de savoir comment nous en étions arrivés là où nous en étions aujourd'hui, et à quel prix.

Demme, le réalisateur, s'efforça de porter à l'écran la combinaison du portrait intime d'un désir humain et d'une histoire épique du crime et de la culture américaine, au cours des trois dernières décennies :

– C'est une histoire extraordinairement tragique, bien qu'elle soit aussi trépidante, sexy et amusante à la fois, sur toile de fond de sexe, de drogue et de rock'n roll. Elle traite en même temps d'une période de transformations en Amérique, du passage de l'innocence au cynisme, de l'herbe à la cocaïne. Mais c'est aussi une histoire très personnelle pour moi parce que nombreux sont ceux parmi mes amis qui ont été touchés par les effets du commerce de la drogue et par tout ce qui s'est produit pendant toute la période où George Jung flambait.

Dans le film, Jung n'est pas seulement décrit comme un trafiquant de drogue, ni simplement comme celui qui, l'un des premiers, reconnut les considérables profits potentiels qu'il y avait à proposer la cocaïne en tant que passe-temps récréatif, mais surtout comme un homme représentatif de son époque. Tout à fait comme l'Amérique, il traverse l'innocence des années soixante, passe par la décadence des années soixante-dix et va jusqu'au châtiment et la rédemption des années quatre-vingt, voire au-delà.

Pour jouer un rôle aussi évolutif, Demme souhaitait un acteur avec une réputation d'originalité et la capacité d'aller fouiller dans les espaces les plus sombres de l'expérience humaine, et il ne pouvait en trouver qu'un seul qui répondît à ces critères.

– Johnny Depp est un acteur tout à fait unique, notera Demme. Quelle qu'ait été la nature du travail, il n'a jamais fait une seule prise malhonnête. Dès le premier jour, il devint George Jung et les différentes subtilités qu'il ajouta au rôle n'ont jamais cessé de me stupéfier. Son instinct est exemplaire, non seulement en tant qu'acteur mais aussi en tant que personne.

Le producteur Joel Stillerman le confirmera :

– Nous savions que la clé du succès du rôle de George résiderait dans la subtilité et l'intelligence qu'un acteur pourrait lui conférer. Il fallait quelqu'un qui fasse de lui bien plus qu'un trafiquant de drogue, et c'est exactement ce qu'a fait Johnny. Il apporte une qualité intellectuelle à ses rôles qui les emmène dans des directions inattendues.

– Il se voyait lui-même comme un pirate des temps modernes, s'exclamait Johnny avec fougue. Il ne croyait ni au système ni à la politique ni aux règles ni aux chefs. Il voulait seulement s'en sortir et vivre vraiment. Il ne voulait pas se retrouver à bosser dans un de ces jobs stéréotypés, comme tout le monde, car il possédait une authentique vision de la liberté. Mais cela a entraîné sa chute et il a tout perdu, y compris ceux qu'il aimait.

Peut-être plus que pour le reste, Johnny était-il à même d'établir un rapprochement entre son propre parcours et l'ascension vertigineuse de Jung vers la renommée et la fortune.

– Ce personnage m'a rappelé le moment où j'ai commencé à jouer et le fait que je ne souhaitais pas du tout faire ça, au départ. Mais je me mis à gagner de l'argent comme je n'en avais encore jamais vu de toute ma vie. Je pense que c'est ce qui est arrivé à George. Il a seulement commencé à faire des affaires comme il l'entendait. Pour lui, au début, c'était comme s'il lançait un nouveau produit au même titre que Coca-Cola ou Mac Donald's. Et c'était même soutenu par le gouvernement, disons, par des politiciens de très haut niveau. Je sais que George considère maintenant qu'il a fait des choses très mauvaises, mais en réalité, il a seulement suivi un chemin qui, au début, lui semblait mener à un futur plein de promesses.

Tout en jouant le rôle, Johnny demeura conscient du fait que le personnage qu'il interprétait était un être humain réel qui avait expérimenté dans sa chair ce qu'il était en train d'adapter. N'étant pas du genre à manquer une seule occasion de fouiller ses interprétations, il se rendit jusqu'à la prison dans laquelle Jung purge une peine pour trafic de drogue jusqu'en 2014, dans le but de comprendre un peu mieux la vaste expérience intérieure acquise au cours des tribulations qu'il a vécues durant ses années de trafiquant, ainsi que l'existence incertaine qu'il a menée.

Après l'avoir rencontré plusieurs fois, Johnny se sentit investi d'une importante responsabilité envers George Jung :

– Parce que, Dieu le bénisse, il se trouve à présent dans la cellule d'une prison sans possibilité de s'exprimer pendant encore longtemps. Je n'ai pas obtenu l'autorisation de passer beaucoup de temps avec lui, mais un jour j'ai eu le déclic et j'ai senti le personnage qui se mettait en place. C'est un moment fabuleux lorsque vous vous sentez à même d'arriver à penser, à bouger et à parler comme une autre personne. Ce fut passionnant pour moi.

Ce qui fut également extraordinaire pour ceux qui étaient sur le tournage, c'est d'assister à la transformation de Johnny en la personnalité qu'il incarnait.

– Il a réellement adopté ses mimiques, se souvient la productrice Georgia Kacandes. Il a même commencé à lui ressembler bizarrement. Un certain nombre de modifications subtiles se sont produites en Johnny entre l'interprétation du George parfait des débuts et celle où son apparence se détériore en raison du stress et de la drogue. Son corps s'était recroquevillé sur lui-même, c'était quelque chose d'étonnant. Il s'adaptait physiquement au fur et à mesure sans besoin de maquillage ou de costumes particuliers. C'était entièrement psychique.

Cette subtilité venait aussi des recherches effectuées par Johnny à propos de l'incroyable façon dont Jung était parvenu à esquiver non seulement le FBI mais aussi les mortels cartels colombiens :

– Je me demandais comment il avait pu faire tout ça, mais j'en suis venu à penser qu'il marchait à l'adrénaline. Il avait besoin de foncer. L'excitation et le danger étaient devenus des euphorisants pour lui. Les drogues étaient accessoires. Ce qu'il aimait, c'était être un pirate et faire les choses entièrement comme il l'entendait. Il ne pensait jamais à lui-même comme à un sale type. Il faisait simplement de l'argent à ses propres conditions, donnant aux gens ce qu'ils demandaient.

Mais comme Johnny le remarque, peut-être que maintenant Jung a fait suffisamment de prison. Il s'agit certainement de quelque chose que Johnny ressent très fortement :

– J'espère que les gens se rendent compte qu'il est simplement un être humain qui s'est retrouvé pris dans quelque chose de mauvais. Il ne sortira pas de prison avant l'âge de soixante-douze ans. D'autres personnes impliquées dans la même affaire sont sorties au bout de trois ans. Je pense qu'il a payé sa dette.

Un choix de comédiens accomplis vont se joindre à Johnny pour incarner l'assortiment de personnages colorés et non conventionnels qui accompagnèrent Jung dans son épopée pour devenir un roi de la cocaïne.

Penelope Cruz fut engagée pour interpréter la femme de Jung, à la fois ravissante, exigeante et menant la grande vie. Grande star dans son Espagne natale, Cruz s'était imposée à Hollywood avec son rôle de partenaire féminine de Matt Damon dans *De si jolis chevaux*. Avant ce tournage, Damon avait une relation avec Winona Ryder depuis deux ans. Pendant le tournage, il tomba amoureux de Cruz et cassa avec Winona.

Si le fait que Winona ait été plaquée au profit de sa partenaire dans le film ennuyait Johnny, il ne le montra pas et, même si c'était le cas, malgré tous les on-dit, il fut impressionné par Cruz en tant qu'actrice. Ce sentiment était réciproque. Cruz déclara :

– Johnny est l'une des personnes les plus exceptionnelles que j'aie jamais rencontrées. Il possède ce charisme magique sans avoir à forcer et je ne sais pas si on naît avec cette qualité particulière ou si elle s'acquiert par le travail, mais c'est quelque chose de très rare.

Le rôle qu'elle devait jouer était également fascinant à ses yeux :

– Mirtha est une femme qui change si vite et qui est tellement extrême. Quelqu'un qui, pendant un moment, s'est mis à vivre dans un monde de rêve qui l'a éloigné de la souffrance de la réalité. Elle a créé un monde fait d'argent, de pouvoir, de drogues, de mode et, lorsque ce monde disparaît, elle pense qu'elle a tout perdu. Mais cette chute la fera grandir.

Interpréter les parents de Johnny, alias George Jung, échut à Ray Liotta et à Rachel Griffiths. Ils se retrouvèrent dans les rôles respectifs de Fred et Ermine Jung, un couple raisonneur, issu de la classe ouvrière de la Nouvelle-Angleterre, qui pensait élever un gentil garçon provincial. Ce fut Fred Jung qui le premier dit à George : « Parfois tu es en haut, parfois tu es en bas... » Une leçon qui nécessita toute une tumultueuse existence pour que Georges l'apprenne.

– Ce fut un plaisir de jouer le père de Johnny, s'amuse Liotta. Fred Jung a vraiment eu une grande influence sur George. C'était un gars qui travaillait dur, respectait les règles et ne relevait pas trop la tête. George a vu son père batailler et savait qu'il ne voudrait jamais vivre comme ça. Johnny a interprété un George qui aimait vraiment son père mais ne pouvait supporter de le voir se laisser intimider par la vie.

Bien que n'étant pas totalement perçu comme un fiasco, quelques critiques trouvèrent le résultat obtenu plutôt fastidieux.

Le critique du *Film Review* tint des propos particulièrement peu enthousiastes. Cependant, il admettait par avance qu'il n'était pas le mieux placé pour parler de cette époque car il n'avait pas grandi dans les années soixante-dix et qu'il passait peut-être « à côté ». Il affirma malgré tout que *Blow*, pour sa plus grande part, n'avait rien d'un grand film. « C'est du réchauffé par rapport à tous les autres films sur la drogue qu'il m'a été donné de voir. »

Il admettait cependant que Johnny avait été un bon choix pour le rôle et « arrivait à un résultat qui faisait fonctionner un film qui, autrement, serait plutôt faible ».

Ailleurs, les commentaires étaient légèrement meilleurs. Mais tout juste. Le critique de *Rolling Stone* parlait d'un film « ambitieux, désordonné et débordant de sentiments pour lesquels il ne peut pas toujours trouver une expression cohérente ».

Dans le *San Francisco Chronicle*, Edward Guthmann écrivait que « lorsque le film touche à sa fin après deux heures et qu'apparaît une photographie du vrai George Jung, en prison, l'air ravagé et faisant plus vieux que son âge, le frisson que nous sommes supposés ressentir n'est pas là ». Et Peter Bradshaw, peut-être encore plus inutilement critique, ajoutait, dans le *Guardian* britannique : « Johnny Depp sous une perruque blonde ressemble à un sosie de Francis Rossi avec une gueule de bois permanente dans un hommage au groupe Quo. » (Francis Rossi est le chanteur du groupe mythique Status Quo,

Ndt.) Et il poursuit, parlant de Penelope Cruz : « Elle offre la plus gênante des mauvaises prestations de sa carrière, le visage couvert en permanence d'une couche de poudre blanche et hurlant de façon stridente des phrases du genre : « Payons-nous du bon temps, putain, bande d'enculés ! »

Mais parfois, ce que la critique pense n'a pas plus d'importance que ça. Les spectateurs qui pratiquent les salles sont parfaitement à même de se faire leur idée par eux-mêmes. Avec un respectable cinquante-deux millions de dollars de rentrées brutes pour les seules salles en Amérique, on pouvait difficilement appeler cela un bide.

Que les critiques aient aimé ou non, cela n'avait vraiment pas réellement d'importance.

Pendant le tournage de *Blow* en Amérique, Vanessa était revenue devant le public pour ses premiers concerts depuis 1993 et seulement la seconde tournée de sa carrière. C'était pour faire la promotion de son nouvel album, *Bliss*, sur lequel Johnny jouait de la guitare solo dans un morceau appelé *Firmaman*, ainsi que dans un autre titre, *St Germain*.

Johnny était crédité d'avoir coécrit la musique du morceau qui donnait son titre à l'album et, certains le notèrent, c'était à l'évidence une chanson d'amour dédiée par Vanessa à Johnny. Il avait aussi pris la photographie qui ornait la pochette.

Vanessa précisa à ce propos :

– J'ai souhaité garder mes distances par rapport aux habituelles photos glamour. Cette photo est très honnête et me montre telle que je suis. Johnny l'a prise et l'a retouchée lui-même sur son ordinateur. L'effet de flou donne la sensation que mes rêves sont gravés dans l'album. C'est une déclaration d'amour pour l'homme de ma vie, Johnny. Je suis certaine de cela, nous sommes faits l'un pour l'autre. J'ai souvent été amoureuse, mais jamais je n'ai eu une relation aussi intense qu'avec Johnny. Je veux passer le restant de mes jours avec lui. Et, sans lui, je n'aurais jamais pu enregistrer ce CD. Pour la première fois, j'ai écrit et j'ai produit moi-même une grande partie des chansons.

Sa foi en moi était tellement forte que je ne voulais pas le décevoir.

Et il n'y eut pas de déception. Pas plus au cours des répétitions, qui eurent lieu à Cannes, que pendant la tournée de trente jours dont le coup d'envoi fut donné dans la banlieue de Paris, à Rueil-Malmaison. Le point culminant de la tournée fut la partie parisienne, avec cinq passages consécutifs à l'Olympia. Johnny était présent à chacune de ces soirées, et, au cours de la dernière, il rejoignit Vanessa sur scène, la guitare à la main, pour l'accompagner pendant un rappel.

CHAPITRE - XIV
IL ÉTAIT UNE FOIS À HOLLYWOOD

*« J'ignore si je laisserai un message à la postérité.
Mais si c'était le cas, ce serait pour dire à tous
que la différence est une bonne chose.
Qu'en fait, c'est vraiment bien de ne pas être
comme tout le monde.
Et qu'il faut vraiment se remettre en question
avant de porter un jugement sur quelqu'un de différent. »*

Après le retour réussi de Vanessa sur la scène musicale, Johnny goûta à ce qu'il appellera « une vie toute simple ». Peut-être même se montrait-il un peu réticent à reprendre ses activités.

On le retrouve finalement, à Prague, sur le tournage de *From Hell*, un film qui s'annonce aussi captivant que le précédent fut convaincant. *From Hell* sortira aux États-Unis en octobre 2001 et en Grande-Bretagne en février suivant, deux mois avant la naissance du second enfant de Johnny et Vanessa, Jack John Christopher III.

Le film se veut une nouvelle enquête sur l'affaire non résolue des meurtres infâmes commis à Whitechapel par Jack l'Éventreur. À ce jour, ce dernier reste le tueur en série le plus célèbre et le plus énigmatique de l'histoire. À l'automne 1888, cinq meurtres rituels atroces furent commis en l'espace de dix semaines dans le quartier londonien de Whitechapel, par Jack l'Éventreur. Ces crimes déclenchèrent une vague frénétique de rumeurs et de terreur et ouvrirent aux journaux la porte d'une ère nouvelle, celle de la presse à sensation. Plus de cent ans après, la fascination pour l'Éventreur reste intacte.

– Avant Jack l'Éventreur, nous rappelle Johnny, il y avait une centaine de journaux à Londres. À l'époque des meurtres, des milliers de nouveaux titres vont paraître.

Jack l'Éventreur, peu ou prou une création des médias, fut la première vedette de la presse à sensation.

Un peu comme pour *Dracula*, personne ne peut imaginer un quelconque succès pour cette énième version de l'Éventreur. Comme Dracula, n'a-t-il pas été donné pour mort ? Pourquoi un nouveau remake ?

Allen et Albert Hughes, les réalisateurs, avouaient leur attirance pour l'histoire de Jack l'Éventreur, fruit du climat qui régnait dans l'est de Londres dans les années 1880. L'inégalité dans la répartition des richesses engendrait une misère énorme. Toute une population totalement démunie s'était regroupée dans le quartier où se déroulèrent les meurtres. Les taudis étaient de sordides repaires de drogués, de prostituées et d'alcooliques. Le crime s'y pratiquait de façon aléatoire.

Tout comme dans leurs précédents films se déroulant aussi dans les quartiers déshérités, en particulier *Menace II Society*, en 1993, l'histoire de l'Éventreur est, comme le dit Allen Hughes, avant tout celle d'un ghetto.

– Nous abordons dans nos films les thèmes de la pauvreté, de la violence et de la corruption, parce qu'ils nous captivent. La psychologie de Jack l'Éventreur, son comportement et l'hystérie qu'il a suscitée nous intrigue. Les films précédents sont aseptisés, l'histoire y est vue à travers les yeux de la classe supérieure tirée à quatre épingles. Nous racontons cette histoire du point de vue des gens du peuple qui vivaient dans une misère noire sur les lieux de ces crimes.

Tout comme *Meurtre par décret*, réalisé en 1979 par Bob Clarke et suivant un cheminement presque identique, *From*

Hell, inspiré de la fameuse « graphic novel » du même nom, d'Alan Moor et d'Eddie Campbell, propose une approche différente du mythe. Le film s'intéresse principalement à cette population qui tente de survivre dans les plus sinistres circonstances. C'est l'histoire de cinq prostituées unies par une amitié désespérée et qui se serrent les coudes quand un terrible assassin vient semer la terreur dans leurs rangs. Ces femmes vendent leur corps pour gagner la maigre pitance nécessaire à leur survie, dans une société qui les déshonore d'une main et les nourrit de l'autre. Ne possédant rien de matériel, elles sont menacées de perdre leur seul bien : leur vie.

Heather Graham, qui interprète le rôle de Marie Kelly, confirme cet aspect et explicite le personnage de Marie.

– Avec ses amies, elles vivent au bord de la famine, dans un ignoble taudis. Chaque jour est une lutte. Avoir un lieu pour dormir est un luxe. La seule chose qui soutient Marie est son rêve de retourner dans l'Irlande de son enfance.

Le thème de l'extrême misère est le pivot de l'une des scènes qui campe l'atmosphère du film. Les femmes se réveillent après une mauvaise nuit attachées ensemble sur un banc, la seule solution, bien qu'inconfortable, pour ceux qui ne peuvent s'offrir un lit. Au matin, le propriétaire vient les délier et les renvoie dans la rue. Elles devront y gagner de quoi se nourrir et se loger la nuit suivante. C'est ce cercle infernal et implacable qui leur permet de survivre.

L'actrice Lesley Sharp, qui joue l'une des prostituées, est du même avis que Graham :

– Les vies de ces femmes sont horribles, sombres. Leur existence quotidienne est sans cesse menacée par les souteneurs, des types violents, et par tous les criminels qui traînent dans les rues, ainsi que par la maladie et les dépendances de toutes sortes.

Fred Abberline, l'inspecteur de police interprété par Johnny, a vraiment existé et participé à l'enquête sur l'Éventreur. Il semble ici le seul à se soucier de la protection de ces « infortunées », autrement perçues comme de simples produits de consommation. Mais Abberline est aussi un être rempli d'amertume. Tourmenté par d'intolérables souvenirs, il cherche pour un temps une échappatoire dans l'opium, à l'image de Sherlock Holmes qui, dans *La Solution à sept pour cent*, s'adonne à la cocaïne, une drogue qui intensifie ses dons de clairvoyance et entrave à la fois sa capacité de raisonner.

– Il a été malmené par la vie, dira Johnny de son personnage. Il a perdu sa femme et son enfant et se bourre de médicaments pour tenir le coup.

Abberline, détaché à Whitechapel, se retrouve à nouveau désigné pour mener une enquête dans un quartier miteux. Le sergent Peter Godley l'accompagne. Ce dernier est interprété par Robbie Coltrane, connu pour son rôle de psychologue de la morgue dans la série *Cracker*, pour celui de l'affreux Valentin Zukovsky dans *Goldeneye* et celui de Hagrid dans la saga *Harry Potter*.

Godley, l'ami fidèle, est d'un grand soutien et prend soin d'Abberline lorsqu'il tombe sous l'influence de la drogue.

– C'est un Écossais, un flic franc et direct, qui tire ses conclusions de l'évidence des faits, expliquera Coltrane, comme un couteau taché de sang ou la déposition d'un témoin oculaire.

Il est intrigué par l'intuition d'Abberline et ses méthodes peu orthodoxes. Cela n'est pas le genre de Godley, mais il tient les visions d'Abberline pour authentiques et se sent obligé d'en tenir compte.

– C'est la seule personne au monde qu'Abberline écoute et respecte, ajoutera Johnny. C'est grâce à Godley s'il est encore en vie, parce qu'il veille sur lui. Il est son ami le plus proche.

Alors qu'à Whitechapel les meurtres se multiplient, l'action des deux hommes est contrecarrée par leurs supérieurs, plus désireux d'étouffer l'affaire que de découvrir le meurtrier. Exception faite de Sir William Gull, interprété par Ian Holm, le médecin de la famille royale qui s'est aperçu que le meurtrier possédait des compétences médicales allant bien au-delà de celles d'un boucher ou d'un manœuvre. Sir Gull est assez puissant pour pouvoir venir en aide à l'inspecteur dont on dédaigne le travail. Les rituels du meurtrier sont, de surcroît, terribles et bizarres.

Guidé par Sir Gull, Abberline déduit que ces mises à mort font partie d'une conspiration impliquant l'ordre des Francs-Maçons, qui agirait pour le compte de la monarchie.

La franc-maçonnerie est une organisation très énigmatique à laquelle appartiennent certains des hommes les plus riches et les plus puissants du monde. Les Francs-Maçons ont, au fil des siècles, donné naissance à de nombreuses spéculations en raison de leurs mystérieux rites d'initiation et leur loi du silence. En gardant cela en mémoire, l'idée que la Couronne puisse être liée aux meurtres de Jack l'Éventreur peut sembler moins tirée par les cheveux. C'est d'ailleurs une théorie qui se développera en Europe et le cas fascinera autant les Anglais que l'assassinat de John Kennedy a fasciné les Américains.

– Si la monarchie britannique était réellement impliquée dans les meurtres de L'Éventreur, cela n'aurait pas dû empêcher les accusations d'impliquer de membres de la classe dirigeante, fera remarquer le scénariste Rafael Yglesias. Que les autorités aient refusé d'envisager la possibilité que le criminel fût un homme riche en dit long sur l'ère victorienne. Les pauvres et les classes populaires étaient accusés d'être à l'origine de tous les maux dont souffrait la société.

Il est intéressant de noter que le cas de l'Éventreur fut à l'origine d'avancées considérables dans le domaine médico-légal, une science encore balbutiante en 1880.

– À cette époque, précise Allen Hughes, si la police ne vous surprenait pas près du corps avec le sang de la victime sur les mains, elle avait peu de chance de parvenir à vous déclarer coupable. Aucune routine n'existait encore, comme le relevé systématique les empreintes digitales ou les analyses de sang. Ce cas a permis de mettre en place une batterie de procédures et de nouveaux outils pour confondre les criminels.

Jack l'Éventreur ne fut jamais appréhendé. C'est le mystère de son identité, son audace à commettre des meurtres atroces dans des lieux publics et sa capacité de se fondre dans la nuit qui ont intrigué le public depuis plus d'un siècle.

– Nous emparer de ce mystère si célèbre, si riche en légendes, le livrer à notre imagination pour le pourvoir d'une dimension supplémentaire était notre désir et notre défi, affirmeront les frères Hughes.

Cette nouvelle dimension est la relation qui se développe entre Marie Kelly et Abberline.

Issue de la classe populaire et prostituée, Marie Kelly n'est guère habituée à la compagnie d'hommes respectables, du moins lorsqu'elle ne travaille pas. Méfiante, circonspecte, craignant d'être utilisée, elle reproche à Abberline de mener cette enquête. Les filles ont déjà leurs souteneurs. En Abberline, Marie voit juste un type de plus qui veut se servir d'elle. La décence et la sincérité du policier finissent pourtant par briser ses défenses et elle commence à lui faire confiance. Alors que leur relation s'approfondit, un obstacle plus menaçant encore que la rigide société victorienne et la différence de classe se dresse entre eux. Un couteau impitoyable conspire contre leurs deux cœurs, il est tenu par la main d'un fou sanguinaire destiné à inscrire son nom dans les livres d'Histoire.

Malgré les corps étendus, morts ou vivants, les pratiques barbares, de mise jusque dans l'enceinte de l'institut médico-légal, et une tendance à l'observation scientifique, comme dans Elephant Man, de David Lynch, le film ne tint pas ses promesses.

La plupart des critiques négatives portèrent sur Heather Graham. *The Guardian* condamnera le choix de cette actrice qu'il qualifiera de peu crédible en prostituée.

– Elle n'est peut-être pas la plus « glamour », écrit Peter Bradshaw, mais son maquillage et sa coiffure exhalent le luxe, tout comme sa peau soignée.

Il ne sera pas non plus ébloui par l'accent cockney de Johnny. Mais c'est comme si on rejetait Rembrandt parce qu'il aurait peint une narine plus grande que l'autre. Par rapport à l'ensemble, cela n'avait pas vraiment d'importance.

Le consensus général fut que le film était assez faible. Malgré son atmosphère qui tire vers le gothique ou vers les films gores et les films d'horreur de la Hammer, *From Hell* n'est ni l'un ni l'autre. Pour Robert Eber c'était un film qui ne correspondait pas clairement à l'attente de son public cible. Ce fut le même verdict un peu partout.

– Il est plus élégant qu'horrible, pourra-t-on lire dans *Village Voice*. Il a cette luxuriante décrépitude d'un tas de compost à l'automne ou d'un film de loup-garou de la Hammer.

Nev Pierce, dans BBC Film Review, ne se montrait pas plus clément lorsqu'il parlait « d'un polar où le coupable est évident et les personnages jetables. Au moment le plus effrayant, la quantité de sang et de boyaux ne parvient pas à compenser le manque de sensibilité. »

From Hell suscita une déception quasi générale, il fallait espérer que le rôle suivant de Johnny dans le film de Robert Rodriguez, *Il était une fois au Mexique*, améliorerait les choses.

Il s'agissait d'une sorte de suite à *Desperado*, lui-même un remake – ou une version longue – de *El Mariachi*.

L'histoire se déroule sur fond de révolution, d'avidité et de vengeance. Hanté et marqué par la tragédie, El Mariachi s'est retiré et vit dans l'isolement. Il se voit forcé de sortir de sa retraite quand un agent corrompu de la CIA le recrute pour saboter une tentative d'assassinat contre le président du Mexique, crime fomenté par le baron de la drogue Barillo. Bien entendu, Mariachi à des raisons personnelles pour accepter cette mission.

Bénéficiant d'un budget fort modeste et tourné en haute définition au Mexique en sept semaines, ce film peut être considéré comme un hommage de Rodriguez aux films qui ont éveillé sa vocation de cinéaste. Ceux de Sergio Leone, ces classiques du western spaghetti, les « *Dollars* » avec Clint Eastwood : *Pour une poignée de dollars, Et pour quelques dollars de plus* ou encore *Le Bon, la Brute et le Truand*.

El Mariachi est déjà une légende, son histoire est unique et intéressante et personne n'est plus étonné par son évolution que Rodriguez lui-même.

– Je voulais trouver une idée drôle, un peu excentrique. J'ai pensé à faire du héros un guitariste qui utilise l'étui de sa guitare pour transporter des armes. C'est une idée qui m'est venue soudainement.

Le premier film fut tourné avec un budget de sept mille dollars et catapulta le jeune réalisateur sur le devant de la scène. Il remportera le très convoité Prix du Public récompensant le meilleur film dramatique au Festival de Sundance. Le second film, *Desperado*, commença comme un remake du premier tout en bénéficiant d'un plus gros budget. Mais cette sorte de suite se développa, incorporant des scènes d'action plus complexes et transformant les deux acteurs principaux, Antonio Banderas et Salma Hayek, en stars internationales.

L'idée de tourner un troisième opus vint de Amy Pascal, le vice-président exécutif de la Columbia. Il parla du projet avec Rodriguez et lui fit remarquer que *Desperado* avait atteint le statut de film culte. Il lui demanda de tourner une suite. Se souvenant que Quentin Tarantino lui avait suggéré de réaliser l'équivalent mexicain de la série des « *Dollars* » de Leone, Rodriguez donna son accord à la seule condition que ce film fût une épopée épique intitulée *Il était une fois au Mexique*.

Le choix des acteurs sera de nouveau excellent. Antonio Banderas et Salma Hayek reprennent les rôles qu'ils avaient rendus célèbres – ou qui les avaient rendus célèbres – presque dix ans plus tôt. Ruben Blades, Eve Mendes, Willem Dafoe et Mickey Rourke furent engagés pour tenir des seconds rôles importants. Dans la peau de Sands, l'agent de la CIA corrompu, Johnny fait face à son rôle le plus inattendu.

Désirant de longue date travailler avec Rodriguez, Johnny avait saisi sa chance.

– C'est un personnage qui n'a pas le profil que vous attendriez d'un agent de la CIA, expliquait Johnny. Il n'entre pas dans les stéréotypes du genre, je ne pense pas en avoir vu un comme lui avant. C'était intéressant cette idée de Robert de créer un homme de la CIA stationné quelque part où il ne veut pas rester parce que personne ne l'aime. C'est un homme qui n'a aucun respect pour la vie humaine. Je n'avais encore jamais joué un personnage qui n'a absolument rien de bon en lui.

En dehors du cercle de ses collègues, le choix de Johnny pour interpréter Sands a semblé étrange. Rodriguez ne se souciait pas de ce qu'on en pensait, d'après lui Johnny était l'un des rares acteurs capable d'assumer ce rôle :

– Sands est un personnage très dur et beaucoup d'acteurs hésitent à jouer un rôle antipathique. Mais Johnny n'a pas semblé s'en soucier, tant le personnage était intéressant. Ce qui est drôle, c'est que ce type est vraiment mauvais, mais Johnny, si bon de nature, finit par le rendre presque sympathique. Je ne pense pas que vous puissiez détester un personnage interprété par Johnny Depp, peu importe à quel point il est pourri, et Sands est pourri jusqu'à l'os. C'est mon passage préféré dans le scénario et le premier personnage que j'ai commencé à développer. C'est lui qui a orchestré le plan d'assassinat qu'il regarde lentement tomber en morceaux tout le long du film. Puis Johnny est arrivé et lui a donné une autre dimension.

Sorti en septembre 2003, le film reçu un excellent accueil et l'avis général sera que « Johnny Depp vole chaque scène dans laquelle apparaît son personnage d'agent dévoyé de la C.I.A. Un type qu'aucun détail trivial, se faire énucléer par exemple, n'empêche de poursuivre la fusillade dans laquelle il est engagé. Il se glisse alors dans l'ombre pour dissimuler le sang coulant de ses paupières et recrute un gamin pour qu'il lui dise où viser. On ne peut pas rater Depp dans ce film, il y est étonnant. »

Lors de la première à New York, Johnny fut assailli de questions au sujet des propos anti-américains qu'il aurait tenus, selon certaines sources, à un magazine allemand lors d'une interview récente. Mais Johnny mit les choses au point et précisa qu'il aimait l'Amérique et ne manquerait jamais de respect ni à son pays ni a son peuple.

L'affaire avait éclaté quelques jours auparavant suite à un article paru dans *Stern*, dans lequel l'acteur qualifiait l'Amérique « d'aussi stupide qu'un chiot incontrôlable », insistant sur le fait qu'il ne retournerait pas dans son pays, surtout après que la guerre en Irak avait confirmé ses pires craintes.

– L'Amérique est stupide, aurait affirmé Johnny, elle est comme un chiot stupide et agressif, avec de grandes dents qui peuvent vous mordre et vous blesser. Ma fille a quatre ans et mon fils un an. Je voudrais qu'ils voient l'Amérique comme un jouet, un jouet cassé. Qu'ils se penchent un peu sur la question, vérifient par eux-mêmes, le ressentent, et repartent.

Dans le même entretien, il avait apparemment tapé sur l'administration du président George Bush en raison de ses critiques contre la France qui s'opposait à la guerre en Irak, ajoutant que les politiciens s'étaient comportés comme des « idiots ».

A-t-il tenu ces propos ou non ? Sa version de l'histoire, lors de la première, est différente.

– Pris dans le contexte, ce que je disais, c'est que comparée à l'Europe, l'Amérique est un jeune pays encore en pleine croissance. C'est une honte que la métaphore que j'ai utilisée ait été prise au pied de la lettre, mise hors contexte et lancée à la légère en pâture aux médias. En fait, je pense juste le contraire. Je suis américain. J'aime mon pays et j'ai de grands espoirs pour lui. C'est pour cette raison que j'en parle franchement et souvent de façon critique. J'ai énormément bénéficié de la liberté qui existe dans mon pays et je lui en serai éternellement reconnaissant.

Mais apparemment tout le monde ne comprend pas ses propos. Vanessa n'a-t-elle pas déclaré : « Nous ne voulons pas élever nos enfants en Amérique. Il y règne trop de violence » ? Sans doute est-ce pour cette raison qu'ils partagent leur temps entre la maison de Johnny à Los Angeles, son appartement de

Paris, dans le quartier de Montmartre, et leur villa à cinq cent mille dollars près de Saint-Tropez.

Tout en préférant se faire discret, tant en France qu'aux États-Unis, Johnny est reconnaissant d'être un acteur aussi sollicité. Il fut particulièrement ravi le jour où on lui remit le scénario de *Fenêtre secrète*. L'aventure de ce film commença lorsque la Columbia s'intéressa à *Vue imprenable sur jardin secret*, un thriller écrit par Stephen King. Cette nouvelle faisait partie du recueil *Minuit 4* et avait reçu d'un critique des éloges littéralement dithyrambiques : « Vous ne pouvez pas détacher vos yeux de ces quatre contes envoûtants et diaboliques. Ils consument l'imagination. »

Le film raconte l'histoire de Mort Rainey, un auteur à succès, qui sait pertinemment qu'il devrait être devant le clavier de son ordinateur à écrire un autre livre, ou faire l'effort de promener son chien autour du lac dont les eaux scintillent à deux pas de sa cabane miteuse, au lieu de dormir sur son canapé favori jusqu'à seize heures par jour. Mais il traverse un douloureux divorce qui se déroule de façon désagréable. Son énergie est sapée et sa créativité s'est enfuie en le laissant devant le vide vertigineux de la page blanche, incapable d'aligner deux mots.

Alors qu'il semblerait qu'il touche le fond, un étranger psychotique, John Shooter, frappe à sa porte. Il accuse Rainey d'avoir plagié l'une de ses histoires et demande réparation. Malgré les efforts de l'écrivain pour l'apaiser, Shooter devient de plus en plus hostile et insistant, faisant preuve d'un sens tordu de la justice susceptible d'aller jusqu'à commettre un meurtre de sang-froid.

Forcé d'entrer dans une version hallucinante du jeu du chat et de la souris, Rainey découvre qu'il est plus rusé et possède plus de cran qu'il ne l'imaginait. Finalement il se rend compte que l'insaisissable Shooter le connaît sans doute mieux qu'il ne se connaît lui-même.

– J'aime ces films qui parlent d'un type dont la vie tranquille bascule soudain dans la folie, dit l'auteur réalisateur David

Koepp. J'aime le défi consistant à mettre au point un huis clos. Même s'il y a quelques scènes en extérieur, l'histoire est vraiment concentrée sur le lieu de vie de Rainey. C'est quelqu'un qui traverse un mauvais moment et qui passe trop de temps seul chez lui. Je voulais explorer les thèmes qui m'ont toujours intéressé, la réclusion et la paranoïa. La réclusion peut être vraiment effrayante et les incidents qui se produisent dans votre espace vital peuvent se révéler bien troublants.

Intrigué, Johnny fut attiré par le projet, mais c'est la qualité de l'écriture de Koepp qui finira par le convaincre.

– Ce dont je me souviens clairement, c'est d'avoir lu les dix ou quinze premières pages du scénario et de m'être dit que c'était incroyablement bien écrit. Les dialogues sonnaient juste, n'étaient pas forcés et montraient une qualité de réflexion intéressante. Les situations semblaient réelles. Au fil des pages, je me suis senti émotionnellement submergé par Mort et par son dilemme. Et lorsque je suis parvenu au climax de cette intrigue ingénieuse, j'ai été complètement ébahi. Je n'avais rien vu venir, ce qui est une grande jouissance pour un lecteur, et j'ai su qu'il en serait de même pour le public.

Johnny semble avoir une affinité particulière avec les écrivains. Il s'est lié d'amitié et a interprété, on se souvient, le légendaire journaliste et conteur Hunter S. Thompson dans *Las Vegas Parano*.

Il venait de jouer le rôle d'un autre écrivain célèbre, J.M. Barrie, l'auteur de *Peter Pan*, dans le *Neverland* de Marc Forster.

– Honnêtement, je ne sais pas quand le film sortira, dira Kate Winslet, parlant de Neverland. J'ai vu le montage définitif il y a plus d'un an. C'est fantastique et j'en suis tellement heureuse. La date de sortie est arrêtée, je pense. Je joue le rôle de Sylvia Llewellyn Davies, qui eut une liaison avec Barrie. L'histoire raconte comment ses relations avec Sylvia et ses quatre films lui ont donné l'idée de *Peter Pan*. C'est les moments passés avec eux qui l'ont inspiré. L'un des enfants se prénommait Peter et c'est donc presque l'histoire de ce petit garçon.

– Je pense que l'imagination est la meilleure amie des artistes, principalement des écrivains, poursuit Johnny. Mais elle peut aussi être votre pire ennemie, si vos pensées vous tourmentent trop, ou bien si vous êtes submergé par les informations. C'est le problème de Mort. C'est un solitaire. Il n'est pas à l'aise avec les autres et veut juste qu'on le laisse tranquille. Malheureusement, il ne peut se quitter lui-même.

Koepp avait bien senti que Johnny comprendrait instinctivement le personnage et il admet aujourd'hui avoir écrit le rôle en pensant à lui. Koepp, avant de se rendre aux Antilles sur le tournage de *Pirates des Caraïbes* pour proposer à Johnny le rôle de Mort Rainey, s'est assis et lui a écrit une lettre.

– Je lui ai écrit que je souhaitais qu'il joue dans *Fenêtre secrète*, que j'avais pensé à lui en créant le personnage. C'est l'un de nos grands acteurs, si inventif, si différent à chaque rôle. J'ai toujours trouvé que c'était un acteur accessible, tout au long de sa carrière. Il y a un vieux dicton qui dit que si vous aspirez aux généralités vous n'arriverez à rien, mais que si vous aspirez à la singularité vous serez universel. C'est un bon résumé de la manière de travailler de Johnny. Il est très méticuleux et stupéfiant quand il capture ces petits instants de vérité que les gens reconnaissent et ces comportements auxquels ils s'identifient, leur permettant du coup de croire au personnage. Ses choix sont spontanés, le plus souvent non conventionnels, mais ça fonctionne toujours. C'est aussi un acteur intrépide. Comme c'est le cas avec ce personnage, il est rare de trouver une star comme Johnny qui ne craigne pas de jouer la peur. Inutile de vous dire que j'étais ravi qu'il accepte le rôle. J'ai eu une chance incroyable. Nous avons eu tous les acteurs que nous voulions, ce qui se produit rarement. Lorsqu'ils eurent tous signé, ce fut un grand soulagement. C'était comme d'avoir une belle voiture, il ne restait plus qu'à la conduire en essayant de ne pas finir contre un arbre.

Dans ses filets, il avait aussi attrapé John Turturro pour le rôle de John Shooter. Johnny avait déjà travaillé avec lui durant le making of de *The Man Who Cried*. Turturro était alors probablement plus connu pour son rôle d'Emilio, un maître d'hôtel peu commun, dans le film de Steven brill, *Mr. Deeds*, l'un des grands succès de 2002.

– C'est un de ces acteurs qui entrent vraiment dans la peau de leur personnage, dira Koepp, qui composent une personne totalement crédible. C'était très important dans le cas de Shooter. John est un tel caméléon que le public ne parvient pas toujours à le cerner et c'était excellent pour le rôle d'un homme qui surgit de nulle part, nimbé d'une mystérieuse et intangible qualité.

Qualité que reconnaîtront les critiques à la sortie du film aux États-Unis en mars 2004. Comme d'habitude Roger Eber, qui a adoré les premières images du film, sera le premier à en parler :

– Johnny Depp tient le premier rôle dans un autre de ces personnages qui, sans l'apport de son excentricité pensive, aurait été trop évident. La première scène après le générique est complexe. Cela commence par une image montrant une cabane rustique, vue de la rive opposée du lac. La caméra glisse doucement vers la berge, parcourt l'espace et pénètre par la fenêtre de la cabane, puis traverse les autres pièces avant de terminer sur le gros plan d'un miroir dans lequel se reflète l'image d'un homme endormi sur un divan.

Tout cela était à mettre au crédit du directeur photo Fred Murphy. Lors de la pré-production, Koepp et Murphy avaient décortiqué plusieurs films à suspens notoires, dont *Rosemary's Baby*, de Polanski et *Délivrance*, de John Boorman. Prenant exemple sur ce dernier film, Murphy avait choisi de tourner *Fenêtre secrète* en format Super 35. Choix intéressant, à certains niveaux, pour une histoire qui se déroule dans des espaces confinés et, de façon tout aussi intime, dans les esprits des protagonistes.

– J'aime le cinémascope pour les gros plans, dit Murphy, il vous permet d'ajouter plus de détails en arrière-plan. C'est plus ouvert et ainsi le film engendre moins la claustrophobie. Nous avions plusieurs scènes près du lac, à côté de la cabane de Mort et cela nous a permis de mieux montrer ce magnifique paysage.

Le danger, lorsque l'on tourne en cinémascope, c'est qu'il est difficile de dissimuler les erreurs. Or, il y avait plein d'occasions d'en faire. Koepp imagina alors d'utiliser le thème du reflet de façon récurrente.

– La majeure partie du film montre un type tout seul dans sa maison. C'est très intérieur, confiné, mais Fred a aéré cela en ajoutant de multiples miroirs. C'est vraiment un film en miroir. Une fois, Fred a dit qu'il n'y avait jamais eu autant de miroirs dans un film. Parce qu'il parle de reflet, de se regarder soi-même et ne pas aimer ce que vous voyez. Les miroirs sont les éléments clefs, particulièrement le grand au-dessus de la cheminée de Mort. Le miroir donne l'impression que le décor est plus vaste. Il a aussi permis quelques prises de vues intéressantes. Mais vous devez être prudent parce que les acteurs ne sont pas les seuls qui se reflètent dedans. L'équipe et le matériel le font aussi. C'était dur de travailler dans ces conditions, mais le film a meilleure allure, il est visuellement plus fascinant.

CHAPITRE - XV
RIEN QU'UNE ÂME ÉGARÉE

« La seule chose à dire est que ma carrière est remplie d'échecs. Je pense que je capte toute cette attention maintenant parce que les gens se sentent navrés pour moi. Je suis un perdant. D'autres comédiens me regardent et pensent : ce pauvre gars est encore en train de passer à côté. »

Johnny se rendit à Londres peu après la cérémonie des Oscars de 2004 afin de commencer à travailler sur le film de Laurence Dunmore, *Rochester, le Dernier des libertins*, une évocation de la vie de John Wilmot, le poète du XVIIe siècle et second comte de Rochester, décrit par Samuel Johnson comme n'ayant que « mépris pour la décence et l'ordre, une indifférence totale à l'égard du moindre principe moral et un refus déterminé de toute observance religieuse ». Il vécut comme un paumé et brûla sa vie et sa santé dans une débauche de volupté.

Le tournage de ce film indépendant, adapté de sa propre pièce par Stephen Jeffreys, devait commencer en dehors de Londres vers la fin du mois de février.

Mais il subit un revers tout à fait inattendu quand le gouvernement britannique annonça un changement de la loi fiscale. Ce changement était destiné, pour combler une lacune, à mettre fin à ce que le Trésor Public appelait « des combinaisons complexes et abusives permettant aux investisseurs d'éviter de payer les taxes dues sur un film ».

Le gouvernement, d'après lui, confirmait par cette annonce qu'il « se montrait cohérent en mettant désormais fin à un type d'abus ayant eu cours par le passé ». Elle eut l'effet d'un tsunami pour l'industrie britannique du cinéma et mit en péril une grande partie des productions en cours, dont *Rochester, le Dernier des libertins.*

La nouvelle fut en réalité tellement dévastatrice que les productions de *Tulip Fever*, film que devait diriger John Madden et *Pirates des Caraïbes*, un film dans lequel devaient jouer Johnny et Keira Knightley, furent arrêtées.

Selon *BBC News Online* : « Le UK Film Council a transmis au gouvernement une liste de quarante autres films qui pourraient se trouver affectés, espérant que des mesures provisoires seraient prises pour sauver ces productions. »

Cependant, le gouvernement resta ferme, disant qu'on ne pouvait rester sans rien faire « alors que des gens profitaient du système des impôts aux dépens d'autres contribuables honnêtes. »

Mais tout n'était pas perdu pour *Rochester*. Isle of Man Films, la compagnie de production appartenant à monsieur Mudd, et First Choice Films se réunirent pour cofinancer le film. Dans une déclaration, Dan Taylor, de First Choice, affirma : « Comme cela a toujours été le cas, notre première motivation est de nous assurer que le film commercial britannique puisse continuer à être produit au Royaume-Uni. Il a été généralement compris, à tort, que notre utilisation d'un dégrèvement d'impôts pour moduler le risque financier lié à un investissement dans un film reflétait une forme d'indifférence quant à la réussite du film sur le plan commercial. Rien ne peut être aussi éloigné de la vérité. »

Cela dit, l'avenir de *Rochester* fut sérieusement menacé par ce bouleversement fiscal de l'année 2004. Mais était-ce parce que le tournage était différé que Johnny alla se joindre aux rats de bibliothèque ? À la British Library, il se mit à étudier très attentivement chaque détail de la remarquable existence non conformiste qu'il se préparait à faire revivre.

John Wilmot, l'audacieux second comte de Rochester, était le Pete Doherty du XVIIe siècle. Stupéfiante rock star dépravée avant l'heure, le comte de Rochester vivait sa vie selon ses propres lois. Il était l'image même du libertin, un « irresponsable » qui inspira d'ailleurs le défunt groupe de Doherty, The Libertines. Et maintenant cet homme extraordinaire allait devenir le sujet d'un film britannique, lui, qui plus de quatre siècles après sa mort restait encore le maître étalon pour établir les limites de l'indécence.

Ceux qui ont pu se rendre sur les plateaux de cette production sujette à controverse, durant le tournage en Angleterre, au Pays de Galles et sur l'Île de Man, se sont retrouvés face à de gigantesques symboles phalliques, à des outils d'asservissement sexuel et toutes sortes d'accessoires hédonistes.

Johnny, bien sûr, se surpassa dans le rôle de Rochester, réalisant un tour de force lorsque le comte débauché perd spectaculairement pied. L'acteur John Malkovich l'avait contacté le premier, à propos de ce projet, plus de dix ans auparavant et Johnny ressentait une grande joie car cette entreprise, ayant traversé le temps, arrivait finalement à maturité.

– Je me suis efforcé de rassembler toutes les informations disponibles sur le comte de Rochester et j'ai trouvé ces livres fantastiques qui ont constitué le point de départ de tout. La clé, pour moi, était d'en apprendre le plus possible à son propos et de bien comprendre que l'idée selon laquelle il était seulement un débauché, un hédoniste et un dément alcoolique, n'était qu'un lieu commun. À la British Library, j'ai pu lire ses lettres, j'ai pu les tenir entre mes mains. Des lettres à sa femme, des lettres à sa mère, des lettres à ses enfants... J'ai pu consulter des volumes entiers le concernant. Et j'ai eu la chance de voir que, sous la surface, il y avait un génie hypersensible possédant un talent invraisemblable. Sa poésie aussi est très belle.

L'existence incroyablement fébrile de Rochester était dédiée à l'exploration des chemins de la luxure, de la gourmandise et de la gloire.

– Si vous voulez faire une comparaison, il était aussi célèbre en son temps que Mick Jagger de nos jours, dit le producteur Russel Smith. Toutefois, je pense qu'aujourd'hui, il serait d'avantage considéré comme un punk, parce qu'il ne loupait jamais une occasion de faire un doigt d'honneur à tout le monde.

Poète, homme d'esprit, héros de la guerre, aventurier de la sexualité, Rochester était tout cela en même temps, et plus encore... Né en 1647, le fils du premier comte de Rochester ouvrait la voie à la débauche en tant que style de vie à part entière, dans une Angleterre émergeant à peine du Moyen Âge. Enfant surdoué, il fut accueilli à l'Université d'Oxford dès l'âge de douze ans. Après avoir terminé ses études, il dirigea d'abord sa carrière vers la mer où il allait devenir l'un des héros des batailles contre les Hollandais.

Puis sa réputation se répandit à toute allure à travers l'Europe, portée à la fois par son habileté littéraire, sa personnalité unique et très affirmée ainsi que son penchant à proférer de dangereux blasphèmes.

Heureusement pour cette personnalité extraordinaire, il eut à servir à la cour du charismatique roi Charles II, éclairé, aimant s'amuser, et qui ne négligeait pas les paillardises. Mais même les bonnes dispositions de Charles se trouvèrent mises à l'épreuve par les provocations perpétrées par Rochester. Exaspérant le monarque, il le poussa jusque dans les limites ultimes de sa patience. Le comte de Rochester écrivit des poèmes outrageants ainsi que des pièces qui, à cette époque, étaient considérés comme totalement diffamatoires, voire comme absolument ordurières. Il alla même jusqu'à briser la convention la plus sacrée en critiquant le roi. Sa sexualité dépravée ainsi que la longue liste de ses liaisons libidineuses lui assurèrent une réputation internationale.

Lorsqu'il finit par tomber véritablement amoureux, la méthode qu'il utilisa pour tenter de séduire l'élue de son cœur s'avéra sortir évidemment de l'ordinaire. Ne parvenant pas à capturer le cœur d'une jeune héritière, Élisabeth Malet, il captura son corps, il l'enleva.

Un tel comportement ne pouvait plus être toléré. Le roi Charles, poussé hors de ses gonds, fit emprisonner Rochester dans la Tour de Londres. Le noble aux mœurs légères possédant toute une gamme de tours originaux pour se sortir des problèmes les plus graves demanda, cette fois, son pardon au souverain dont il avait forcé la colère. Il l'obtint et fut libéré. Plus inconcevable, il arriva même à persuader ensuite sa victime kidnappée de l'épouser. Mais toutes les bonnes choses ont une fin et l'abandon de la sexualité débridée, coquine et outrageante sembla lui ouvrir la tombe. Il mourut de la syphilis à trente-trois ans.

– Plus je lisais d'ouvrages sur Rochester, plus je menais mes investigations, plus je me mettais à l'aimer, admettra Johnny. Certes, il y a ce côté amusant qui ressort de lui, mais il était en réalité un homme complexe dont l'âme souffrait énormément.

L'écrivain Stephen Jeffreys comprit le potentiel qu'il y avait à puiser dans l'histoire explosive de la vie de Rochester. Démontrant la connexion entre génie, décadence, luxure et amour, sa pièce *The Libertine* (*Le Dernier des libertins*) fut donnée dans le fameux Steppenwolf Theater de Chicago avec John Malkovich dans le rôle principal. Ce fut à ce moment-là qu'il invita Johnny à venir voir la pièce et lui parla de son plan pour en faire un film.

Pour la version grand écran, Malkovich changea de rôle au profit de celui du roi Charles, tandis que Johnny prenait le rôle de Rochester. Johnny était littéralement transporté :

– Lorsque j'ai lu et vu la pièce une première fois avec John sur scène dix ans auparavant, je ne savais pas comment ils pourraient faire pour l'adapter de la scène à l'écran. Mais Stephen a fait du beau travail. J'ai lu son texte et je me suis dit : « Tu n'auras pas d'autre occasion de trouver quelque chose de ce calibre. » Un truc comme ça n'arrive qu'une seule fois dans une carrière d'acteur. Le texte était impressionnant.

Si l'on regarde l'histoire personnelle de Johnny, on peut aisément comprendre pourquoi le réalisateur Dunmore considérait qu'il était l'acteur idéal pour jouer le rôle du comte. Johnny lui-même ne fait que renforcer cette idée :

– Je me suis nettement senti en phase avec Rochester, comme si nous avions passé la nuit ensemble. Il a une personnalité que je connais sur de nombreux plans. Les gens qui ont suivi des voies parallèles à la sienne dans ma génération sont des Jack Kerouac, grand écrivain, mais horriblement incompris, Shane MacGowan, l'un des plus grands poètes du XXe siècle, mais tellement imbibé qu'on ne peut l'approcher qu'à la nage, et Hunter Thompson, qui est un grand héros et l'un de mes meilleurs amis. Tous ces gens-là me vinrent à l'esprit lorsque je m'approchais du personnage de Rochester.

Mais Johnny voyait un parallèle encore plus évident entre lui et Rochester :

– J'ai reconnu en lui les excès par lesquels je suis passé mais dans lesquels je ne suis pas resté. Je sais que j'ai cessé de boire pour la raison suivante : si j'avais continué, je n'aurais plus jamais pu m'arrêter. J'aurais continué jusqu'à ce qu'un écran noir me tombe devant les yeux, jusqu'à ce que je ne puisse plus rien voir et que je ne sache même plus si j'existe encore.

Johnny cessa de boire parce qu'il « gaspillait son temps », et en même temps, il cessa de se droguer :

– Essayer de m'engourdir et de me droguer n'avait rien d'une récréation. C'était exister, mais sans vivre. Si j'avais tenu ce rôle quand John Malkovich m'a contacté la première fois, les choses auraient été différentes. J'aurais commis la dangereuse erreur d'essayer de le vivre. Pas nécessairement en sortant et en baisant tout ce qui se présentait, mais plutôt en buvant, et je n'en serais pas arrivé là où j'en suis aujourd'hui. Dix ans plus tard, je dispose de fondations solides sur lesquelles je peux m'appuyer.

Bien sûr, le Johnny Depp d'il y a dix ans avait un esprit plus destructeur. C'est à peu près vers cette époque qu'il entretenait une relation dure, en dents de scie et plutôt destructrice avec Kate Moss. À la suggestion que toute leur agitation semblait démontrer un amour véritable, il devint mélancolique et dit : « Je ne pense pas que j'étais assez bien pour Kate. »

Et quant aux racontars que vous avez pu lire dans la presse spécialisée, affirmant qu'il avait été préoccupé par les ennuis de Kate, qu'il avait invité Pete Doherty (le compagnon de Kate) à déjeuner et avait tenté de le mettre en garde afin qu'il mette de côté les drogues, lui disant que ça serait bien vis-à-vis de Kate, il nie que cela se soit jamais produit :

– Je ne l'ai jamais rencontré. Je l'aime dans la mesure où j'aime énormément sa musique. Je pense qu'il a un très grand talent et il me semble que lui et Kate sont bien ensemble parce que Kate est une fille bien. Elle est très intelligente et je pense qu'elle est aussi une bonne maman.

Mais il reste choqué de la mauvaise image que quelques journalistes donnent d'elle :

– Ça n'est pas correct de la traîner dans la boue comme ça… dit-il. Kate fait son chemin… Comme nous tous. Laissons-la avancer. Je n'ai jamais pris Pete Doherty à part pour lui parler de Kate. En ce qui la concerne, je ne lui ai jamais envoyé de miroir, comme d'aucuns l'ont prétendu, pour lui suggérer, selon une soi-disant coutume indienne : « Regarde dans le miroir et tu garderas ta force. » Ça me fait vraiment de la peine, tout ce qu'elle endure.

Bien qu'il ait pris la parole pour défendre Winona pendant son procès concernant le vol à l'étalage, il n'avait pas eu l'occasion de parler récemment avec Kate mais restait son plus fervent supporter :

– La presse essaye de la crucifier. Mais ce qu'ils vont finalement arriver à faire, c'est de lui donner plus de force. Elle devrait utiliser ces histoires pour aller plus loin. Au bout du compte, je sais qu'elle est forte et qu'elle agira judicieusement. Tout se passera bien pour elle.

En y réfléchissant, il se souvient de l'incident du restaurant Mirabelle à Londres, en 1999, où il fut arrêté et retenu par la police pendant quatre heures parce qu'il avait pourchassé un photographe à l'extérieur, armé d'un bout de bois :

– Je ne suis pas sûr qu'ils m'acceptent à nouveau au Mirabelle, mais ils possèdent une de ces cartes des vins ! Et j'aime bien boire un bon petit Claret. L'incident du Mirabelle s'est produit parce que des paparazzi ont voulu prendre des photos de moi et de Vanessa avec son ventre alors qu'elle était enceinte. J'ai pensé que je n'allais pas laisser ma paternité commencer comme ça, comme si c'était un nouveau gadget. Je protégeais déjà mes petits.

Il prouva qu'il pouvait aussi se montrer aimable avec les journalistes lorsque l'un d'eux lui offrit un godemiché élégamment sculpté, similaire à celui qui apparaît dans *Rochester, le Dernier libertin*. Ce dernier porte désormais son nom et on peut se le procurer dans un magasin chic de Los Angeles. Il ne cacha pas sa joie, se mit à le brandir à la ronde en disant : « Ça fait vingt ans que je n'en ai pas vu un comme ça. C'est splendide. » Il déclara qu'il allait l'installer dans une boîte comme celles qui servent aux alarmes anti-incendie. « Cela aura un sens : briscz la vitre en cas d'urgence ! »

Le critique de films du *Hollywood Reporter* était probablement plus intéressé par le dernier rôle de Johnny que par le godemiché qu'on venait de lui offrir et se posait la question de savoir si après avoir admis qu'il avait jusqu'à présent fondé une galerie inoubliable de fripouilles assez aimables, passionnées et non conformistes, Johnny ne s'aventurait pas désormais vers le royaume du monstrueux. La réponse est plutôt non. Il faisait ressortir « le portrait d'un poète du XVIIe siècle, provocateur et débauché, John Wilmot, second comte de Rochester, qui finit par obtenir une reconnaissance littéraire après la longue agonie de sa vie qui précède une mort, à l'âge de trente-trois ans, due à la syphilis et à l'alcool. L'une des réussites du réalisateur Laurence Dunmore fut de marquer les degrés de l'évolution du personnage. Ses caractéristiques physiques deviennent plus évidentes au fur et à mesure qu'il évolue vers sa destinée et qu'il emprunte progressivement le masque grotesque d'une créature repoussante remplie d'appétits voraces et sensuels. Il devient un sombre cousin d'autres vauriens du cinéma, Raoul Duke, Jack Sparrow et le futur Willy Wonka (de *Charlie et la Chocolaterie*). Le comte aux mœurs dissolues de Depp possède une étourdissante stature derrière son sourire à vous glacer le sang. »

Mais tout le monde n'apprécia pas à ce point *Rochester, le Dernier libertin*, ni même l'interprétation de Johnny. Owen Gleiberman, d'*Entertainment Weekly*, fut l'un de ceux qui n'aimèrent pas le film. Il se montra particulièrement désobligeant à l'égard du projet dans son ensemble :

« Au début de *Rochester, le Dernier libertin*, Johnny Depp, est coiffé de longues boucles noires à la mode de la Renaissance qui le font ressembler à une rock star débauchée costumée en mousquetaire. Il sourit avec mépris à la caméra tout en décrivant sa capacité de séduire les femmes mais aussi les hommes, une vantardise déguisée en confession : 'Vous ne m'aimerez pas', déclare-t-il en crachant les mots avec dédain.

On est enclin à le penser. Mais ça passerait peut-être si on ne se retrouvait pas ensuite devant une vilaine construction pseudo sexy. Dans *Le Dernier des libertins*, tout périclite après le succinct monologue initial teinté de misanthropie. Comme John Wilmot, le second comte de Rochester, un poète du XVIIe siècle spirituel et ivrogne qui fut célèbre et honni pour son obsession pour la dépravation, Depp abandonna toute douceur, devenant un hybride de Casanova et de Richard III. Quoique très volontaire dans le domaine de la perversité, le film ne permet pas de ressentir le plus vague des plaisirs. Même une sensation aussi simple que celle de dormir auprès de quelqu'un n'est pas rendue. Ce pourrait bien être le film le plus asexué qui ait jamais été tourné au sujet d'un séducteur. Que fait donc le comte s'il ne ressent rien ? Eh bien, il parle. C'est d'ailleurs ce que fait tout le monde dans *Le Dernier des libertins*. De plus, ce qui sort de leur bouche ne peut être qualifié de dialogue, à moins de distendre le sens de ce que l'on entend techniquement par ce mot. C'est un baragouin, du verbiage, une épouvantable diarrhée verbale faussement littéraire. Le comte nouera bien une quasi-liaison avec une jeune fille (Samantha Morton), qui est trop naïve pour que cela puisse le sauver… et il écrira aussi une pièce railleuse à l'encontre de Charles II (John Malkovich). Ces événements le placeront sur une pente en bas de laquelle l'attend une mort crasseuse de syphilitique. *Rochester, le Dernier des libertins* est une telle catastrophe qu'il devient difficile d'en tirer quelque chose. Je ne pensais pas cela possible, mais même Johnny Depp y apparaît sans charme. »

Fin septembre, deux semaines seulement avant celle de *Rochester*, *Neverland* sortit dans trois cent vingt-quatre salles en Grande Bretagne et ramassa, selon le box-office, 774 124 livres pour le seul week-end d'ouverture. Sa sortie avait été différée d'une année en raison d'un conflit avec Columbia Pictures. Ils possédaient les droits sur la pièce pour faire leur propre *Peter Pan* au cinéma et avaient donc refusé à Miramax la permission d'utiliser certaines scènes si les films devaient sortir au même moment.

Le *Peter Pan* de la Columbia de 2003 abordait de manière classique l'une des plus belles histoires pour enfants jamais conçue et qui avait séduit l'imagination de nombreux publics pendant près d'un siècle, *Neverland* était différent. Le film racontait d'une manière semi-romancée les expériences qui avaient conduit l'auteur à écrire ce classique.

Écossais et auteur de pièces à succès, J.M. Barrie, interprété par Johnny, assiste à la réception mitigée qui accueille sa dernière pièce, dans le milieu de la bonne société de l'Angleterre edwardienne. Bien que génie littéraire reconnu de son temps, il s'ennuie ferme avec les mêmes vieux thèmes. Il en vient à prendre conscience du fait qu'il se trouve sérieusement en manque d'inspiration. Il la retrouve de manière inattendue alors qu'il fait sa promenade quotidienne avec son chien, un Saint-Bernard appelé Porthos, dans les jardins de Kensington à Londres. Il y fait la connaissance de la famille Llewelyn Davies, quatre garçons sans père accompagnés par leur jolie mère, veuve depuis peu (interprétée par Kate Winslet).

En dépit de la désapprobation d'Emma du Maurier, la grand-mère des garçons, dure comme une pierre, et du ressentiment de sa propre femme, Barrie se lie d'amitié avec cette famille. Il entraîne les enfants dans des tours de magie, des déguisements et des jeux malicieux. Il invente des univers remplis de châteaux et de rois, de cow-boys et d'Indiens, de pirates et de naufragés. Il transforme des collines en galions, des bâtons en épées puissantes, des cerfs-volants en fées enchantées et les garçons Llewelyn Davies deviennent « Les garçons perdus du Pays imaginaire » (Neverland).

À partir des purs frissons retrouvés et du goût enfantin pour l'aventure, Barrie se met à écrire sa pièce la plus chère, qui deviendra aussi la plus renommée, son chef-d'œuvre, *Peter Pan*.

Au début, sa compagnie de théâtre est sceptique. Et même Charles Frohman, son fidèle producteur, s'inquiète qu'il puisse laisser sa chemise dans ce rêve d'enfant. Barrie commence pourtant les répétitions, ne serait-ce que pour mettre ses comédiens en condition avec des exigences sans précédent, telles que celles qui consistent à leur demander de voler à travers la scène, parler avec des fées construites avec de la lumière et d'endosser des costumes de chien et de crocodile. Mais, au moment où Barrie est sur le point de présenter le monde de Peter Pan, un tragique coup du destin l'amène, lui et ceux qu'il aime le plus, à comprendre ce que croire signifie vraiment.

C'était précisément ce type de sujet que le réalisateur Marc Foster recherchait lorsque le producteur Richard Gladstein lui donna à lire le scénario écrit par David Magee. Foster fut immédiatement emballé par cette histoire qui imaginait quelles

Deux ans après *Sleepy Hollow*, Johnny fut nominé une deuxième fois pour le Saturn Award du meilleur acteur, suite à sa prestation dans le rôle du personnage historique Fred Abberline, l'inspecteur de *From Hell*.

circonstances et quelles émotions présidèrent à la création et à l'évolution de *Peter Pan*, un conte qui touchait des millions de personnes à travers le monde.

Selon les notes de production, dans la vie réelle, l'amitié de J.M. Barrie avec la famille Llewelyn Davies inspira les thématiques qui rendirent la pièce si captivante : la merveilleuse capacité de véhiculer un imaginaire, la nostalgie pour l'innocence de l'enfance et le désir de croire en quelque chose de plus enchanteur que l'existence quotidienne.

– J'ai vu ce film comme une histoire sur la créativité d'un homme, le pouvoir qu'elle a d'emmener les gens dans un autre monde, et sur le profond besoin d'illusions, de rêves et de croyances, tellement humain, qui parvient à nous inspirer même lorsque nous nous retrouvons face à une tragédie. Pour moi, ce pouvoir est capable de vous transformer en quelque chose de plus grand que ce que vous êtes, même si personne ne croit en vous.

Gladstein était entièrement de cet avis :

– *Neverland* représentait une opportunité unique de créer un film combinant un drame intimement personnel et émotionnel avec le souffle de l'imagination et une inventivité débridée. C'est une histoire pour l'enfant et l'adulte en chacun de nous.

L'idée de produire une version filmée de *Neverland*, (*Neverland* étant un titre de travail original de J.M. Barrie pour *Peter Pan*), naquit avec la pièce écrite par Allan Knee *The Man Who Was Peter Pan* (*L'Homme qui était Peter Pan*), une série imaginaire de conversations entre Barrie et les garçons Llewelyn Davies. La productrice Nellie Bellflower, ayant vu la pièce jouée dans un atelier de théâtre amateur, la prit immédiatement en option et la transmit au scénariste David Magee pour adaptation. La pièce d'Allan Knee décrivait l'histoire incroyablement émouvante d'un homme qui devient la figure du père pour ces jeunes garçons et leur sert de guide pour les aider à traverser une terrible tragédie. « J'ai toujours aimé *Peter Pan*, et la pièce d'Allan était un extraordinaire tremplin à partir duquel on pouvait partir explorer la création de *Peter Pan* et les thèmes universels qu'elle abordait. »

Cependant, Magee admettra que son scénario n'était pas seulement une reprise factuelle de ce qui arriva à James Barrie lorsqu'il écrivit *Peter Pan* :

– Je voulais raconter une histoire sur ce que signifie grandir et devenir responsable de ceux qui nous entourent. J'espère que les gens apprécieront ce film comme un hommage respectueux au génie créatif de Barrie et pourront écarter la croyance selon laquelle nous ne pouvons grandir sans perdre tous les aspects de l'innocence et l'émerveillement de l'enfance.

Magee trouvait aussi que l'histoire était devenue émotionnellement plus forte et personnelle à mesure qu'il l'écrivait :

– Mon premier enfant allait bientôt naître, expliquera-t-il, lorsque j'ai commencé à me mettre au travail sur ce scénario. Pratiquement dans le même temps mon père approchait de la fin de sa vie après une longue lutte contre le cancer. Aussi, je pensais avec beaucoup d'intensité à ce que signifiait grandir et prendre conscience que le temps est vraiment à la poursuite de chacun de nous. Pour moi, cette histoire est celle d'un homme qui s'apprête à affronter ces problèmes dans sa propre existence. En plus, poursuit-il, en tant qu'écrivain je m'intéressais aussi au fait d'explorer comment notre propre vie inspire l'art et comment l'art, à son tour, transforme littéralement nos vies. Il y a cette notion selon laquelle les personnes créatives maintiennent leur enfance plus longtemps en eux que le reste des gens, mais il y a de toute façon des moments au cours de l'existence qui pèsent lourdement sur nous au point que nous ressentons le besoin de les analyser, par l'intermédiaire des récits et de l'art. Le brio de Barrie dans *Peter Pan* est dû au fait qu'il exprime à la fois la joie de l'enfance et le côté doux-amer que vous ressentez lorsque vous vous trouvez sur le point de la laisser derrière vous. Il réussit à capter cette expérience très réelle et universelle et en fait quelque chose de magnifique et de spécial.

Suivant la suggestion de Michelle Sy, directrice de Miramax, Bellflower envoya un exemplaire du scénario au producteur Richard Gladstein. Ensuite, Sy contacta Gladstein et le projet fut monté avec Miramax.

Le scénario fut ensuite développé et la recherche d'un réalisateur commença. Cette quête prit fin en 2001, lorsque Gladstein vit en avant-première un film de Marc Forster, *À l'ombre de la haine*. Ce film raconte avec tendresse et une émotion brute la poignante histoire d'amour qui se déroule entre un gardien de prison et la veuve d'un criminel. *À l'ombre de la haine* devait envoyer Halle Berry à la cérémonie des Oscars pour y recevoir celui de la meilleure actrice. Gladstein dit à ce propos : « Je me suis senti convaincu, étant donné la profondeur du personnage et la subtilité de l'interprétation, que Marc apporterait quelque chose d'unique et de spécial au projet. »

Au moment où ils parachevaient le scénario et commençaient à chercher une distribution, Gladstein nota que les réalisateurs trouvaient de l'inspiration dans les propres mots de Barrie :

– Barrie a écrit un grand nombre de directives à l'intention de ses comédiens, leur expliquant que « tous les personnages, les grands comme les bébés, doivent avoir l'air juvénile, c'est leur seule caractéristique extérieure importante ». Ce principe nous guida dans la création du film. Nous sommes allés jusqu'à l'écrire comme une sorte de prologue sur plusieurs exemplaires du scénario de manière que tous les comédiens et l'équipe comprennent cette intention.

Bien entendu, un choix capital pour *Neverland* fut celui de Johnny pour interpréter le rôle de Barrie. Selon Forster, Johnny avait conservé son propre esprit d'enfant, bien plus que tout autre acteur majeur moderne :

– Johnny est parfait pour représenter un homme qui ne veut jamais grandir, parce que vous pouvez voir, à travers les rôles qu'il a choisi de jouer, qu'il a gardé très accessible l'enfant qui est en lui. Il a apporté quelque chose de vraiment particulier à ce rôle, en se cantonnant à un jeu modeste, d'une façon qui rend réellement hommage à l'homme que Barrie aurait voulu être, d'après nous en tout cas.

Johnny prit aussi possession de son rôle avec un professeur de diction, afin de reproduire un authentique accent qui fleure bon le terroir écossais, et qu'il utilise avec l'air tranquille d'un homme qui restera toujours une énigme dans certains domaines. Ainsi que le note Gladstein : « Dans son interprétation de Barrie, Johnny exprime naturellement un mystère, éveillant la curiosité du public à propos de ce qui se passe dans l'esprit de Barrie. »

Johnny appréciait particulièrement comment l'histoire de *Neverland* était portée par le courant – souterrain – d'un amour implicite entre son personnage et celui interprété par Kate Winslet, un amour qui ne prend jamais la forme d'une romance conformiste :

– Le film ne semble jamais aller tout à fait vers là où vous l'attendez, dit-il. Il ne tombe jamais dans la rencontre sentimentale entre deux personnes destinées l'une à l'autre ou quelque chose de ce genre. Il traite plutôt d'une relation bien plus complexe et émouvante entre deux êtres qui ont besoin l'un de l'autre, mais sur un plan situé véritablement au-delà des explications ou des mots.

Au cœur du film se retrouve la relation innocente, quoique scandaleuse pour l'époque, entre Winslet et Johnny, qui selon la plupart des critiques ne constituaient pas un partenariat évident. Mais c'était précisément la raison pour laquelle Forster les avait choisis :

– Kate a vraiment les pieds sur terre, une force, une volonté très terrestres, tandis que Johnny possède un esprit très créatif, peu conventionnel et vagabond en diable. Aussi, les deux sont-ils complémentaires. Je crois qu'ils créent une harmonie intéressante.

Pour conserver ce côté d'innocent, une scène a été retirée, explique Winslet :

– Lorsque nous arrivons pour la première fois à la maison de campagne, il y a une phrase que je dois dire en m'adressant à

Johnny, quelque chose comme : « Je me demande parfois si vous réalisez à quel point vous êtes devenu important pour nous. » Et il répond : « Les garçons sont encore jeunes. » Et je réponds : « Oui, mais pour moi… » Si cette scène avait été gardée, la suggestion d'un sentiment plus intime entre eux aurait été beaucoup, beaucoup plus forte. J'aime le fait que dans le film il n'y a jamais la conclusion, le baiser, le moment attendu. »

Peut-être est-ce aussi ce qui attira Johnny vers le projet. Mais peut-être, plus que tout, fut-il captivé par la magie qui se dégageait de l'histoire même de *Peter Pan*.

– C'est vraiment un travail génial, c'est un chef-d'œuvre de l'imagination et le résultat d'une inspiration extraordinaire. C'est l'une des rares choses parfaites en ce monde. Elle restera toujours avec nous et ce film a été une merveilleuse occasion d'explorer les origines éventuelles d'une histoire si puissante.

Bien entendu, il y avait une autre raison pour laquelle Johnny était attiré par le rôle. Incarner l'homme qui avait créé *Peter Pan* lui donnait finalement, disait-il, l'enfance qu'il n'avait jamais eue. Il confesse ouvertement qu'il a perdu tant de choses dans sa vie, à cause de son existence déchaînée, de même qu'il a admis, c'est notoire, avoir connu le sexe, la boisson et la drogue alors qu'il était mineur. Aussi, endosser le rôle de l'homme qui refusait de grandir, c'était réaliser un rêve, après sa propre jeunesse agitée :

– Je pense que j'ai vécu les trente-cinq premières années de ma vie dans un brouillard. Je ne savais pas vraiment ce que je voulais ni qui j'étais. Je me sentais habituellement seul et je m'empoisonnais en permanence, buvant, ne mangeant pas correctement, ne dormant pas, fumant des tas de cigarettes. Si j'avais continué dans cette direction, je me serais tué.

Désormais, il goûte l'amour de Vanessa et une vie de famille bien établie avec leurs deux enfants et son foyer adoptif à Paris. Johnny affirma, en 2004, qu'il était désormais plus heureux qu'il ne l'avait jamais été auparavant dans sa vie et dans sa carrière :

– C'est seulement grâce à ma famille que je suis maintenant une personne meilleure et je suis bien plus sûr de moi que je ne l'ai jamais été. La rencontre avec Vanessa a apporté tous ces changements. Mes enfants m'ont donné la vie. Ils sont la meilleure chose qui me soit jamais arrivée. J'ai perdu la plus grande part de la confusion qui encombrait mon existence. Auparavant, je ne savais pas ce qu'était le bonheur.

Une partie de ce bonheur, poursuit-il, se présenta par le biais de *Neverland*. C'est en fait, selon lui, l'un des projets les plus satisfaisants sur lesquels il ait travaillé, malgré le difficile exercice qui consista à perfectionner son accent écossais :

– Musicalement, rythmiquement, je n'arrivais pas à saisir quoique ce soit, au début. Heureusement que j'ai fini par trouver un professeur de diction qui m'a aidé énormément. Nous avions aussi deux gars au sein de l'équipe qui étaient écossais, et ils me signalaient toutes les erreurs que je faisais.

Peter Pan est un chef-d'œuvre de l'imagination. C'est l'une de ces rares choses parfaites et pérennes dans le monde, et on peut se demander d'où provient une histoire aussi puissante que celle-là. Je cherche à comprendre comment Barrie arrivait à être aussi à l'aise avec les enfants. Je pense qu'il ne savait pas comment aimer ou être aimé comme un adulte et qu'il cherchait constamment un consentement... Et peut-être même une figure matriarcale. J'ai créé son personnage à partir de miettes et de morceaux d'observations tirées de gens qui voyaient en lui une personnalité plutôt sombre, quoique mélangée avec des traits de lumière et de bonheur qui l'éclairèrent vraisemblablement pour écrire *Peter Pan*.

En dépit de son statut de gravure de mode, Johnny a généralement évité de participer à des films grand public, au profit de rôles représentant des personnages plus intéressants :

– Je n'ai jamais voulu être une star de cinéma. J'ai toujours voulu être un acteur de genre. J'accepte les rôles lorsque je tombe amoureux du personnage. Je n'ai jamais eu pour but de devenir une grosse star du box-office. Je construis ma carrière sur la base de l'échec. Jusqu'à présent, mes films ne paraissaient jamais rapporter d'argent. Il aurait été tentant d'accepter un bon gros chèque mais je ne voyais pas l'intérêt de se lancer dans quelque chose qui avait déjà été vu des milliers de fois.

Le sujet récurrent dans mon travail semble être un choix de personnages qui sont considérés comme des « fondus » par les gens soi-disant « normaux ». Je n'ai jamais été embêté par la façon originale dont je vois les choses, dans la mesure où ça correspond au personnage. La laideur est plus intéressante que la beauté. Elle dure plus longtemps et, à la fin, les effets de la gravitation nous rattraperont tous. J'ai eu l'opportunité de faire tout ce que je voulais et de travailler avec toutes les personnes avec lesquelles je le souhaitais. Lorsqu'on m'a demandé de jouer dans *Neverland*, c'était certainement un gros point positif de participer à un film que mes enfants pourraient regarder. J'ai tourné dans *Pirates des Caraïbes* pour les mêmes raisons. Je suis heureux quand mes enfants peuvent voir mes films. L'idée de toujours rester un enfant est belle et je pense que c'est possible. J'ai connu un grand nombre de personnes qui, au cours de leurs dernières années, étaient comme de petits enfants, avaient la même énergie, la même curiosité et la même passion qu'eux. Je pense que c'est très amusant de vieillir.

Interpréter un personnage aussi joueur et paternel que J.M. Barrie a dû être la réalisation d'un rêve pour Johnny. Exactement comme il avait trouvé l'inspiration pour Jack Sparrow dans *Pirates des Caraïbes* chez Keith Richards, Johnny se tourna vers une autre source inattendue pour son personnage de *Neverland*. « Il y a une innocence à la Ozzy Osbourne, » dit-il au *New York Times*. Il est sociable mais il possède un certain recul. »

Pour Kate Winslet, travailler avec Johnny véhiculait vraiment l'idée d'un film dans lequel chacun aurait l'occasion de retrouver la spontanéité et l'aventure d'être à nouveau un enfant :

– Johnny était tellement capable d'être un enfant sur le plateau que pour moi, c'était comme si j'en avais cinq ! Il nous faisait rire en permanence avec son ingéniosité, moi et les garçons, et c'est exactement ce dont nous avions besoin pour recréer l'esprit de l'histoire.

Winslet n'était, bien entendu, pas étrangère à *Peter Pan*. Elle avait joué Wendy dans une compagnie de théâtre quand elle avait à peine quinze ans et avait toujours été intriguée par l'univers fantastique de *Neverland*.

Lorsqu'elle lut le scénario, ce fut Sylvia Llewenlyn Davies, la mère ardente et bohème d'une nichée de charmants jeunes garçons évoluant dans une époque dominée par un grand formalisme, qui la captiva.

– Le personnage est tellement intéressant. C'est une mère très moderne dans un monde où le regard sur les enfants commençait seulement à changer. La plupart des gens croyaient encore que les enfants devaient être regardés mais pas écoutés. Ils étaient particulièrement tenus en dehors de l'existence des adultes, même dans la maison. Sylvia agit différemment et en cela, elle est le reflet d'un changement sur la manière d'élever les enfants. Elle est très impliquée dans leur éducation, elle les encourage à devenir des esprits libres. J'aime le fait qu'elle soit aussi anticonformiste. En outre, Sylvia est veuve depuis peu. Elle cache en elle beaucoup de chagrin et de colère, et je pense que c'est en partie la raison pour laquelle James M. Barrie l'intrigue autant. Il présente ce caractère plus grand que nature, si différent de celui de la plupart de ceux qu'elle rencontre dans sa sphère sociale. Elle est vraiment attirée par cet homme de façon magnétique, non qu'elle se sente séduite, mais parce qu'il l'accueille au sein de son imaginaire incroyable. Je crois qu'en fin de compte, il s'agit bien d'une histoire d'amour, mais qui porte sur l'amour entre Barrie et une famille tout entière.

Bien qu'on n'ait pas connaissance d'ouvrages à propos de la vie de Sylvia Llewelyn Davies, quelques-unes de ses lettres et de ses écrits authentiques ont survécu. À partir de ces documents,

Winslet découvrit que l'un des pans avérés de son histoire est la décision qu'elle a prise de ne pas suivre de traitement pour son cancer. Sylvia voulait protéger ses fils en leur dissimulant les aspects décourageant de sa maladie et les empêchant de voir sa souffrance devant les interminables et douloureux traitements. Je pense que c'était l'acte de courage le plus extraordinaire qui fût. Elle voulait que la vie continue normalement et elle voulait se retirer doucement. C'est un sacrifice hors du commun qu'elle a consenti pour ses enfants.

Pour Forster, Winslet fut une révélation dans le rôle :

– Elle est elle-même mère et elle a donc ce merveilleux talent pour choyer les enfants, tout en gardant les pieds sur terre. Il y a une vraie posture chez elle, en tant que mère, qui était très importante à mes yeux, en particulier parce que quand elle finit par mourir, vous pouvez vraiment sentir chez les enfants ce sentiment d'une perte immense.

Charles Frohman, le riche impresario américain, fut une autre personne remarquable de l'entourage de Barrie. Il resta à ses côtés durant la plus grande partie de sa carrière et se retrouva à soutenir une pièce dans le genre fantastique, entièrement non conventionnelle, dont il craignait qu'elle n'aboutît à un échec.

Le vrai Charles Frohman, connu aussi comme le « Napoléon du théâtre », était reconnu pour son habileté à découvrir de nouveaux talents et était associé non seulement avec Barrie, mais aussi avec des écrivains majeurs tels qu'Oscar Wilde et W. Somerset Maugham. Il était considéré, ayant amené sur le devant de la scène des stars de Broadway telles que John Drew, Ethel Barrymore, E.H. Sothern, Julia Marlowe, Maude Adams, et Henry Miller.

Frohman mourut tragiquement alors qu'il était au sommet de sa carrière quand le Lusitania, sur lequel il voyageait, fut coulé par un sous-marin allemand. Commentant *Peter Pan*, les derniers mots qui lui sont attribués sont : « Pourquoi craindre la mort ? C'est la plus belle aventure de la vie. »

Dustin Hoffman fut engagé pour jouer Frohman. Depuis qu'il avait vu *À l'ombre de la haine*, il voulait travailler avec Forster. Lorsqu'il découvrit que James Barrie serait interprété par Johnny, ce fut un plus pour Hoffman qui souhaitait depuis longtemps travailler avec lui :

– Je pense qu'il est l'un de nos plus grands jeunes acteurs. Il a une qualité que j'admire beaucoup : il fait tout ce qui est en son pouvoir pour ne pas devenir une star. Il prend le risque de jouer des rôles qu'il a choisis, et évite d'être une gravure de mode alors qu'il est si beau.

Dustin Hoffman était aussi intéressé par le profond engagement de Frohman pour permettre à un rêve d'artiste de devenir réalité, quels que soient les risques courus :

– Ce qui m'intéressait chez Frohman était qu'il se montrait plutôt hésitant, voire réticent à produire *Peter Pan*, une pièce avec des fées, des pirates et des crocodiles, dont il ne pouvait imaginer qu'elle pourrait plaire, à Londres, aux si sérieux amateurs de théâtre. Cependant, Frohman était ce genre de producteur rarissime qui a du talent pour subodorer le génie et qui comprend que, par définition, le génie excelle à faire quelque chose qui n'a pas encore été fait… quelque chose dans lequel l'artiste prend tous les risques. Il laissa Barrie prendre un risque et cela fut payant pour le monde entier.

Selon Roger Eber, du *Chicago Sun-Times*, la prestation de Johnny lorsqu'il incarne un J.M. Barrie n'élevant pas la voix, gentil, illustrant sans fioritures le caractère intériorisé de son personnage, était remarquable. Tout aussi remarquable, en fait, nota Eber, que celle offerte par le nouveau venu Freddie Highmore. Ce dernier n'avait que neuf ans quand il joua le rôle de Peter Llewenlyn Davies, un enfant émotionnellement traumatisé.

Bien sûr, la question sur la plupart des lèvres des journalistes était de savoir comment il s'y était pris pour réaliser cette interprétation étonnamment forte :

– Eh bien, vous devez d'une certaine manière penser à ce que le personnage est en train de penser, leur dit-il, et alors vous vous retrouvez dans le personnage.

Avec une vulnérabilité et une concentration qu'on n'avait pas vues chez un enfant acteur, de souvenir de critique, depuis Haley Jol Osment dans *Le Sixième Sens*, Highmore fournit l'inoubliable portrait d'un jeune garçon introverti et qui le devient plus encore suite à la mort de son père et à la santé déclinante de sa mère. « Lorsqu'il y avait des scènes avec Freddie, se souvient Johnny, Kate et moi restions derrière et le laissions faire. C'était incroyablement fascinant. »

Winslet le confirme : « Il possède un des instincts les plus inouïs pour tomber pile. Et il n'a aucune idée qu'il possède ça. »

Il était tellement bon que Johnny et Kate le recommandèrent pour un rôle dans *Charlie et la Chocolaterie*, le film qui allait réunir Johnny et Burton pour la quatrième fois.

Dans l'ensemble, *Neverland* fut reçu comme un « film inattendu et plein de bonheur ». Aussi personne ne fut surpris lorsqu'il reçut une poignée de nominations, début 2005, lors de ces cérémonies de récompenses qui semblent abonder à Hollywood et à Londres.

Plus important, ce fut le deuxième film à succès de Johnny à lui rapporter une nomination aux Oscars dans la catégorie du meilleur acteur.

CHAPITRE - XVI
LE FILM PARFAIT

« Comme acteur, je pense que l'on doit au public
d'essayer à chaque fois quelque chose de différent.
Il est important de continuer à chercher.
Si l'on persiste à faire toujours la même chose,
c'est comme manger le même pâté de viande à tous les repas,
jeudi, vendredi, samedi...
J'essaie de me renouveler à chaque fois.
Franchement, c'est un miracle si je continue
à trouver du boulot. »

Lorsque Tim Burton offrit à Johnny le rôle de Willy Wonka, il eut à peine le temps de prononcer deux mots que Johnny lui disait déjà qu'il adorerait faire ce film. Johnny se souvient :

– Nous étions en train de dîner et il a dit : « Je veux te parler de quelque chose. Tu connais cette histoire de *Charlie et la Chocolaterie* ? Eh bien je vais la faire et je me demande si tu voudrais bien jouer… » Et je ne pouvais même pas attendre qu'il ait terminé sa phrase. J'ai dit : « J'en suis ! Absolument ! Je le ferai ! » La question ne se posait même pas. Être choisi pour jouer Willy Wonka est en soi un grand honneur, mais être choisi par Tim Burton, cela double ou triple cet honneur. Sa vision est toujours extraordinaire, au-delà de tout ce à quoi vous vous attendez. Du seul fait qu'il soit impliqué, je n'avais pas besoin de lire un scénario avant de m'engager. Si Tim avait voulu tourner dix-huit millions de kilomètres de pellicule pour me filmer en train de regarder fixement une ampoule allumée sans que je puisse cligner des yeux pendant trois mois, je l'aurais fait.

Aussitôt, les deux amis et collaborateurs se plongèrent dans les ébauches préliminaires de Burton, discutant de l'apparence que devait avoir Wonka et des différents thèmes que contenait l'histoire, retombant dans le rythme créatif qui leur était familier depuis *Edward aux mains d'argent*, *Ed Wood* et *Sleepy Hollow*.

De son côté, Burton affirme :

– Johnny est de bien des manières un grand acteur de genre. Il s'intègre dans ses personnages en les maîtrisant. Ce qui m'a frappé dès le début, ce qui fait de lui un acteur tellement fascinant, c'est qu'il n'est pas intéressé par son image mais plutôt par son identification à un personnage et qu'il essaie différentes voies. Il est volontaire pour prendre des risques. Chaque fois que je travaille avec lui, il est différent.

Le producteur Brad Grey est du même avis :

– C'est un acteur immensément perspicace. Il est venu sur ce projet avec du respect pour le livre original et en même temps une idée sur comment il pourrait faire quelque chose de très spécial avec son personnage. Je ne peux pas imaginer quelqu'un d'autre dans ce rôle. Parfois la combinaison magique se présente d'elle-même et je crois que c'est ce que nous avons là : Roald, Tim et Johnny.

Publié en 1964, *Charlie et la Chocolaterie* restait encore, au moment de l'adaptation de Burton, l'un des livres préférés des lecteurs, petits et grands, depuis quarante ans.

On en avait vendu treize millions d'exemplaires à travers le monde, et il avait été traduit en trente-deux langues. Sa popularité constante indique à quel point l'auteur comprenait les enfants, les appréciait et communiquait bien avec eux. Ainsi que l'observe Grey, « Roald Dahl ne prenait jamais de haut ses lecteurs et ne sous-estimait pas leur intelligence ».

Johnny aurait certainement été du même avis. Il appréciait particulièrement les détours inattendus des textes de Dahl :

– Vous pensez que le texte va dans une direction mais il vous surprend en vous présentant une autre alternative, une autre route, et cela vous donne à réfléchir. Fondamentalement, *Charlie et la Chocolaterie* est un grand conte moral. Mais il y a aussi beaucoup de magie et de drôlerie.

Bien que le livre demeure formidablement populaire chez les enfants, le consensus en cours chez les fans adultes est qu'il s'agit de quelque chose de plus qu'un livre pour enfants. C'est une promenade en liberté, une fête foraine, le pays des rêves sucrés, mais, bien sûr, il a des implications émotionnelles plus profondes. Le personnage de Wonka, ce qu'il est et ce qu'il devient à la fin de l'histoire à travers sa filiation avec le jeune Charlie, est très touchant. C'est du fantastique qui parle à tout le monde.

– L'un des aspects intéressants du livre est qu'il est rempli d'une humeur et de sentiments si vivifiants et si spécifiques, qu'il laisse encore de la place pour l'interprétation, dit Burton. Il laisse de la place à votre propre imagination, ce qui est, je pense, l'une des forces de Dahl en tant que conteur. Certains adultes ont oublié à quoi cela ressemblait d'être un enfant. Dahl, lui, ne l'a pas oublié. Vous disposez ainsi de personnages qui vous aident à vous souvenir de gens que vous avez rencontrés dans votre propre vie et d'enfants avec lesquels vous alliez à l'école. Mais, par la même occasion, cela fait revenir aux archétypes, aux mythologies et aux contes de fées des temps anciens. C'est un mélange d'émotion, d'humour, et d'aventure absolument intemporelle. Je pense que c'est la raison pour laquelle vous le gardez en vous. Il rappelle intensément ce que c'était d'avoir cet âge-là, mais il alterne aussi son travail avec des perspectives adultes. C'est pourquoi vous pouvez relire ce livre à n'importe quel moment et en tirer chaque fois des choses différentes, peu importe votre âge.

Et c'est probablement ce sentiment que Burton voulait donner à travers sa version filmée. Dans la façon de raconter, le film restait aussi fidèle que possible à l'histoire. Seulement des flashbacks, qui ne se trouvent pas dans le livre, nous apprennent que la vie de Willy est une réaction complète à un père dentiste exagérément strict. Ce dernier, qui haïssait les sucreries, est interprété par un autre familier des plateaux de Burton, Christopher Lee.

– Le film raconte comment Wonka est forcé d'ouvrir son usine bien aimée pour la première fois depuis quinze ans, afin de trouver un héritier. Il se sent mal à l'aise au contact des humains car il n'en a pas l'habitude. Aussi il prend son air le plus déterminé pour faire face, mais il ressent une grande anxiété devant cette proximité, explique Johnny. Je crois qu'il a la phobie des microbes, c'est pourquoi il porte des gants. Et, en plus des gants, ça se passe comme s'il portait un masque. Il y a des moments durant la visite où nous surprenons Wonka en train d'agir, et en train d'agir mal, il lit littéralement des fiches pour conduire la visite. Je ne pense pas qu'il veuille réellement passer du temps avec ces gens. Je pense qu'il se bat depuis la première seconde pour leur donner le change et garder le sourire. En même temps, une partie de lui est quand même vraiment excitée à l'idée qu'il est un grand entrepreneur de spectacles, comme P. T. Barnum, montrant chacune des choses qu'il a créées et disant : « Hé, regardez ça ! Regardez ce que j'ai fait. N'est-ce pas formidable ? »

– Willy Wonka est un excentrique, poursuit le coproducteur Richard Zanuck. Il est bizarre, drôle, distant, et pourtant terriblement vulnérable. C'est une composition intéressante, à la fois innocente et profonde. Nul autre acteur ne pouvait donner à ce personnage l'espèce de profondeur, d'amplitude et d'inventivité dont le rôle a besoin. Johnny a un talent incroyable.

Également doué, Freddie Highmore retrouvait Johnny pour la première fois depuis qu'il avait partagé l'écran avec lui dans *Neverland* trois ans plus tôt. Il était âgé de douze ans quand *Charlie et la Chocolaterie* entra en production. Il n'aurait pas pu être plus heureux que de se voir offrir ainsi le rôle de Charlie Bucket, un garçon au bon cœur issu d'une famille pauvre qui vit dans l'ombre de l'extraordinaire usine de Wonka.

La plupart des nuits, dans la maison des Bucket, le dîner est constitué d'un bol de soupe aux choux passablement aqueuse, que le jeune Charlie partage volontiers avec son père, ses quatre grands-parents, et sa mère, interprétée par la compagne de Burton, Helena Bonham Carter. (Tim et Helena avaient entamé leur relation alors qu'ils travaillaient tous les deux sur *La Planète des singes*. Helena apparaîtra ensuite dans toutes les œuvres de Tim Burton.)

Le foyer des Bucket est une minuscule maison, en ruines et pleine de courants d'air, mais remplie d'amour. Toutes les nuits, la dernière chose que Charlie aperçoit depuis sa fenêtre est la grande fabrique et il glisse dans le sommeil en rêvant de ce qu'il pourrait y avoir à l'intérieur. Pendant près de quinze ans, personne n'a vu un seul employé entrer ou sortir de l'usine, ni même aperçu Willy Wonka. Pourtant, mystérieusement, de grandes quantités de chocolat sont encore fabriquées et envoyées jusqu'aux boutiques partout dans le monde.

Un jour, Willy Wonka fait une annonce capitale. Il va ouvrir sa célèbre usine et révélera « tous ses secrets et ses tours de magie » aux cinq enfants chanceux qui trouveront des billets en or cachés au hasard à l'intérieur de cinq des barres de chocolat Wonka.

Rien ne pourrait rendre la famille de Charlie plus heureuse que de le voir gagner, mais les chances qu'il en soit ainsi ne sont pas du tout de son côté. En effet, ils ne peuvent se permettre d'acheter qu'une barre de chocolat par an, pour son anniversaire. À mesure que les nouvelles arrivent du monde entier à propos

Johnny Depp est nommé pour l'Oscar du Meilleur acteur, dans le film *Neverland*, une biographie sur le personnage de J.M. Barrie, auteur de Peter Pan. Johnny Depp porte tout le film sur ses épaules, aidé de Kate Winslet et de Dustin Hoffman.

des enfants qui, un à un, ont trouvé les billets en or, l'espoir de Charlie s'amenuise.

En premier lieu, il y a le glouton Augustus Gloop qui ne pense à rien d'autre qu'à enfourner des confiseries dans sa bouche à longueur de journée, suivi de l'enfant gâtée Veruca Salt, qui pique des crises si son père ne lui achète pas tout ce qu'elle veut. Ensuite vient Violet Beauregarde, une championne du mâchage de chewing-gum qui n'a d'attention que pour les trophées de son présentoir, et finalement Mike Teavee, qui est toujours en train de montrer combien il est plus malin que les autres.

Pourtant, quelque chose de merveilleux se produit. Charlie trouve un peu d'argent dans une rue enneigée et entre dans la boutique la plus proche afin de s'acheter une barre Wonka, pensant d'abord à sa grande faim et au goût qu'elle pourra avoir.

Mais là, sous le papier d'emballage il y a un éclat d'or. C'est le dernier ticket. Charlie pourra y aller !

Son grand-père, Joe, est tellement excité par la nouvelle qu'il saute du lit comme s'il était soudain devenu plus jeune de plusieurs années, se souvenant d'un temps plus heureux où il se rendait au travail à l'usine, avant que Willy Wonka n'en ferme les portes pour toujours.

La famille décide alors que grand-père Joe sera celui qui accompagnera Charlie dans cette aventure qui n'arrive « qu'une fois dans une vie ».

À l'intérieur, Charlie est ébloui par les choses fascinantes qu'il découvre les unes à la suite des autres. De superbes engins inventés par Wonka, brillants de propreté, brassent, sautent et sifflent pour produire de toujours nouveaux délices. Des équipes de joyeux Oompa-Loompas creusent des montagnes de caramel à côté d'une cascade de chocolat mousseux, un bateau translucide en sucre filé et à tête de dragon descend une rivière de chocolat. Il est chargé des récoltes provenant d'arbres sur lesquels poussent des confiseries torsadées, le gazon est en sucre de menthe. De la guimauve à la crème de cerise luit doucement, mûrissant sur des arbustes. Ailleurs, une centaine d'écureuils assis sur autant de minuscules tabourets décortiquent les noix utilisées dans les barres de chocolat plus vite qu'aucune machine ne pourrait le faire. Wonka pilote un impossible ascenseur en verre propulsé par des fusées latérales et qui s'incline pour filer dans n'importe quelle direction à travers l'immense et fantastique usine.

Willy Wonka est lui-même un hôte gracieux mais non conventionnel, à peu près aussi fascinant que ses inventions fantaisistes. Il ne pense pratiquement à rien hormis les sucreries – sauf lorsqu'il semble brusquement se mettre à penser à quelque chose qui serait arrivé longtemps auparavant, quelque chose dont il ne peut pas parler.

On raconte que Wonka n'est pas sorti de son usine depuis des années. Charlie peut seulement tenter de deviner qui il est réellement et pourquoi il a voué sa vie à faire des confiseries.

Pendant ce temps, les autres enfants se révèlent une belle bande d'irrécupérables, tellement imbus d'eux-mêmes qu'ils n'apprécient que rarement les merveilleuses créations de Wonka.

Une par une, leurs personnalités avides, gâtées, mesquines ou « je-sais-tout » leur procurent quelques ennuis qui les forcent à se retrouver dehors avant même la fin de la visite.

Lorsqu'il ne reste plus que le petit Charlie, Willy Wonka révèle le secret final, le plus grand des prix, les clés de l'usine elle-même. Longtemps isolé de sa famille, Wonka sentait que le temps était venu de trouver un héritier pour son empire de la confiserie, quelqu'un sur qui il puisse s'appuyer pour poursuivre l'œuvre de sa vie. Il a ainsi conçu ce concours complexe pour sélectionner cet enfant en particulier. Il ne s'attend pas à ce que son geste d'une immense générosité puisse lui apporter en retour un présent d'une valeur peut-être encore plus grande.

Charlie et la Chocolaterie généra à la fois une impressionnante critique et un succès au box-office en juillet 2005. Comme Kirk Honeycutt le mentionna dans le *Hollywood Reporter*, c'était : « Une visite mystérieusement magique et fantasque de la plus grande usine de chocolats au monde avec toute la splendeur d'un pur chocolat noir qui prend son temps pour fondre dans votre bouche. Quelle gâterie de la part de Tim Burton, qui a retrouvé toute sa sensibilité imaginative après quelques loupés, et aussi de la part de son fréquent complice Johnny Depp, un acteur qui personnifie hardiment la vision imaginaire de Burton. »

Johnny serait probablement d'accord.

– Travailler avec Tim, c'est comme rentrer chez soi. Une sorte de langage interne s'est créé entre nous à force d'être ensemble sur d'autres expériences. C'est une place très confortable à tenir.

Il y a pourtant des moments, admet Johnny, où il rêve d'une petite vengeance. Qu'il puisse envisager de toucher à nouveau à la réalisation et que Burton, de son côté, soit prêt à y interpréter un rôle.

– Si la situation était ainsi inversée, je pourrais lui rendre quelques-unes des choses qu'il a faites pour moi. Comme, par exemple, faire gicler du sang sur ma figure, hors caméra, dans *La Légende du cavalier sans tête* et se mettre à en ricaner comme un sale gosse. Ensuite, il y eut ces deux chevaux. Ils me traînaient en lâchant des flatulences qui sentaient vraiment mauvais. On leur avait donné du curry pour le déjeuner et j'en étais le bénéficiaire. Vengeance ou non, continue-t-il, en tant qu'acteur, à chaque personnage que vous jouez, vous devez apporter autant de votre propre vérité que possible. Et il y a quelque chose qu'il faut dire à ce propos, c'est une bonne thérapie d'y aller et de faire l'idiot.

Pour jouer Wonka, Johnny a été très heureux de pouvoir s'appuyer sur le livre et pas seulement sur le scénario :

– C'était une aide extraordinaire pour construire le personnage. Ensuite, j'ai eu plusieurs conversations avec Tim durant lesquelles nous avons parlé des souvenirs de jeunesse que nous avions, des animateurs d'émissions pour enfants et des rythmes de voix étranges qu'ils utilisaient pour s'adresser à eux. Lorsque je lis un scénario, je garde des images et des idées dans ma tête puis j'écris ces idées sur un papier. Pour la coiffure, j'ai vu assez tôt ce que cela pouvait donner, mais cela a pris longtemps avant que je puisse voir ou entendre Wonka. Même après avoir commencé le tournage, je crois que cela m'a pris probablement dix jours avant de sentir que j'avais vraiment le déclic pour le rôle.

Comme *Charlie* était un film ostensiblement orienté vers les enfants, Johnny se sentit plus de liberté que d'habitude. Il pouvait désormais faire des essais avec sa fille âgée de six ans, Lily-Rose, et son fils de trois ans, Jack. Il leur demandait de choisir ce qui pourrait être le mieux :

– J'ai testé la voix sur ma fille et cela semblait marcher pour elle, alors j'ai continué sur cette voie. Lorsqu'ils ont vu *Charlie et la Chocolaterie*, j'étais très nerveux. J'avais peur qu'ils rentrent à la maison et me jettent un : « Non, papa, non ! Peut-être la prochaine fois… » Mais ils sont rentrés à la maison en citant du Wonka.

Il était cependant peu probable qu'ils se mettent à citer quelques phrases du projet suivant, également monté par Burton. En écho à une précédente incursion artisanale dans le monde de l'animation image par image, *Les Noces funèbres*, le nouveau projet de Tim, avait tout pour reproduire le succès de son chef-d'œuvre de 1993, *L'Étrange Noël de Monsieur Jack*.

– Ce que j'aime avec l'animation image par image, dit Burton, c'est le côté tellement tactile. Il y a quelque chose de merveilleux dans le fait de pouvoir toucher et bouger les personnages et de voir leur monde exister vraiment. C'est la même chose que lorsqu'on fait un film d'action – si vous êtes amené à faire tout votre film sur écran bleu, cela ne vous donne pas le sentiment d'être vraiment là, au contraire du procédé image par image. Après avoir réalisé *L'Étrange Noël de Monsieur Jack*, je cherchais à faire quelque chose d'autre avec la même technique parce que j'aime le film d'animation image par image. C'est une forme d'art tellement spéciale. Mon ami Joe Ranft m'a donné une petite histoire courte, deux paragraphes tirés d'un vieux conte populaire et cela semblait coller pour ce type particulier d'animation. Comme pour un casting – vous devez marier l'acteur avec le matériau. Cela semblait s'harmoniser.

La productrice Allison Abbate était enthousiasmée par l'idée depuis le début :

– C'est extraordinairement intelligent et il s'agit d'une histoire que vous n'avez pas déjà vue une centaine de fois. Elle a certainement la marque de Tim Burton, le côté sombre, l'humour et la bizarrerie des personnages. Ce qui m'a le plus attirée dans le scénario était l'histoire, belle à vous briser le cœur.

Dans une petite ville victorienne, sombre et perdue, deux jeunes gens timides se marient bien qu'ils ne se soient jamais rencontrés. Grossièrement ignorants, les propriétaires de conserveries de poissons Nell et William Van Dort ont récemment grimpé dans l'échelle sociale et rêvent depuis toujours de se joindre à la haute société. Mais bien que la fortune ne leur fasse pas défaut, ils ont de grosses lacunes.

À l'inverse, Maudeline et Finis Everglot, aristocrates de la vieille école et descendants du duc d'Everglot, ainsi qu'ils le professent à qui veut bien l'entendre, ont beaucoup de classe mais des coffres vides. Depuis longtemps leurs ressources se sont taries et tout ce qu'ils ont gardé ayant une quelconque valeur est leur nom et leur rang social. Et il se trouve qu'ils ont aussi une fille, Victoria.

Alors qu'ils n'ont jamais vu en elle une ressource pécuniaire, ils s'avisent qu'elle pourrait être leur ticket pour reprendre leur rang... puisqu'il semble que les Van Dort aient un fils célibataire, Victor.

Les Everglot veulent relever la tête et ils marieront donc à contrecœur Victoria au fils des épouvantables Van Dort. Après tout, dans « nouveau riche », il y a « riche ». L'arrangement est fait et les deux familles se retrouvent rapidement dans tous leurs états, chacune s'inquiétant à l'approche des noces... hormis la promise et le futur marié. Tout le monde sait pourtant qu'un mariage n'est pas une histoire d'amour, de toute façon. Sinon, demandez plutôt à Maudeline et Finis.

Victor et Victoria se rencontrent pour la première fois la veille de leurs noces, lorsque les familles se réunissent pour une présentation furtive entre les futurs jeunes mariés. Réunion qui doit être immédiatement suivie d'une répétition de la cérémonie. Quoiqu'il soit difficile de dire lequel des deux est le plus timide, il paraît vite possible que, contre toute attente, un amour authentique puisse voir le jour.

Mais, lors de la répétition, Victor rate complètement l'expression de ses vœux. De plus, il aggrave son cas en mettant accidentellement le feu à la robe de sa future belle-mère. Du coup, le pasteur Galswell le renvoie apprendre son texte jusqu'à ce qu'il puisse le réciter correctement.

Humilié, il s'en va faire quelques pas dans la sombre forêt environnant le village. Une fois seul, il est capable de réciter ses vœux à la perfection. Il va même, dans son élan, jusqu'à glisser doucement l'alliance sur la racine d'un arbre, afin de parfaire la scène. Mais il ne s'agit pas d'une racine.

D'une manière terrifiante, l'étrange et beau cadavre d'une femme portant les loques d'une robe de mariée se lève de terre, l'anneau de Victoria à son doigt osseux. Il semble que Victor se soit involontairement fiancé à la Mariée Morte.

Depuis qu'elle fut mystérieusement assassinée durant sa nuit de noces, la Mariée Morte avait attendu, le cœur brisé, que celui auquel elle était promise vînt la chercher. Bien que son cœur eût cessé de battre depuis longtemps, sa recherche de l'amour vrai et d'un mari avec lequel elle pût partager son éternel repos n'avait jamais pris fin.

Victor devient par erreur ce marié et est entraîné sous la terre, au Royaume de la Mort, dans une turbulente inversion de la vie guindée qu'il avait toujours connue.

Au Pays de la Mort, les bars sont toujours ouverts et les cadavres sont plus vivants que quoi que ce soit que vous puissiez trouver au-dessus du sol, dans l'ennuyeux et sombre Pays des Vivants.

Victor tente en vain de retrouver son chemin vers Victoria, qui attend, désespérée, dans le Pays des Vivants. Elle est incapable de convaincre les gens qu'une femme morte a entraîné son fiancé dans le monde du dessous. Au lieu d'aider leur fille, les Everglot arrangent à la hâte un second mariage, cette fois avec le mystérieux et sinistre Barkis Bittern qui paraît précisément être la bonne personne à la bonne place pour prendre la main de Victoria.

Alors que la Mariée Morte est déterminée à ne pas laisser se défaire les chaînes de leur union impie, Victor doit trouver un moyen pour revenir du Pays de la Mort jusque dans les bras de l'amour de sa vie.

Alors que Johnny et Burton se trouvaient sur le tournage de *Charlie et la Chocolaterie*, Johnny fut appelé à la dernière minute pour créer la voix de Victor. Après le tournage d'une scène en tant que Wonka plus tôt dans la journée, Johnny dut se précipiter au studio d'enregistrement des *Noces funèbres*. Il n'eut que quinze minutes, le temps d'un intense débriefing avec Burton, pour bricoler le personnage et créer à la hâte la voix de Victor. Johnny raconte :

– Victor est né durant ce court instant et je ne l'ai pas entendu jusqu'à ce qu'ils enregistrent. Ma préparation a été un peu négligente. On devrait me fouetter. J'avais lu le texte et je l'aimais mais d'une certaine manière il ne m'est pas venu à l'idée que nous allions le faire tout de suite. Je pensais que ça serait pour plus tard, une histoire de quelques mois, et que je disposerais d'un peu de temps afin de me préparer au personnage. Vous pouvez vous imaginer ma surprise quand, alors que j'étais complètement concentré sur Wonka, Tim arriva sur le plateau et dit : « Hé, peut-être que cette nuit nous allons enregistrer une partie des *Noces funèbres*. » J'ai répondu : « Mais bien sûr, tant qu'à faire, pourquoi se gêner ! » Mais je ne tenais pas mon personnage. Je ne savais pas à quoi sa voix allait ressembler et je ne savais rien sur lui.

Pour autant, j'ai très vite eu l'impression de déjà le connaître. On n'était pas tellement loin d'autres personnages que j'avais déjà interprétés pour Tim. C'était la même émotion de base. Je sentais que je pouvais rester dans la même tonalité que dans *Edward aux mains d'argent*. Tim aidait vraiment, comme toujours. Victor, lui, est un peu un exclu, un personnage maladroit, extrêmement peu sûr de lui, nerveux, tout comme Edward… Un peu comme moi, dans la vie. Je devais donc représenter un Victor qui ne se sent pas à l'aise dans l'existence, un sentiment universel, que nous traînons tous derrière nous jusqu'à la fin de nos jours. Le sentiment d'être incompétent et incapable d'arriver à se faire comprendre.

Ce qui est drôle, c'est que je ne m'attendais pas à en arriver au point où, en tant que lecteur ou en tant que spectateur, je pourrais m'extraire de mon rôle d'acteur et me dire : « Il devrait rester vivre avec la Mariée Morte. » Je me trouvais vraiment plongé dans ce dilemme et ça m'a énormément aidé lorsque nous avons enregistré la voix. Je me rendais compte à quel point Victoria Everglot était fantastique et tout ça, et que Dieu merci, ils étaient tombés amoureux. Mais la Mariée Morte est tellement magnifique. Si furieusement belle et sexy.

– J'ai vraiment eu de la chance de pouvoir voir à quoi ressemblait la poupée de Victor juste avant la séance d'enregistrement. Je marchais vers le studio quand je l'ai découverte. Elle était là dans toute sa gloire. Et je vis aussi la Mariée Morte et tous les autres personnages. Cela fut très utile. Ce qui est incroyable, et je ne suis pas le seul à le dire, c'est qu'il a un certain degré de ressemblance avec moi. Le plus drôle est qu'ils avaient réalisé ces poupées un an plus tôt.

Johnny n'a pas particulièrement peur de l'au-delà, qui est décrit dans ce film comme un endroit plein de couleurs, exubérant, et jazzy. Il ne prétend pas savoir ce que la mort amènera mais il a une idée de ce qu'il aimerait voir dans l'autre monde :

– Je pense qu'il serait génial d'aller se coucher un jour et de se réveiller dans les années vingt à Paris. Ce serait excellent. Mais je ne sais pas, parce que si ça se trouve, il n'y aura qu'un peu de saleté et quelques vers de terre.

Les Noces funèbres est sorti en septembre 2005, le mois où Johnny a rejoint l'équipe de BBC Radio 2 à Londres pour présenter un documentaire sur James Dean, quelqu'un qu'il considère personnellement comme un héros.

Il avait été chargé de présenter l'émission par Bob Geldof, dont la société Ten Alps Radio produisait le programme. Pendant l'émission, Johnny détailla la façon dont James Dean était perçu comme une icône par toute une génération de musiciens rock, dont Elvis Presley, qui selon le livre de David Bret, *Elvis : The Hollywood Years*, « fut obsédé par Dean pendant son année de formation en tant qu'acteur. Il confessa plus tard qu'il était allé voir *La Fureur de vivre* quarante-quatre fois avant de faire ses premiers pas sur un plateau. Et il avait fait l'acquisition d'un exemplaire original du scénario de façon à apprendre par cœur le texte de Jimmy (Dean). Par la suite, il fréquenta deux des derniers amis de la star, Nick Adams et Nathalie Wood. »

Le livre suggère, en fait, que le colonel Tom Parker, manager de Presley, détenait des informations concernant une histoire d'homosexualité entre Elvis et Nick Adams, acteur qui était déjà réputé sexuellement lié à James Dean, et qu'il tenait ainsi une épée de Damoclès au-dessus de la tête de Presley.

Si Elvis bougeait le petit doigt il était clair que Parker diffuserait ces informations. À cette époque, cela aurait évidemment ruiné sa carrière. Cela expliquerait pourquoi Parker avait un tel contrôle sur Elvis.

Bret écrit : « Adams affirma qu'il avait eu une brève liaison avec Elvis après que ce dernier avait accepté de 'sortir avec lui', lors d'une projection du film d'Adams *La Dernière Caravane* » (1956). Presley, alors un sex-symbol qui faisait s'évanouir des légions de femmes, serait devenu fou amoureux d'Adams et aurait même tenté sans succès de lui obtenir un rôle dans son premier film *Le Cavalier du crépuscule* (*Love Me Tender*). Toujours selon Bret, en 1958 « Nick Adams et Elvis occupèrent la même chambre dans le même hôtel, à La Nouvelle-Orléans, alors qu'Elvis y tournait *Bagarres au King Créole* ». Et, bien que cela paraisse grotesque, les nombreux journalistes qui étaient habituellement accrédités pour assister à la « sortie » de la star furent détournés par Parker.

Le documentaire n'abordait cependant pas ces sujets. Il commémorait le 50e anniversaire de la mort de Dean le 30 septembre 1955, en Californie, lorsque sa voiture entra de plein fouet dans un autre véhicule. Bien que Dean ait tenu un rôle de premier plan dans seulement trois films : *À l'est d'Éden*, *La Fureur de vivre* et *Géant*, son image devint, pour la jeunesse, synonyme de rébellion. Il fut un modèle pour de nombreux adolescents occidentaux.

Dean comptait parmi ses fans de nombreux musiciens pop, parmi lesquels Presley, Bob Dylan et John Lennon qui dit un jour : « Sans James Dean, les Beatles n'auraient jamais existé. »

En plus de sa présentation, Johnny interviewa aussi des passionnés de Dean tels que Morrissey, Sir Paul McCartney, David Bayley et Dennis Hopper.

Le producteur de l'émission *Des Shaw* déclara : « L'un des principaux éléments que Johnny et Bob se sont attachés à montrer est l'influence prodigieuse que James Dean exerça sur la musique. Il n'a jamais entendu de rock'n'roll et il est mort avant qu'Elvis, Buddy Holly ou Eddie Cochrane obtiennent leurs premiers succès, mais il eut une influence majeure sur la musique. »

CHAPITRE - XVII
LE ROI DES PIRATES

Tout d'abord, Johnny est un pirate dans la vie réelle. C'est le rôle le plus proche de lui qu'il ait jamais joué. Mais le fait qu'il l'ait interprété d'une façon efféminée lui a fait courir un grand risque. Si seulement les vrais pirates homos pouvaient être aussi drôles. »

John Waters

Six mois seulement avant que le documentaire radio sur James Dean soit diffusé en Grande-Bretagne, Johnny porta à nouveau son attention vers son travail au cinéma en reprenant le rôle le plus populaire de sa carrière, celui du capitaine Jack Sparrow.

Il s'agissait cette fois du deuxième et du troisième opus de *Pirates des Caraïbes* qui devaient être tournés coup sur coup. Ils sortiraient à une année d'intervalle, comme la trilogie du *Seigneur des Anneaux*. Le deuxième film de la série, *Le Secret du coffre maudit* était donc attendu pour l'été 2006 et le troisième, *Jusqu'au bout du monde*, exactement un an plus tard.

Selon un synopsis apparu sur Internet alors que le troisième et dernier épisode se trouvait encore en post-production, *Jusqu'au bout du monde* verrait Will Turner et Elisabeth Swann s'allier avec le capitaine Barbossa dans une tentative désespérée pour libérer le capitaine Jack de l'antre de Davy Jones, dans lequel il est prisonnier. Pendant ce temps-là, le vaisseau fantôme, Le Hollandais Volant de Davy Jones, désormais sous le contrôle

Pour Keira Knightley, ici avec Johnny pendant le tournage d'une de leur scènes préférées dans *Pirates des Caraïbes*, leur partenariat a été plus qu'excitant : « Je n'ai que des bonnes choses à dire à son propos, c'était un rêve et c'était un plaisir. Il est génial. Vraiment cool. »

de la Compagnie anglaise des Indes orientales, écumerait les Sept Mers.

Parcourant les eaux sauvages dans un monde de perfidie et de trahison, ils devront se frayer un chemin jusqu'à l'exotique Singapour et affronter le fourbe pirate chinois Sao Feng.

Conduits au-delà des limites du monde, chacun devra, au bout du compte, choisir son camp au cours d'une bataille finale titanesque.

Et, non seulement leurs vies et leurs fortunes seront en jeu, mais aussi leur avenir, et le choix de vivre selon la voie des pirates, jouissant de la liberté qui avait fait leur bonheur jusqu'à présent.

Comme on pouvait s'y attendre, l'histoire du troisième film reprend là où *Le Secret du coffre maudit* l'a laissée.

Dans ce deuxième film, le capitaine Jack avait découvert qu'il avait contracté une dette de sang envers le légendaire Davy Jones, seigneur des profondeurs et capitaine du Hollandais volant, qu'aucun autre bateau ne peut concurrencer tant par sa vitesse que par sa capacité de s'évanouir… À moins que Jack, toujours aussi rusé, ne trouve une astuce pour sortir de ce dilemme, il sera voué à une éternité de damnation et de servitude au service de Jones.

Pire encore, les problèmes rencontrés par Jack viennent bouleverser les plans de mariage d'Orlando Bloom et Keira Knightley.

En effet, ces acteurs, revenus prendre leur place dans les rôles de Will Turner et Elisabeth Swann, se voient forcés de rejoindre Jack dans sa confrontation avec des monstres des mers, des îliens inamicaux, un diseur de bonne aventure haut en couleur et même la mystérieuse apparition du père de Will depuis longtemps disparu, Bootstrap Bill.

Lord Cutler Beckett, de la Compagnie anglaise des Indes orientales, est l'un des nouveaux personnages. Il cherche à récupérer le fabuleux coffre maudit. Selon la légende, quiconque entrera en sa possession prendra le contrôle de Davy Jones. Dès qu'il pourra mettre la main sur lui, lord Beckett a l'intention de l'utiliser pour éradiquer définitivement les tous derniers pirates des Caraïbes.

S'il y eut la moindre critique à propos du film, ce fut à propos de la quantité de temps qu'il lui fallait pour mettre en place l'intrigue. Beaucoup ont trouvé ça trop laborieux. Cela faisait paraître l'histoire plus compliquée qu'elle ne l'était en réalité. « Une fois que tout est en place, nota un des critiques, le film offre en abondance ce qui rendit le premier si populaire, mais quelque chose nous dit que ça ne devrait pas être si long. »

Cela ne sembla pas gêner le journaliste de *Rolling Stone*, Peter Travers, l'un des nombreux critiques qui firent tout simplement la louange du film du début jusqu'à la fin :

– Ce qui est important, c'est que ça marche. Et ce qui marche d'une façon plus diabolique que tout est Davy Jones, le capitaine à tête de calmar du Hollandais volant, qui marchande les âmes de ceux qu'il capture. Davy et son équipe de morts vivants ont vécu sous l'eau si longtemps qu'ils semblent comme sortis d'un aquarium. Je n'ai pas d'indication sur la manière dont les as de l'ordinateur s'y sont pris pour accomplir ces miracles visuels… Mais attendez de voir le Kraken, un monstre géant des mers qui aspire des bateaux entiers jusque dans l'antre de Davy, ou la performance de Bill Nighy en tant que Davy Jones. Ce boucanier que Jack traite de « face de crabe » déborde d'allégresse et de menaces. Avec des tentacules gluants se tortillant autour de sa tête, Nighy efface tous les autres méchants de cet été. Depuis que Disney avait tué la maman de Bambi [celle de Nemo aussi], le studio n'avait pas provoqué une secousse aussi élevée sur l'échelle du PG-13 (interdiction aux moins de treize ans non accompagnés). Les gamins peuvent mouiller leurs pantalons, mais après tout… C'est bien la canaille triomphante en Jack/Depp qui parvient à maintenir à flot ce bateau de pirates et transforme réellement le troisième volet en une excursion qui vaut le détour.

Ailleurs, les critiques étaient nombreux à exprimer le même sentiment que Travers. L'un d'eux était Baz Bamigboye pour le *Daily Mail* :

– Il y a beaucoup à goûter dans ce paquet de pop-corn de choix. Remarquez, c'est le meilleur pop-corn que vous pourrez trouver cet été. C'est amusant d'un bout à l'autre, et tellement purement absurde.

Nev Pierce de la BBC partagera la même opinion : « Hissez la grand-voile et que le diable m'emporte, etc., car c'est bien là un superbe film de cape et d'épée et de pirates, exaltant, drôle, et spectaculaire. »

Steve Rose, dans le Guardian, sera l'un de ceux qui penseront que le début démarre trop lentement, mais il finit par se joindre à ce qui prend l'allure d'un concert de louanges :

– Cela devient une vraie torture, prend un temps fou avant que tous les éléments de la narration soient en place. Mais en dépit de tous les ajustements, les faux départs et autres défauts, il y a malgré tout suffisamment d'invention et d'énergie pour vous donner envie de voir la suite.

Pirates des Caraïbes, le Secret du coffre maudit est sorti en juillet 2006 et, c'était peut-être prévu, a eu la joie de battre le record d'entrées le premier jour et le record d'entrées en un jour de l'année, avec la somme rondelette de cinquante-cinq millions de dollars. De plus, pour son premier week-end, il encaissera un autre billet, coquet, de cent trente-cinq millions de dollars. Comme le parc d'attraction de Disney lui-même, les films semblaient avoir réveillé la part de piraterie, le désir de liberté, d'aventure, ainsi que le petit plus de méchanceté qui vit en nous. *Pirates* 1 et 2 naviguaient tous deux sur des territoires cinématographiques entièrement nouveaux, rompant avec la tradition en liant un récit de haute mer avec des tonnes d'humour irrévérencieux, que Johnny va caractériser par son incarnation originale et brillamment inspirée du capitaine Jack Sparrow.

Il est vrai que les différents publics n'avaient encore jamais vu un pirate semblable à celui sorti de l'imagination de Johnny.

Il est peut-être intéressant de se demander si un autre acteur aurait été à même de représenter le capitaine Jack, apparemment le seul personnage de cinéma vraiment ironique apparu au cours du nouveau millénaire. Une création de Johnny totalement originale et palpitante d'excentricité. Qui, après tout, aurait pensé à se présenter comme une sorte de capitaine pirate fuyard et calculateur hautement superstitieux, dont la moralité et l'hygiène personnelle sont également suspectes, pour devenir l'anti-héros du cinéma pour le nouveau siècle ?

Mais peut-être Johnny fut-il lui aussi surpris de constater à quel point son personnage était réellement devenu populaire.

Avec ses longues dreadlocks et les tresses de sa barbe ornées d'un assortiment dépareillé de perles et autres babioles, des amulettes diverses et variées pendant de ses habits et ses dents garnies d'or et d'agent, le capitaine Jack, comme le film lui-même, attire des publics de tous âges, genres et nationalités.

La prestation de Johnny en Jack Sparrow parut mémorable dès le premier film, au point qu'elle fut estimée comme l'une des cent meilleures interprétations de tous les temps dans l'édition de mai 2006 du magazine *Première*.

– Si vous demandez aux gens ce qu'ils aiment le plus dans le premier film, remarque le producteur exécutif Mike Stenson, la réponse est la plupart du temps ce personnage iconoclaste de Jack Sparrow. Dans un univers avec pas moins cinq cents chaînes de télévision, où les occasions pour se distraire de tant de façons différentes sont déjà si nombreuses, vous devez proposer au public quelque chose d'unique et de différent. C'est exactement ce qu'a fait Johnny avec le capitaine Jack Sparrow dans *La Malédiction du Black Pearl*. Johnny a créé ce personnage et l'a soutenu de manière absolue. Le producteur Jerry Bruckheimer et le réalisateur Gore Verbinski durent demander aux pouvoirs financiers en place de leur faire confiance sur ce personnage après que ces derniers virent les premières images. En fin de compte, Johnny avait pris un risque et Jerry et Gore le suivirent à cent pour cent.

– Johnny est certainement l'un de nos plus grands acteurs, confirme Bruckheimer. Il a inventé Jack Sparrow dans le premier film et il n'est pas de ceux qui dorment sur leurs lauriers. Pour le deuxième et pour le troisième il a emmené le personnage vers de nouveaux sommets. Aucun d'entre nous ne serait revenu si Johnny n'avait pas voulu l'interpréter à nouveau. Il a aimé faire le premier film et les spectateurs l'ont aimé en retour.

Quand à Johnny, il déclare lui-même :

– Cela me dépasse de voir comment un tel individu a d'une certaine manière pris racine dans le cœur de certaines personnes. J'en suis toujours aussi étonné. J'avais saisi cette aubaine de faire quelque chose de ce personnage, j'avais des idées bien ancrées sur qui il était et ce à quoi il devait ressembler. Bon nombre de gens pensaient que j'étais siphonné. Mais j'étais sous l'emprise de ce gars, ce Jack, et je pense que c'est comme ça que j'ai pu trouver le personnage adéquat. Mon plan était de tenter de faire un capitaine Jack qui plût aux petits enfants mais aussi aux adultes les plus furieusement intellectuels.

Comme le note le scénariste Terry Rossio :

– L'un des archétypes qui est réellement sous-employé dans le cinéma américain est celui de l'arnaqueur. La plupart des films américains tendent à glorifier le guerrier qui accomplit ce qui est juste au bon moment. La chose rigolote à propos de Jack est qu'on a nettement affaire à un filou. En outre, il n'est pas particulièrement habile pour éviter de se faire attraper, même si vous ne lui mettez la main dessus que pour très peu de temps. Jack sait que s'il est capable d'attendre le moment opportun, les choses finiront par se mettre de son côté. Ça lui confère une sorte de suprême assurance dont il peut se prévaloir dans presque toutes les situations.

– L'autre chose amusante à propos du personnage d'arnaqueur, ajoute Ted Elliott, le scénariste partenaire de Rossio, est qu'il est là avant tout pour s'amuser. Il obéit à ses propres intérêts. Ce qu'il fait affectera les autres, les mortels si vous préférez, et parfois cela tournera à leur bénéfice, parfois à leur détriment. Si bien qu'on en revient entièrement à la question posée dans le premier film : Jack Sparrow est-il un brave type ou bien est-il un pourri ? Est-il un pirate héros ou bien un pirate salaud ? La réponse que vous faites dépend de la perspective que vous avez.

Bien entendu, personne n'avait jamais pensé qu'il y aurait une suite, et encore moins deux. Le succès du premier film prit probablement tout le monde par surprise. Ainsi que Bruckheimer l'admet maintenant :

– Il y avait des attentes limitées pour le premier *Pirates*, de nombreuses personnes pensaient que nous faisions un film pour les gamins, inspiré par une attraction de Disney. De plus, le genre pirate était mort depuis quarante ans et toute tentative pour le ressusciter avait échoué lamentablement. *La Malédiction du Black Pearl* a pris tout le monde par surprise, ce qui est la meilleure façon de faire. Le talent que Gore et les scénaristes ont amené, ainsi que les interprétations de Johnny, Orlando, Keira et Geoffrey, attisèrent l'imagination de tous et c'est devenu un énorme succès international. Tous les éléments que nous avions mis dans le premier film ont été développés dans le deuxième, continue Bruckheimer. Bien sûr, nous avions la même équipe créative. Gore est un réalisateur si brillant, il possède un merveilleux sens de l'humour et un grand sens visuel. Souvent des réalisateurs très forts sur le plan visuel ne sont pas de grands conteurs parce qu'ils se focalisent sur l'aspect physique du film. Mais Gore possède à la fois la perspicacité visuelle et l'intelligence du récit et des personnages.

Pirates des Caraïbes, la Malédiction du Black Pearl a non seulement redonné vie au genre, mais a aussi relancé une sorte de lame de fond, une fascination pour tout ce qui concerne la piraterie. Cela a notamment abouti à une crue de nouveaux livres à propos de voyous au long cours, ainsi qu'à une explosion de réunions d'enfants (et aussi d'adultes) sur le thème des pirates, en passant par les dîners spectacles façon frères de la côte. Les autocollants du genre : « J'aime Jack Sparrow » s'étalent sur les cartables et les classeurs des jeunes filles à l'école.

Clairement, il y avait une demande mondiale pour plus de *Pirates*. Bruckheimer et Verbinski, ainsi que Walt Disney Pictures, décidèrent qu'une seule suite ne serait pas suffisante.

Cela relevait du sens pratique, économiquement parlant, de tourner deux suites simultanément, conservant ainsi l'avantage de la disponibilité des lieux et des plateaux ainsi que celui de la disponibilité de stars de plus en plus demandées.

Cela tombait aussi sous le sens sur le plan créatif, parce qu'à partir de ces personnages si clairement campés dès le premier film, s'embarquer avec eux pour d'autres voyages était un objectif exaltant :

– Nous espérions bien que *La Malédiction du Black Pearl* serait un succès, de manière à pouvoir produire d'autres films de la série des *Pirates*, note Bruckheimer. Lorsque vous regarderez le deuxième et le troisième, vous verrez que tout peut y être relié avec ce qui est initié dans le premier. C'est une vraie trilogie.

– Il faut vraiment qu'il y ait de la substance derrière tout ça, dit Stenson. Vous ne pouvez pas vous contenter d'un divertissement, un tour de manège et quelques rires, car si vous demandez aux gens de rester pour trois films, vous devez sentir que vous avez une thématique significative à explorer et à développer.

Terry Rossio est certainement d'accord avec ce récapitulatif :

– Partout dans le premier film, le thème du parc d'attraction fut une source d'idées. Pour les deuxième et troisième films, nous nous sommes vraiment appuyés sur les bases du premier.

– Il y avait une telle richesse dans les personnages, ajoute Ted Elliott, que nous avons senti que nous pouvions aller plus loin. Mais vous ne voulez pas retourner sur les mêmes lieux avec les personnages. Vous ne voulez pas les voir faire la même chose. L'une des choses que nous aimions dans le premier film était qu'ils étaient porteurs d'une certaine ambiguïté morale. Nous voulions continuer à avancer dans cette voie. Nous voulions mettre Jack Sparrow dans une situation dans laquelle il aurait des raisons de se confronter à Will et à Elisabeth. Cela donnait plus d'épaisseur aux personnages et les emmenait plus loin. Le socle du premier film est l'histoire romantique entre Will et Elisabeth. Nous voulions plus de maturité dans leur relation. Que leur arrivera-t-il après le romantique et sauvage baiser final sous le beau coucher de soleil, à la fin de *La Malédiction du Black Pearl* ?

Le Secret du coffre maudit puise abondamment dans la tradition et la mythologie du trésor pirate et de la piraterie, depuis David Jones, celui de l'antre fameux, jusqu'au fabuleux Kraken, un monstre des mers installé dans la légende depuis le XIIe siècle.

Vous pensez à la mer, continue Elliott, et les nombreuses histoires surnaturelles que vous avez déjà entendues vous reviennent à l'esprit. Mais personne n'avait encore exploité ces histoires en tant que parties intégrantes d'un film de pirates. Il y avait une quantité de légendes à faire vivre. Nous en avions abordé quelques-unes dans le premier film : il y a une partie du texte où Will parle de se rendre dans l'antre de Davy Jones. Aussi, dans *Le Secret du coffre maudit*, nous avons décidé de découvrir qui est Davy Jones. Nous avons remis au goût du jour une autre légende des mers bien connue, celle du Hollandais volant. Puis, nous avons combiné les deux ensemble.

Elliott et Rossio ont aussi habilement exploité l'une des plus grandes histoires de pouvoir économique et politique, celle de la Compagnie anglaise des Indes orientales. C'est une entité centrale dans l'intrigue du *Coffre maudit*. Comme cela se produit souvent dans la série des *Pirates*, la réalité historique sert de tremplin pour l'amusement et le rêve.

La véritable Compagnie anglaise des Indes orientales fut, depuis 1600 jusqu'à 1858, date de sa dissolution, un outil de domination impérialiste, à la fois sur les plans économique et politique. Elle dirigeait l'Inde et étendait ses tentacules jusqu'au golfe Persique en Asie du Sud-Est et dans l'est de l'Asie. Même les plus généreux des ouvrages d'histoire contemporaine décrivent la Compagnie des Indes orientales comme étant extraordinairement avide et inhumaine :

– Ce que nous aimons chez les pirates, explique Elliott, c'est qu'ils représentent la liberté. La Compagnie des Indes orientales, société géante multinationale, représente la fin de la liberté individuelle. Ils définissent le monde comme ils veulent qu'il soit et il y a un grand nombre de gens qu'ils voudraient laisser sur le bord de la route. Plus ils dominent et moins il y a de place pour des gens tels que le capitaine Jack Sparrow.

Une autre personne capable d'expliquer avec enthousiasme l'attraction qu'exerce le film est Keira Knightley. Agréablement surprise par le succès considérable du premier film, elle comprenait les raisons d'une telle popularité :

– Certes, nous tournions un film inspiré sur une attraction du parc Disney, dans un genre qui n'avait pas rencontré de succès depuis environ cinquante ans. Mais, nous avions Gore Verbinski, dont la vision est quasi extraordinaire, et Johnny Depp, dont l'interprétation de Jack Sparrow a fait du film un phénomène mondial complètement nouveau.

Ce qui est bien, c'est que les personnages ont évolué. Quand nous rencontrons Elisabeth au début de l'histoire elle est sur le point de se marier avec Will. Or tout leur projet tombe à l'eau, à cause de l'arrivée d'un personnage nommé lord Cutler Beckett. Il veut éliminer la piraterie de la surface du globe. Il est déterminé à arrêter Will, parce que c'est un pirate, et Elisabeth est du coup investie d'une mission. Il y a là quelques jolies nuances apportées à sa relation avec Will, et aussi avec Jack Sparrow, qui devient alors un enjeu intéressant…

Plus tard, bien entendu, lorsque Keira apprit qu'elle devrait embrasser ses deux héros à l'écran, elle fut tout simplement enchantée. Elle fait aujourd'hui encore des envieuses chez ses amies, pour les avoir embrassés tous les deux sur la bouche :

– Tous les deux ! Mes amies étaient vraiment, vraiment jalouses. Je crois qu'elles m'ont détestée. Ils furent très courtois. Tous deux avaient pris des bonbons à la menthe avant que nous commencions les baisers, ce qui est toujours agréable. Le signe d'un homme très bien élevé. Avec la barbe ça n'était pas trop facile, mais, bon… Non, vraiment, je ne me souviens pas qu'il y ait eu de problème particulier !

Johnny, Keira et Orlando n'étaient pas les seuls membres de l'équipe de comédiens à retourner sur le plateau de *Pirates*. Jack Davenport fut du voyage pour jouer le commodore britannique, désormais disgracié, James Norrington.

Jonathan Pryce avait réendossé le costume du gouverneur Weatherby Swann, le père d'Elisabeth. Kevin McNally, avait retrouvé le rôle du marin souvent trempé Joshamee Gibbs et Lee Arenberg et Mackenzie Crook ceux des éternels chicaneurs et philosophes de la piraterie, Pintel et Ragetti. David Gailie redevenait le silencieux Cotton dont le perroquet mène toute la conversation et Martin Klebba restait le minuscule mais rude Marty, qui n'a pas peur de s'attaquer à des adversaires faisant trois fois son gabarit.

Pour les nouveaux rôles, Naomie Harris devenait la voyante Tia Dalma, une reine des gitans qui possède des pouvoirs magiques et peut voir à travers les gens. Tom Hollander prenait le rôle de lord Cutler Beckett. L'un des plus grands défis fut cependant le rôle de Davy Jones qui est autant une créature marine qu'humaine. Bien que le choix final de Bill Nighy ait pu paraître l'un des moins conventionnels parmi tous les autres, il était évident à la fois pour Bruckheimer et Verbinski qu'il serait parfait. Ils étaient convaincus qu'il saurait montrer ce qu'il fallait d'humanité derrière la carapace bestiale de ce personnage.

– Davy Jones est un individu profondément abîmé et isolé, dit Nighy. Il est si profondément blessé qu'il a décidé de vivre une sorte de demi-vie, si l'on veut dire par là qu'il a décidé de ne plus rien ressentir. Il est amputé du centre de tout sentiment, son cœur, qu'il a enfermé dans son coffre spécial. Il possède aussi un animal de compagnie devant lequel on se retrouve parfois : Kraken, un monstre marin qui ne ressemble à peu près à rien de ce que vous connaissez et qui est en outre entièrement malveillant, diabolique, et puissant au-delà de toute expression. Si vous prenez possession du cœur de Davy Jones, vous le contrôlerez, non seulement lui, mais aussi le Kraken, ce qui a pour effet de vous donner le contrôle des océans.

Le challenge majeur pour Nighy, en raison de l'étonnante apparence physique de Davy Jones, était qu'il devrait jouer son rôle engoncé dans une sorte de survêtement gris et une casquette assortie, couverts de points de repère à destination des magiciens des effets spéciaux. Ceux-ci devaient l'embellir de détails extraordinaires, imaginés par Gore Verbinski et le fameux artiste concepteur de trucages numériques, Mark 'Crash' McCreery.

Nighy était partant :

– Le premier film a été un succès et les gens l'adorent vraiment. Il a pénétré le langage d'une manière que, je crois, peu de films ont accompli. En faire partie est très satisfaisant. Quant au fait d'interpréter un personnage qui sera ensuite embelli par le génie informatique, ça stimule votre imagination en tant qu'acteur, mais ça exige, pour ainsi dire, les mêmes qualités qu'un autre rôle.

Même si personne ne pouvait imaginer Nighy en Davy Jones, il n'y avait pas le moindre doute en ce qui concernait Keith Richards. Pourtant, le plateau des *Pirates* sombra dans un chaos d'émotion lorsque le légendaire guitariste des Rolling Stones tourna les plans de son apparition tant attendue, dans la peau du père de Johnny, pour le troisième film.

Mais le choix le plus surprenant ne fut pas celui d'un homme, ni d'une femme, ni même d'un animal. Ce fut celui d'un navire de guerre entièrement équipé, le HMS Bounty, qui, dans *Le Secret du coffre maudit*, était déjà apparu en tant que l'Edinburgh Trader. Le Bounty, tout comme son homonyme dans la vie réelle, avait traversé une extraordinaire histoire. Il fut construit pour la version de 1962 des *Révoltés du Bounty* de la Metro-Goldwyn-Mayer, avec Marlon Brando, Trevor Howard et Richard Harris. Le seul navire depuis la quille jusqu'en haut du mat à avoir été construit spécifiquement pour les besoins d'un film.

La construction du Bounty commença sur le chantier naval Smith and Rhuland Shipyard à Lunenburg, ville canadienne de la Nouvelle-Écosse, en février 1960, dura sept mois et demanda plus de 400 000 pieds de bois (environ 122 000 mètres). Il fut ensuite acheminé vers Tahiti et le lieu du tournage.

Bien que le Bounty original ait mesuré 85 pieds de long (près de 28 mètres), sa copie mesurait 118 pieds (environ 36 mètres) afin de permettre aux caméras un mouvement plus libre durant le tournage. Sa hauteur totale depuis le pont jusqu'en haut du mat principal était de 103 pieds (un peu plus de 31 mètres).

Pour *Les Révoltés du Bounty*, le bateau accomplit un périple de 7 327 miles (près de 11 800 kilomètres, de Lunenburg jusqu'à Tahiti en passant par le canal de Panama). Il navigua pendant trente-trois jours.

Quarante-trois ans plus tard, le Bounty, sous le commandement du capitaine Robin R. Walbridge, devait voyager sur seulement 2096 statute miles, (soit 1 821 miles nautiques, environ 3 000 kilomètres) pendant quatorze jours depuis Bayou La Batre jusqu'à Saint-Vincent, où il devait être réarmé et repeint sous le nom de Edinburgh Trader.

Mais le plus croustillant au sujet de ces films, c'est que lorsque la nouvelle filtra que Johnny allait participer au premier *Pirates*, la rumeur courut dans les environs d'Hollywood qu'il était fauché et qu'il avait fini par se vendre. Johnny n'en fit pas grand cas :

– Jamais, pas une seule fois. Je ne sais pas pourquoi, car certains pourraient croire que je suis susceptible de le faire. Je suppose que c'est aussi parce que j'entends une voix. L'idée du succès commercial ne m'a jamais rebuté. Ce qui m'ennuie, c'est l'idée de lutter pour cela et de me coucher pour l'obtenir. Si j'accepte de faire quelque chose, ça doit être selon mes propres exigences. Non parce que je suis une sorte d'affreux marginal manipulateur, mais parce que je ne veux pas vivre un mensonge. Je n'ai vraiment pas envie de regarder ma vie et d'avoir à me dire : « J'ai été un imposteur. »

Il est probablement vrai que personne à Hollywood n'a travaillé aussi dur que Johnny à ne pas être une star du cinéma. Et malgré cela, il est devenu l'un des acteurs les plus aimés de sa génération. Non en dépit de cette obstination, mais grâce à elle. *Pirates des Caraïbes, la Malédiction du Black Pearl* a peut-être engrangé six cent cinquante-trois millions de dollars et fait gagner à Johnny quelque vingt millions de dollars et une nomination aux Oscars. Mais le nom de Johnny Depp apparaît toujours aussi peu vraisemblable dans la fameuse « A-list » qui regroupe les noms des stars de cinéma, surtout de celles dont le compte en banque est bien garni.

Les stars de haut niveau, même celles qui sont de grands acteurs, restent au sommet parce qu'elles restent authentiques vis-à-vis de leurs personnages. Ils sont plus que des acteurs. Ils sont des marques. Johnny est peut-être pathologiquement imprévisible, mais il n'est jamais le même : « Personne n'en a assez de Johnny Depp », dit John Waters. Tim Burton ajoute :

– Il a toujours été vrai avec lui-même. Il n'a jamais été gouverné par l'argent ou par ce que les gens pensent qu'il devrait ou ne devrait pas faire. Peut-être que c'est seulement comme ça en Amérique, mais il semble que si vous êtes passionné par quelque chose, ça fait paniquer les gens. Vous êtes considéré comme bizarre ou excentrique. Pour moi cela signifie seulement que vous savez qui vous êtes.

Il n'y avait pas si longtemps, Johnny avait la réputation d'être outrancier et d'être un acteur qui ne rapportait rien.

– Oh ouais, rigolait Johnny, ce gars-là n'est pas porteur pour un film. Il fait tous ces films d'art bizarres. Il travaille avec des réalisateurs dont on n'arrive même pas à prononcer les noms… Mais ils pourraient dire des choses encore pires.

Pirates des Caraïbes, la Malédiction du Black Pearl changea tout cela, et *Le Secret du coffre maudit* enfonça le clou, conduisant Johnny encore plus loin sur le chemin qu'il semblait désormais vouloir emprunter. Ce deuxième volet escalada les plus hauts sommets du box-office de l'été 2006. Pour beaucoup, il remplit sa promesse : être un rayon de soleil au cœur d'une saison où le *Da Vinci Code* s'avéra être une superproduction sans joie.

La question qui est sur toutes les lèvres maintenant est de savoir si Johnny, après trois *Pirates des Caraïbes*, tous plus couronnés de succès les uns que les autres, sera capable de lâcher le capitaine Jack. Il semble que ça ne soit pas encore le cas :

– Il a un rôle à jouer. Ça me mettrait dans une profonde et sombre dépression si je devais lui dire adieu. J'enfilerais le

Charlie et la chocolaterie est un roman pour les enfants. Les aventures du jeune Charlie Bucket dans la chocolaterie de l'excentrique Willy Wonka. Johnny Depp est Willy Wonka. Et c'est un pur régal pour les yeux.

costume, je me pavanerais avec autour de la maison et j'amuserais les enfants.

Un journaliste posait la question, comme se la pose peut-être le reste du monde : verrait-on un *Pirates* 4, 5 ou 6 ?

– S'ils ont un bon script, dit Johnny, pourquoi pas ? Je pense qu'à un certain point la folie doit cesser, mais pour le moment, je ne peux pas dire que ça soit terminé.

De même, son partenariat avec Tim Burton n'était pas terminé non plus. Une fois encore, Johnny sauta sur l'occasion de travailler avec lui. Peu après la fin du tournage de *Pirates des Caraïbes 3,* Dream World Studios annonça que *Sweeney Todd,* inspiré du thriller musical du compositeur Stephen Sondheim (récompensé par un Tony Award, la distinction la plus élevée dans l'univers du théâtre américain), serait réalisé par Burton et aurait Johnny dans le rôle titre de Benjamin Barker, un homme injustement emprisonné par un juge vicieux, interprété par Alan Rickman.

Barker, victime d'une injustice, revient sous l'identité du barbier Sweeney Todd et exerce sa vengeance. Le tournage commença à Pinewood Studios en février 2007, scellant ainsi la sixième collaboration entre Depp et Burton.

À la même époque, Johnny s'intéressait de près à l'idée de tracer un portrait cinématographique de l'agent Alexandre Litvinenko, ancien officier du KGB, qui fut empoisonné à Londres fin 2006. Il projetait d'adapter le livre non encore publié *Sasha's Story: The Life and Death of a Russian Spy.* La société de production de Johnny, Infinitum Nihil et Warner Bros prirent une option sur le livre que le chef du bureau de Londres du *New York Times,* Alan Cowell, était en train de rédiger. Le projet était d'étudier la vie de Litvinenko ainsi que les affirmations qui soutiennent que sa mort, qui fait encore l'objet d'une enquête, fut ordonnée par l'ancien président russe Vladimir Poutine.

Les années suivantes ont été marquées par un succès qui ne s'est jamais démenti, placé sous le signe de la fidélité envers les réalisateurs avec qui Johnny Depp a développé une complicité certaine. Les performances au box-office que réalisent la grande majorité des films dans lesquels il s'engage lui permettent – si besoin était – une plus grande liberté artistique quant à ses choix, que ce soit en matière de scénarios ou de réalisateurs. Il n'est donc pas étonnant de le retrouver de nouveau aux côtés de Tim Burton, pour leur septième collaboration, dans un film sorti en 2010 et dont il paraît évident qu'il convient bien à leur imaginaire commun : *Alice au pays des merveilles*. Johnny Depp y interprète le rôle du chapelier fou, pour lequel il a été récompensé par un Golden Globe dans la catégorie Meilleur acteur dans un film musical ou une comédie. Le film a obtenu deux Oscars et fait partie des dix films qui ont franchi la barre du milliard de dollars de recettes au box-office mondial. Il est à noter que Johnny Depp figure dans trois de ces dix films : *Alice* et les épisodes 2 et 4 de *Pirates des Caraïbes*.

L'année précédente, Johnny Depp incarna John Dillinger dans un film de Michael Mann, *Public Enemies*, et retrouva Terry Gilliam dans des circonstances plutôt tristes. En effet, au cours d'une interruption dans le tournage du film de Gilliam, *L'Imaginarium du docteur Parnassus*, son acteur principal, Heath Ledger, trouva la mort à la suite d'une intoxication aiguë consécutive à l'absorption de divers médicaments. Il n'avait que vingt-huit ans. Le tournage fut bien évidemment retardé.

Or ce film raconte l'histoire d'un directeur de théâtre ambulant qui a gagné un pari avec le diable, grâce auquel il a obtenu l'immortalité. Le docteur Parnassus propose aux spectateurs de son théâtre de passer de l'autre côté d'un miroir magique pour y retrouver leur imaginaire. Terry Gilliam décida donc de remplacer Heath Ledger par trois acteurs différents : un pour chaque passage du docteur Parnassus dans le monde derrière le miroir. Ainsi, Johnny Depp, Colin Farrell et Jude Law vinrent prendre la place de Heath Ledger. Il est à signaler qu'ils ont tous trois reversé à la famille de Ledger l'intégralité du salaire qu'ils ont perçu pour leur prestation.

En 2010, outre ses retrouvailles avec Tim Burton, les spectateurs ont pu voir Johnny Depp dans *The Tourist*, de Florian Henckel von Donnersmarck, où il donnait la réplique à Angelina Jolie. Ce film, un remake de *Anthony Zimmer*, film français de Jérôme Salle avec Yvan Attal et Sophie Marceau, n'a pas obtenu un grand succès, le réalisateur ayant eu du mal à trancher entre deux genres, le thriller et la comédie. Johnny Depp a par ailleurs prêté sa voix à un documentaire sur les Doors, le groupe de rock de Jim Morrison : *When You're Strange*, réalisé par Tom DiCillo. C'est un exercice auquel Johnny Depp se prête d'ailleurs volontiers. En 2008, il avait aussi fait office de narrateur dans un autre documentaire, *Gonzo: The Life and Work of Dr Hunter S. Thompson*, réalisé par Alex Gibney. Cette même année, il fut présenté au Festival de Sundance dans la catégorie Documentaire et reçut des critiques élogieuses.

On se souvient du film *Las Vegas Parano*, de Terry Gilliam, adapté d'un roman de Thompson, et du rôle de déjanté que Johnny Depp y tenait. On se souvient aussi de sa rencontre avec l'écrivain, que nous évoquons un peu plus haut dans ces pages. L'attirance de Johnny Depp pour l'univers de cet auteur ne semble pas se démentir, puisqu'en 2011, il tient le rôle principal dans une autre adaptation d'un des romans de Thompson, *The Rum Diary*, film qui sortira en France sous le titre de *Rhum Express*. Le film a d'ailleurs été produit à la suite d'une initiative conjointe de Thompson et de Depp.

2011 sera aussi l'année du retour du capitaine Jack Sparrow sur les écrans, avec le quatrième volet de la série des *Pirates* : *La Fontaine de jouvence*. Rob Marshall viendra remplacer derrière la caméra Gore Verbinski, réalisateur des trois premiers épisodes. Le succès sera encore une fois au rendez-vous. Certains critiques dénonceront l'incohérence du scénario ou le fait que Johnny Depp se soit installé dans une routine de jeu, mais cela n'empêchera pas le public de se ruer dans les salles pour voir la suite des aventures du capitaine Sparrow.

Johnny Depp va aussi retrouver Gore Verbinski dans *Rango*, un film d'animation où le héros est un caméléon domestique subitement plongé dans un univers de western spaghetti. Johnny Depp prête sa voix à Rango, et le film, très drôle, est truffé de références cinématographiques et d'hommages en forme de clins d'œil à Clint Eastwood, *Star Wars*, *Pirates des Caraïbes* et même à... Johnny Depp. En effet, au début du film, lorsque Rango se fait renverser par une voiture sur une route déserte, les occupants de celle-ci ressemblent à s'y méprendre à Johnny Depp et Benicio del Toro dans *Las Vegas Parano*. Au risque de se répéter, on est bien obligé d'affirmer que le succès sera au rendez-vous.

Au cours d'une année 2011 décidément riche d'un point de vue cinématographique, Johnny Depp a aussi coproduit le dernier film de Martin Scorsese, *Hugo Cabret*. Initialement, l'acteur devait tenir un petit rôle dans le film, celui de M. Rouleau, mais des questions de planning ont empêché que cela ne se fasse. On peut cependant trouver sur Internet une photo de Johnny Depp en peintre de trottoir, avec moustache et béret, en arrière-plan des deux héros de l'histoire de Scorsese. Le film, entièrement tourné en 3D, est un hommage au premier créateur d'effets spéciaux du cinéma, Georges Méliès.

Toujours en 2011, Johnny Depp a de nouveau entamé une collaboration avec Tim Burton, pour un film dont la sortie est prévue pour le mois de mai 2012, au moment du Festival de Cannes : *Dark Shadows*. Johnny Depp y incarne le vampire Barnabas Collins, qui tombe éperdument amoureux d'Helena Bonham Carter (autre fidèle de Burton). Ce film est inspiré d'une série télévisée que la chaîne ABC diffusait aux États-Unis à la fin des années soixante. En outre, Johnny Depp devrait aussi faire une courte apparition dans un autre film inspiré d'une série, celle-là même qui le fit connaître : *21 Jump Street*.

Enfin, le dernier projet du trio magique de *Pirates des Caraïbes*, Jerry Bruckheimer, Gore Verbinski et Johnny Depp, a nourri les colonnes des magazines de cinéma pendant tout l'été 2011. En effet, les trois larrons avaient en tête l'adaptation d'une série télévisée américaine des années cinquante, elle-même tirée d'un feuilleton radiophonique écrit par Fran Striker en 1933 : *The*

Lone Ranger. Au mois de juin, les studios Disney, coproducteurs des *Pirates*, avaient donné leur feu vert au film. Mais en août, Disney décida de faire marche arrière devant l'ampleur du budget annoncé, en l'occurrence deux cent soixante-quinze millions de dollars. Après d'âpres négociations, il semblerait que Disney ait à nouveau changé d'avis et accepté de faire le film, à condition d'en réduire le coût. Les trois compères ont donc réécrit un scénario qui donne une part moins belle aux élément fantastiques de l'histoire, ce qui réduit d'autant la nécessité de recourir à des effets spéciaux, un des éléments les plus gourmands dans le budget d'un film. Il semblerait que Disney ait évoqué pendant un temps l'idée d'évincer Verbinski et de se tourner vers un réalisateur moins cher, mais Johnny Depp ne l'entendait pas de cette oreille. En effet, Verbinski s'était battu pour lui conserver le rôle du capitaine Sparrow à une époque où Disney désirait se passer de ses services. Depuis, l'acteur a ramené plusieurs milliards de dollars au studio et on comprend que Disney hésite à se fâcher avec lui. L'avenir nous dira ce qu'il en est, mais aux dernières nouvelles il semblerait que le tournage doive commencer début 2012 pour une sortie dans les salles en 2013.

Quoi qu'il en soit, le futur immédiat de Johnny Depp semble rempli de promesses. Bien que souvent traumatisé et piégé par son propre passé, son enfance et une vie émotionnelle en dents de scie, il admet :

« Pendant de nombreuses années j'étais dans le flou à propos de plein de choses, la vie, le fait de grandir et de ne pas savoir faire la différence entre ce qui est bon ou ce qui est mauvais. Mais maintenant, Vanessa et mes enfants m'ont enseigné que la seule chose qui compte dans l'existence, c'est d'être un bon parent. Le fait d'être père m'a donné une réelle force. Cela a aussi placé tout le reste dans une nouvelle perspective, plus cohérente. Pendant des années, tout le monde disait que je vivais pour mon travail et pour ma carrière. J'entendais : “Ta vie n'est pas loin de ressembler à celle de ces personnages abîmés." Mais, en tant que père, vous avez de ces moments où il est huit heures du matin et où vos gosses veulent des bonbons. Et vous vous dites : "Ma foi, c'est pas vraiment une bonne idée." Mais ensuite, je m'entends répondre : "Bon, ça va, peut-être que vous pouvez quand même avoir un tout petit bonbon." Je suis le plus fleur bleue, je suis le plus faible. Vanessa est la femme, et elle est donc infiniment plus forte. Vous savez, ce sont les femmes qui dirigent. Les hommes, à côté, sont des loques inconsistantes. C'est exactement ça. »

Durant l'été 2007, des rumeurs ont couru selon lesquelles Johnny et Vanessa comptaient se marier dans leur villa du sud de la France, au Plan-de-la-Tour. Mais à l'époque, Johnny se contentait d'affirmer :

« Nous sommes ensemble depuis huit ans déjà, nous avons deux enfants. Nous sommes mariés dans nos cœurs. Nous avons fait l'essentiel. Les "Je dois, je veux…" n'ont aucune importance pour nous. »

Après toute cette vie d'agitation, traversée sous les yeux du public, qui aurait pensé que Johnny Depp réussirait à se débarrasser des démons personnels et professionnels qui semblent l'avoir harcelé pendant des années ? On dirait pourtant qu'il y est arrivé :

« Je pense que toutes les choses sont arrivées comme elles devaient arriver, mais je ne sais pas pourquoi. Je me souviens de chaque bosse sur la route et je ne sais toujours pas comment j'en suis arrivé là. Mais qui suis-je pour expliquer comment ? Le fait est que j'en suis là où j'en suis. Je m'en réjouis, je salue la performance et je continue à aller de l'avant. Rien de tout ça n'a un sens particulier à mes yeux, mais pourquoi cela en aurait-il un ? »

REMERCIEMENTS DE L'AUTEUR

Merci à tous ceux qui m'ont aidé lors de la réalisation de cet ouvrage et l'ont rendu si plaisant à écrire. Je remercie particulièrement Vicki McKay, Mette Vesterdal, Neil Milner, Scott Coldwell, Michael Wilson, Eric Harshbarger, Cheryl Newman, Adam Parfitt, Ceri Parsons, Charlotte Heylar et Laurie Bratone.

Je remercie Keith Hayward pour l'aide importante qu'il m'a apportée et les inestimables recherches qu'il a accomplies.

Je souhaite également mentionner tout spécialement deux excellents sites Internet dédiés à Johnny : <www.johnnydeppfan.com> et <www.everythingjohnny.com>. Tous deux m'ont été d'un grand secours.

Merci également à James Steven, de Consolidated Communications, Georgina O'Neil, d'Entertainment Films, Charlotte Day, de Sony Pictures, Vicky Lewis, de Buena Vista International, à la bibliothèque Louis B. Mayer de l'Institut américain du Film à Los Angeles, à Sean Delany de l'Institut du Film britannique pour toute son aide concernant les notes de productions des films, les scripts et les articles de presse et à l'American Indian College Fund pour son aide généreuse.

Merci aussi à Mark Barker pour ses informations concernant les résultats des films au box-office.

Mes remerciements à John Blake, de Blake Publishing, pour m'avoir chargé de la rédaction de ce livre et au directeur de la publication, Mark Hanks, pour son enthousiasme et son œil averti. Merci à Graeme Andrew pour l'excellent design de l'ouvrage, son éblouissante couverture et sa mise en page.

Je tiens à montrer ma reconnaissance à tous les journaux et magazines que j'ai consultés durant mes recherches : *Rolling Stone, Vogue, US, Now, GQ, Interview, Advocate, Vanity Fair, Icon, Harpers Bazaar, People, Hello, The Face, The Guardian, The Observer, The Times, Heat, The Sunday Timess, FHM, People Weekly, TV Guide, Studio, Movieline, Newsweek, Eva, Flicks, Daily Star, Sky, Chat, Chicago Sun-Times, The Mirror, Los Angeles Magazine, Total Film, Winona Fanzine, Planet Winona, Daily Mail, The Sun, Cowboys & Indians, Shout, The Detroit News.*

Et enfin, je suis redevable à deux ouvrages en particulier qui m'ont notablement aidé : *Johnny Depp : A Modern Rebel*, par Brian J. Robb (Plexus, 1996) et *Winona Ryder*, par Dave Thompson (Taylor, 1997).

PRIX ET NOMINATIONS

GOLDEN GLOBE

1991

Edward aux mains d'argent

Nominé pour le titre de meilleur acteur dans une comédie.

1994

Benny & Joon

Nominé pour le titre de meilleur acteur dans une comédie.

1995

Ed Wood

Nominé pour le titre de meilleur acteur dans une comédie.

2004

Pirates des Caraïbes, la Malédiction du Black Pearl

Nominé pour le titre de meilleur acteur, dans la catégorie comédie musicale ou comédie.

2005

Neverland

Nominé pour le titre de meilleur acteur dans un drame.

2006

Charlie et la Chocolaterie

Nominé pour le titre de meilleur acteur, dans la catégorie comédie musicale ou comédie.

2007

Pirates des Caraïbes, le Secret du coffre maudit

Nominé pour le titre de meilleur acteur, dans la catégorie comédie musicale ou comédie.

ACADEMY AWARD (OSCAR)

2004

Pirates des Caraïbes, la Malédiction du Black Pearl

Nominé pour le titre de meilleur acteur, dans la catégorie comédie musicale ou comédie.

2005

Neverland

Nominé pour le titre de meilleur acteur dans un rôle principal.

BRITISH ACADEMY FILM AWARD (BAFTA)

2004

Pirates des Caraïbes, la Malédiction du Black Pearl

Nominé pour le titre de meilleur acteur dans un rôle principal.

2005

Neverland

Nominé pour le titre de meilleur acteur dans un rôle principal.

NOMINATIONS DIVERSES

1990

Showest Awards

Nominé pour le titre de l'acteur masculin de demain. Gagnant.

1994

Prix MTV Cinéma

Benny & Joon
Nominé pour le titre de la meilleure interprétation dans une comédie.
Nominé pour le titre de meilleur couple avec Mary Stuart Masterson.

1996
Prix du Cercle des Critiques de Film à Londres
Ed Wood et *Don Juan DeMarco*
Nominé pour le titre d'acteur de l'année.
Gagnant.

1997
Festival du Film de Cannes
The Brave
Nominé pour la Caméra d'Or.
Nominé pour la Palme d'Or.

1998
Chlotrudis Awards
Donnie Brasco
Nominé pour le titre de meilleur acteur.

Guildes des Critiques de Films russes, Golden Aries Award
Las Vegas Parano
Nominé pour le titre de meilleur acteur étranger.
Gagnant.

1999
César d'Honneur pour sa contribution aux Arts.
Il obtient son étoile sur la Promenade de la Gloire, 7020 Hollywood Boulevard.

2000
Golden Satellite Awards

Sleepy Hollow
Nominé pour le titre de la meilleure interprétation.

Blockbuster Entertainment Award
Sleepy Hollow
Nominé pour l'acteur favori dans un film d'horreur.
Gagnant.

Saturn Award
Sleepy Hollow
Nominé pour le titre de meilleur acteur.

2001

Screen Actor Guild Awards
Chocolat
Nominé pour le titre de la meilleure distribution avec Juliette Binoche, Leslie Caron, Judi Dench, Alfred Molina, Carrie-Anne Moss, Hugh O'Conner, Lena Olin, Peter Stormare, John Wood.

2002

Saturn Awards
From Hell
Nominé pour le titre de meilleur acteur.

2003

Hollywood Film Festival
Nominé pour le titre d'acteur de l'année
Gagnant.

2004

IFTA Audience Awards
Pirates des Caraïbes, la Malédiction du Black Pearl
Nominé pour le titre de meilleur acteur international.

Gagnant.

MTV Movie Awards
Pirates des Caraïbes, la Malédiction du Black Pearl
Nominé pour le titre de la meilleure interprétation masculine.
Gagnant.
Également nominé pour le titre de la meilleure interprétation et de la meilleure équipe (avec Orlando Bloom) dans une comédie.

MTV Movie Awards, Mexico
Pirates des Caraïbes, la Malédiction du Black Pearl
Nominé pour le titre de personnage le mieux habillé.
Gagnant.

Saturn Award
Pirates des Caraïbes, la Malédiction du Black Pearl
Nominé pour le titre de meilleur acteur.

Screen Actor Guild Awards
Pirates des Caraïbes, la Malédiction du Black Pearl
Nominé pour le titre de meilleur acteur.
Gagnant.

Choix des Critiques
Pirates des Caraïbes, la Malédiction du Black Pearl
Nominé pour le titre de meilleur acteur.

Empire Film Awards
Pirates des Caraïbes, la Malédiction du Black Pearl
Nominé pour le titre de meilleur acteur.
Gagnant.
Broadcast Film Critics Association Awards

Pirates des Caraïbes, la Malédiction du Black Pearl
Nominé pour le titre de meilleur acteur.

Online Film Critics Society Awards
Pirates des Caraïbes, la Malédiction du Black Pearl
Nominé pour le titre de meilleur acteur.

Golden Satellite Awards
Pirates des Caraïbes, la Malédiction du Black Pearl
Nominé pour le titre de meilleur acteur.
Il était une fois au Mexique
Nominé pour le titre de meilleur acteur.

Teen Choice Award
Pirates des Caraïbes, la Malédiction du Black Pearl
Nominé dans la catégorie action et aventure, en partage avec Orlando Bloom.
Gagnant.
Nominé aussi pour le titre de meilleur menteur au cinéma.
Gagnant.

2005

IFTA audience Award
Charlie et la Chocolaterie
Nominé pour le titre de meilleur acteur international.
Saturn Award
Neverland
Nominé pour le titre de meilleur acteur.

Empire Film Award
Neverland
Nominé pour le titre de meilleur acteur.

British Independant Film Awards
Rochester, le Dernier des libertins
Nominé pour le titre de meilleur acteur.

People's Choice Award
Nominé pour le titre de la star de cinéma masculine préféré.
Gagnant.

Broadcast Film Critics Association Awards
Neverland
Nominé pour le titre de meilleur acteur.

Golden Satellite Awards
Neverland
Nominé pour le titre de meilleur acteur.

Screen Actors Guild Awards
Neverland
Nominé pour le titre de la meilleure distribution avec Julie Christie, Freddie Highmore, Dustin Hoffman, Radha Mitchell, Joe Prospero, Luke Spill, Kate Winslet.
Également nominé pour le titre de meilleur acteur dans un premier rôle.

Teen Choice Award
Neverland
Nominé pour le titre de meilleur acteur dans un film dramatique.

2006

Empire Film Awards
Charlie et la Chocolaterie
Nominé au titre de meilleur acteur.
Gagnant.

People's Choice Award
Pirates des Caraïbes, le Secret du coffre maudit
Nominé pour le titre de l'acteur préféré.
Gagnant.
Nominé pour le titre de meilleur acteur masculin dans un film d'action.
Gagnant.
Nominé pour le titre de la confrontation favorite (avec Keira Knightley).
Gagnant.

2008

Golden Globe
Sweeney Todd, le Diabolique Barbier de Fleet Street
Nominé au titre de meilleur acteur dans un film musical.
Gagnant.

Oscars - Academy Awards
Sweeney Todd, le Diabolique Barbier de Fleet Street
Nominé au titre de meilleur acteur.

FILMOGRAPHIE

Les Griffes de la nuit (1984)
Réalisé par Wes Craven. Scénario de Wes Craven. Distribué par New Line Cinema. Avec : John Saxon, Ronee Blakley, Heather Langenkamp, Amanda Wyss, Nick Corri, Johnny Depp, Robert Englund.
US Box Office : $25,504,513

Private Resort (1985)
Réalisé par George Bowers. Scénario de Gordon Mitchell, d'après une idée de Ken Segall, Alan Wenkus et Gordon Mitchell. Distribué par Tristar Pictures. Avec : Rob Morrow, Johnny Depp, Emily Longstreth, Karyn O'Bryan, Hector Elizondo, Dody Goodman, Tony Azito, Hilary Shapiro, Leslie Easterbrook, Michael Bowen, Lisa London.
US Box Office : $331,816

Slow Burn (téléfilm, 1986)
Réalisé par Matthew Chapman. Scénario de Matthew Chapman. Avec : Eric Roberts, Beverly D'Angelo, Dennis Lipscomb, Raymond J. Barry, Anne Schedeen, Emily Longstreth, Johnny Depp, Henry Gibson, Dan Hedaya.
US Box Office : N/A

Platoon (1986)
Réalisé par Oliver Stone. Scénario de Oliver Stone. Distribué par Orion Pictures. Avec : Tom Berenger, Willem Dafoe, Charlie

Sheen, Forest Whitaker, Francesco Quinn, John C. McGinley, Richard Edson, Kevin Dillon, Reggie Johnson, Keith David, Johnny Depp.

US Box Office : $138,530,565

21 Jump Street (pilote, 1987)

Réalisé par Kim Manners. Scénario de Patrick Hasburgh. Série créée par Patrick Hasburgh et Stephen J. Cannell.

Avec : Johnny Depp, Frederic Forrest, Holly Robinson, Peter DeLuise, Dustin Nguyen.

US Box Office : N/A

21 Jump Street (série TV 1987-1990)

Scénario de Patrick Hasburgh. Série créée par Patrick Hasburgh et Stephen J. Cannell. Avec : Johnny Depp (saisons 1 à 4), Holly Robinson, Peter DeLuise, Dustin Nguyen.

US Box Office : N/A

Cry-Baby (1990)

Réalisé par John Waters. Scénario de John Waters. Distribué par Warner Bros. Avec : Johnny Depp, Amy Locane, Susan Tyrell, Polly Bergen, Iggy Pop, Ricki Lake, Traci Lords, Troy Donahue, Mink Stole, Joe Dallesandro, Patricia Hearst,Willem Dafoe.

US Box Office : $8,266,343

Edward aux mains d'argent (1990)

Réalisé par Tim Burton. Scénario de Caroline Thompson, d'après une idée Tim Burton et Caroline Thompson.

Distribué par la 20th Century Fox. Avec : Johnny Depp, Winona Ryder, Dianne Wiest, Anthony Michael Hall, Kathy Baker, Robert Oliveri, Vincent Price, Alan Arkin.

US Box Office : $56,362,352

La Fin de Freddy, l'Ultime Cauchemar (1991, Cameo)
Réalisé par Rachel Talalay. Scénario de Michael DeLuca, d'après une idée de Rachel Talalay. Distribué par New Line Cinema. Avec : Robert Englund, Lisa Zane, Shon Greenblatt, Yaphet Kotto, Tom Arnold, Roseanne Barr, Johnny Depp, Tobe Sexton.
US Box Office : $34,872,033

Arizona Dream (1991)
Réalisé par Emir Kusturica. Scénario de David Atkins, d'après une idée de David Atkins et Emir Kusturica.
Distribué par Warner Bros. Avec : Johnny Depp, Jerry Lewis, Faye Dunaway, Lili Taylor, Vincent Gallo, Michael J. Pollard, Sal Jenco, Iggy Pop.
US Box Office : $112,547

Benny & Joon (1993)
Réalisé par Jeremiah Chechik. Scénario de Barry Berman, d'après une idée de Barry Berman et Leslie McNeil. Distribué par MGM/UA. Avec : Johnny Depp, Mary Stuart Masterson, Aidan Quinn, Julianne Moore, Oliver Platt, CCH Pounder, Dan Hedaya, William H. Macy, Noon Orsatti, Dan Kamin.
US Box Office : $23,261,580

Gilbert Grape (1993)
Réalisé par Lasse Hallström. Scénario de Peter Hedges, d'après son roman. Distribué par Paramount Pictures.
Avec : Johnny Depp, Juliette Lewis, Mary Steenburgen, Leonardo DiCaprio, John C. Reilly, Darlene Cates, Laura Harrington, Mary Kate Schellhardt, Crispin Glover, Kevin Tighe, Robert B. Hedges.
US Box Office : $10,032,765

Ed Wood (1994)

Réalisé par Tim Burton. Scénario de Scott Alexander et Larry Karaszewski, d'après l'ouvrage *Nightmare of Ecstasy*, de Rudolph Grey. Distribué par Buena Vista. Avec : Johnny Depp, Martin Landau, Sarah Jessica Parker, Patricia Arquette, Jeffrey Jones, G.D. Spradlin,Vincent D'Onofrio, Bill Murray, Lisa Marie, George 'The Animal' Steele, Juliet Landau, Conrad Brooks.

US Box Office : $5,869,802

Don Juan DeMarco (1994)

Réalisé par Jeremy Leven. Scénario de Jeremy Leven.

Distribué par New Line Cinema. Avec : Johnny Depp, Marlon Brando, Faye Dunaway, Bob Dishy, Geraldine Pailhas, Talisa Soto, Rachel Ticotin, Marita Geraghty, Richard C. Sarafian, Tresa Hughes, Jo Champa.

US Box Office : $22,150,451

Dead Man (1995)

Réalisé par Jim Jarmusch. Scénario de Jim Jarmusch.

Distribué par Miramax. Avec : Johnny Depp, Crispin Glover, John Hurt, John North, Robert Mitchum, Gibby Haynes, Mili Avital, Peter Schrum, Gabriel Byrne, Lance Henriksen, Gary Farmer, Iggy Pop, Alfred Molina.

US Box Office : $1,037,847

Meurtre en suspens (1995)

Réalisé par John Badham. Scénario de Patrick Sheane et Ebbe Roe Smith. Distribué par Paramount. Avec : Johnny Depp, Christopher Walken, Roma Maffia, Charles S. Dutton, Marsha Mason, Gloria Reuben, Courtney Chase, Bill Smitrovich, G.D. Spradlin.

US Box Office : $8,175,346

Divine Rapture (1995, non terminé : 20 minutes de tournage seulement)

Réalisé par Thom Eberhardt. Scénario de Thom Eberhardt. Avec : Johnny Depp, Marlon Brando, Debra Winger, John Hurt.

US Box Office : N/A

The Brave (1996)

Réalisé par Johnny Depp. Scénario de Johnny Depp, Paul McCudden et D.P. Depp. Distribué par Filmax (Espagne). Avec : Johnny Depp, Marlon Brando, Marshall Bell, Elpidia Carrillo, Frederic Forrest, Clarence Williams III, Max Perlich, Luis Guzman, Cody Lightning, Nicole Mancera, Floyd 'Red Crow' Westerman.

US Box Office : N/A

Donnie Brasco (1996)

Réalisé par Mike Newell. Scénario de Paul Attanasio, adapté du roman *Donnie Brasco : My Undercover Life in the Mafia*, par Joseph D. Pistone. Distribué par Sony Pictures. Avec : Johnny Depp, Al Pacino, Michael Madsen, Bruno Kirby, James Russo, Anne Heche, Zeljko Ivanek, Gerry Becker, Robert Miano, Brian Tarantina.

US Box Office : $41,909,762

Cannes Man (1996, Cameo)

Réalisé par Richard Martini. Scénario de Deric Haddad et Richard Martini. Distribué par Rocket Pictures Home Video. Avec : Seymour Cassel, Francesco Quinn, Rebecca Broussard, Johnny Depp, Treat Williams, Jim Jarmusch, James Brolin, Jon Cryer, Ann Cusack, Benicio Del Toro, Robert Evans, Dennis Hopper.

US Box Office : N/A

I Love L.A.(1998)

Réalisé par Mika Kaurismaki. Scénario de Richard Rayner et Mika Kaurismaki d'après le roman *Los Angeles Without A Map*, de Richard Rayner. Distribué par United Media. Avec : David Tennant,Vinessa Shaw, Julie Delpy, Vincent Gallo, Cameron Bancroft, James LeGros, Saskia Reeves, Steve Huison, Lisa Edelstein, Joe Dallesandro, Jerzy Skolimowski, Amanda Plummer, Anouk Aimée, Robert Davi, Johnny Depp, Monte Hellman.

US Box Office : N/A

Las Vegas Parano (1998)

Réalisé par Terry Gilliam. Scénario d'Alex Cox et Tod Davies,d'après le roman *Fear and Loathing in Las Vegas*, de Hunter S. Thompson. Distribué par Universal. Avec : Johnny Depp, Benicio Del Toro, Gary Busey, Tobey Maguire, Christina Ricci, Tim Thomerson, Harry Dean Stanton, Cameron Diaz, Lyle Lovett, Ellen Barkin.

US Box Office : $10,680,275

Intrusion (1999)

Réalisé par Rand Ravich. Scénario de Rand Ravich. Distribué par New Line Cinema. Avec : Johnny Depp, Charlize Theron, Blair Brown, Nick Cassavetes, Clea DuVall, Joe Morton, Donna Murphy, Tom Noonan.

US Box Office : $10,672,566

La Neuvième Porte (1999)

Réalisé par Roman Polanski. Scénario de John Brownjohn et Roman Polanski. Distribué par Artisan Entertainment. Avec : Johnny Depp, Frank Langella, Lena Olin, James Russo, Emmanuelle Seigner.

US Box Office : $18,661,336

The Source (1999, Cameo)
Réalisé par Chuck Workman. Scénario de Chuck Workman. Distribué par WinStar Cinema. Avec : Johnny Depp, Dennis Hopper, John Turturro. Archive Footage. Avec : Steve Allen, William F. Buckley, William S. Burroughs, Neal Cassady, Walter Cronkite, Bob Dylan, Lawrence Ferlinghetti,
US Box Office : $360,895

Sleepy Hollow, la Légende du cavalier sans tête (1999)
Réalisé par Tim Burton. Scénario d'Andrew Kevin Walker, d'après le roman de Washington Irving. Distribué par Paramount. Avec : Johnny Depp, Christina Ricci, Casper Van Dien, Michael Gambon, Lisa Marie, Christopher Walken, Miranda Richardson, Jeffrey Jones, Christopher Lee.
US Box Office : $101,071,502

The Man Who Cried (2000)
Réalisé par Sally Potter. Scénario de Sally Potter. Distribué par Universal. Avec : Johnny Depp, Christina Ricci, Cate Blanchett, John Turturro, Harry Dean Stanton, Oleg Yankovsky.
US Box Office : $747,092

Avant la nuit (2000)
Réalisé par Julian Schnabel. Scénario de Cunningham O'Keefe, d'après les mémoires de Reynaldo Arenas. Distribué par Miramax. Avec : Javier Bardem, Olivier Martinez, Andrea Di Stefano, Johnny Depp, Michael Wincott, Olatz Lopez Garmendia, Giovanni Florido, Loló Navarro, Sebastian Silva, Vito Maria Schnabel, Pedro Armendariz Jr, Diego Luna.
US Box Office : $4,242,892

Chocolat (2000)
Réalisé par Lasse Hallström. Scénario de Robert Nelson Jacobs, d'après le roman de Joanne Harris. Distribué par

Miramax. Avec : Juliette Binoche, Johnny Depp, Alfred Molina, Carrie-Anne Moss, Aurelien Parent Koenig, Antonio Gil-Martinez, Lena Olin, John Wood, Hugh O'Conor, Peter Stormare.

US Box Office : $71,509,363

Blow (2000)

Réalisé par Ted Demme. Scénario de David McKenna, d'après le roman de Bruce Porter. Distribué par New Line Cinema. Avec : Johnny Depp, Penelope Cruz, Franka Potente, Rachel Griffiths, Paul Reubens, Jordi Molla, Cliff Curtis, Miguel Sandoval, Ethan Suplee, Ray Liotta, Kevin Gage, Max Perlich, Jesse James.

US Box Office : $52,990,775

From Hell (2001)

Réalisé par The Hughes Brothers. Scénario de Alan Moore et Eddie Campbell. Distribué par 20th Century Fox. Avec : Johnny Depp, Heather Graham, Ian Holm, Robbie Coltrane, Ian Richardson, Jason Flemyng, Katrin Cartlidge, Terence Harvey, Susan Lynch, Paul Rhys, Lesley Sharp.

US Box Office : $31,602,566

The Man Who Killed Don Quichotte (2001, inachevé. Production suspendue.)

Réalisé par Terry Gilliam. Scénario de Terry Gilliam et Tony Grisoni. Avec : Johnny Depp, Jean Rochefort, Vanessa Paradis.

US Box Office : N/A

Lost in La Mancha (2002, Cameo)

Réalisé par Keith Fulton et Louis Pepe. Scénario de Keith Fulton et Louis Pepe. Distribué par Optimum Releasing.

Avec : Jeff Bridges (narrateur), Bernard Bouix, Bernard Chaumeil, Rene Cleitman, Johnny Depp, Jose Luis Escolar,

Benjamin Fernandez, Pierre Gamet, Terry Gilliam, Tony Grisoni, Vanessa Paradis, Jean Rochefort.

US Box Office : $732,393

Pirates des Caraïbes, la Malédiction du Black Pearl (2003)
Réalisé par Gore Verbinski. Scénario de Ted Elliott et Terry Rossio. Distribué par Buena Vista. Avec : Johnny Depp, Orlando Bloom, Keira Knightley, Geoffrey Rush, Jack Davenport, Jonathan Pryce, Lee Arenberg, Damian O'Hare, Giles New, Angus Barnett, David Bailie, Michael Berry Jr, Mackenzie Crook, Kevin McNally.
US Box Office : $305,411,224

Il était une fois au Mexique (2003)
Réalisé par Robert Rodriguez. Scénario de Robert Rodriguez. Distribué par Buena Vista International. Avec : Antonio Banderas, Salma Hayek, Johnny Depp, Mickey Rourke, Eva Mendes, Danny Trejo, Enrique Iglesias, Marco Leonardi, Cheech Marin.
US Box Office : $56,330,657

Fenêtre secrète (2004)
Réalisé par David Koepp. Scénario de Stephen King et David Koepp. Distribué par Sony Pictures. Avec : Johnny Depp, Kyle Allatt, Maria Bello, Charles S. Dutton, Gillian Ferrabee, Timothy Hutton, Richard Jutras, John Turturro.
US Box Office : $44,361,036

Neverland (2004)
Réalisé par Marc Foster. Scénario de Allan Knee et David Magee. Distribué par Miramax. Avec : Johnny Depp, Kate Winslet, Julie Christie, Radha Mitchell, Dustin Hoffman, Freddie Highmore, Joe Prospero, Nick Roud, Luke Spill, Ian Hart, Kelly Macdonald, Mackenzie Crook, Jimmy Gardner.
US Box Office : $51,676,606

Rochester, le Dernier des libertins (2004)

Réalisé par Laurence Dunmore. Scénario de Stephen Jeffreys. Distribué par Miramax. Avec : Johnny Depp, Samantha Morton, John Malkovich, Paul Ritter, Stanley Townsend, Francesca Annis, Rosamund Pike,Tom Hollander, Johnny Vegas, Richard Coyle, Hugh Sachs, Tom Burke, Jack Davenport.

US Box Office : $53,337,608

Charlie et la Chocolaterie (2004)

Réalisé par Tim Burton. Scénario de John August.

Distribué par Warner Bros. Avec : Johnny Depp, Jordan Fry, Freddie Highmore, Geoffrey Holder, David Kelly, AnnaSophia Robb, James Taylor, Philip Wiegratz, Julia Winter.

US Box Office : $206,456,431

Les Noce funèbres (2005)

Réalisé par Tim Burton et Mike Johnson. Scénario de John August, Pamela Pettler et Caroline Thompson. Distribué par Warner Bros. Avec : Johnny Depp, Helena Bonham Carter, Emily Watson,Tracy Ullman, Paul Whitehouse, Joanna Lumley, Albert Finney, Richard E Grant, Christopher Lee, Michael Gough, Jane Horrocks, Enn Reitel, Deep Roy, Danny Elfman, Stephen Ballantyne.

US Box Office : $53,337,608

Pirates des Caraïbes, le Secret du coffre maudit (2006)

Réalisé par Gore Verbinski. Scénario de Terry Rossio et Ted Elliott. Distribué par Buena Vista. Avec : Johnny Depp, Orlando Bloom, Keira Knightley, Naomie Harris, Bill Nighy, Geoffrey Rush, Stellan Skarsgård, Claudia Adams, Lee Arenberg, Clive Ashborn, Mackenzie Crook, Jack Davenport, Kevin McNally, David Bailie, Martin Klebba.

US Box Office : $423,032,628

Pirates des Caraïbes, Jusqu'au bout du monde (2007)
Réalisé par Gore Verbinski. Scénario de Terry Rossio et Ted Elliott. Distribué par Buena Vista. Avec : Johnny Depp, Orlando Bloom, Keira Knightley, Geoffrey Rush, Jonathan Pryce, Bill Nighy, Yun-Fat Chow, Tom Hollander, Stellan Skarsgård, Kevin McNally, Jack Davenport, Mackenzie Crook, Lee Arenberg, Martin Klebba, Greg Ellis, Reggie Lee, David Bailie, Naomie Harris, Keith Richards.
US Box Office : $309,000,000

Sweeney Todd, le Diabolique Barbier de Fleet Street (2007)
Réalisé par Tim Burton. Scénario de John Logan. Distribué par Universal. Avec : Johnny Depp, Helena Bonham Carter, Alan Rickman, Sacha Baron Cohen, Laura Michelle Kelly, Anthony Head.
US Box Office : $52,900,000

L'Imaginarium du docteur Parnassus (2009)
Réalisé par Terry Gilliam. Scénario de Terry Gilliam et Charles McKeown. Avec : Johnny Depp, Colin Farrell, Heath Ledger, Jude Law, Christopher Plummer, Lily Cole, Peter Stormare, Tom Waits.
US Box Office : $7,500,000

Public Enemies (2009)
Réalisé par Michael Mann. Scénario de Ronan Bennett, Michael Mann et Ann Biderman. Avec : Johnny Depp, James Russo, David Wenham, Christian Stolte, Jason Clarke.
US Box Office : $97,000,000

Alice au pays des merveilles (2010)
Réalisé par Tim Burton. Scénario de Linda Woolverton et Lewis Carroll. Avec : Johnny Depp, Mia Wasikowska,

Helena Bonham Carter, Anne Hathaway, Crispin Glover, Matt Lucas, Stephen Fry.

US Box Office : $133,000,000

The Tourist (2010)

Réalisé par Florian Henckel von Donnersmarck. Scénario de Christopher McQuarrie et Julian Fellowes.
Avec Johnny Depp, Angelina Jolie, Timothy Dalton, Bruno Wolkowitch, Paul Bettany, Clémen Sibony, Rufus Sewell, Steven Berkoff

US Box Office: $278,331,157

Pirates des Caraïbes: la Fontaine de Jouvence (2011)

Réalisé par Rob Marshall. Scénario de Ted Elliott, Terry Rossio,Stuart Beattie, Jay Wolpert, Tim Powers.
Avec Johnny Depp, Penelope Cruz, Geoffrey Rush, Ian McShane, Stephen Graham, Sam Claflin, Astrid Berges-Frisbey, Richard Griffiths

US Box Office: $241,063,875

Rhum Express (2011)

Réalisé par Bruce Robinson. Scénario de Hunter S. Thompson.
Avec Johnny Depp, Aaron Eckhart, Michael Rispoli, Amber Heard, Richard Jenkins, Giovanni Ribisi, Amary Nolasco, Marshall Bell

US Box Office: $13,100,042

APPARITIONS DIVERSES

1985

Dummies

Court-métrage d'étudiants avec Sherilyn Fenn
pour l'Institut du Film américain

Lady Blue
Caméo dans l'épisode *Beasts of Prey*

1987

Hotel
Caméo dans l'épisode *Unfinished Business*

1990

Joey
Clip de Concrete Blonde

1991

Silent War
Caméo dans un documentaire sur le sida avec Winona Ryder

Tom Petty en concert
Invité lors d'une émission de télévision

Into The Great Wide Open
Clip de Tom Petty

1992

It's a Shame About Ray
Clip de Lemonheads

Top of the Pops
Invité pour jouer de la guitare avec les Pogues
dans une émission musicale de la télévision anglaise

Stuff
Producteur d'un clip de John Frusciante

That Woman's Got Me Drinking
Clip de Shane MacGowan et les Pogues (et réalisateur)

1995

United States of Poetry
Caméo dans une série de documentaires pour la télévision

1997

Fade In-Out
Guitariste (slide guitar) dans un album du groupe Oasis

1998

Austin City Music Awards
Concert en live avec « P. »

Top Secret
Narrateur dans une série de documentaires pour la télévision américaine

Where's It At : The Rolling Stone State of the Union
Interview pour un documentaire de la télévision américaine

What's Eating Johnny Depp
Interview pour un documentaire de la télévision américaine

1999

The Vicar of Dibley
Caméo dans l'épisode *Red Nose Day Special*

2000

The Last Ever Fast Show Christmas Special
Caméo dans le sketch *Suits You*

2001

Que fait la vie ?
Réalisateur du clip de Vanessa Paradis

Pourtant
Réalisateur du clip de Vanessa Paradis

2002

TNT Tribute To Nicolas Cage
Hommage à la télévision américaine

In Bad Taste : The John Waters Story
Interview pour un documentaire de la télévision américaine

Inside The Actor's Studio
Interview pour un documentaire de la télévision américaine

Iggy Pop In Concert
Guitariste invité lors d'un concert en France

2003

Bravo Profiles : Johnny Depp
Interview pour un documentaire de la télévision américaine

Charlie : The Life and Art of Charles Chaplin
Caméo dans un documentaire américain dont la première eut lieu au Festival du Film de Boston

2005

Johnny Depp on James Dean
Invité comme présentateur pour un documentaire diffusé sur Radio2

Imprimé en Slovaquie en janvier 2012
ISBN 978-2-36164-091-0
Dépôt légal : janvier 2012
Première édition : septembre 2008